رحلة إلى بلاد العرب

منذر يونس

Riḥla ilā Bilād al-'Arab
A Comprehensive Introductory Course
for Arabic Heritage Speakers

Munther Younes
with assistance from Yomna Chami

Routledge
Taylor & Francis Group

LONDON AND NEW YORK

First published 2022
by Routledge
2 Park Square, Milton Park, Abingdon, Oxon OX14 4RN

and by Routledge
605 Third Avenue, New York, NY 10158

Routledge is an imprint of the Taylor & Francis Group, an informa business

British Library Cataloguing-in-Publication Data
A catalogue record for this book is available from the British Library

Library of Congress Cataloging-in-Publication Data
A catalog record for this book has been requested

ISBN: 978-0-367-89673-7 (hbk)
ISBN: 978-0-367-89672-0 (pbk)
ISBN: 978-1-003-02045-5 (ebk)

DOI: 10.4324/9781003020455

Typeset in Times New Roman
by Apex CoVantage, LLC

Access the companion website: www.routledge.com/younes

إهداء

إلى الأجيال الناشئة في بلاد المهجر:

أرجو أن تنجحوا حيث فشلت أجيالنا

في تعريف إخواننا في مَواطن اللجوء بقضايانا العادلة.

Contents

Introduction

This book has as its target audience the Arabic heritage speaker, defined here as the student who understands and speaks an Arabic dialect but is illiterate or semi-literate in فصحى (*Fuṣḥā*: known in English as Modern Standard Arabic or MSA). The book starts with the Arabic alphabet and gradually and systematically builds the reading and writing skills and mastery of فصحى grammar.

The textbook consists of 37 lessons to be covered in about 45–60 hours of instruction. The first seven lessons introduce the alphabet and the number system. There is an emphasis in these seven lessons on the names of Arab countries and cities because of their similarity to their English equivalents (or equivalents in other languages) and the possibility of using maps and images for illustration.

Lessons 8–26 serve as an introduction to the modern Arab world. They start with brief geographical and historical introductions, then move on to readings about major Arab countries and cities (and a small Arab village) and some of the best-known political and social figures, singers, and poets.

Lessons 27–37 tell the story, through a personal diary, of an Arab American student, Amal, who travels to Jordan and Palestine to visit her relatives.

This structure allows for a gradual, step-by-step introduction of essential aspects of فصحى grammar. In the first seven lessons, only phrases and simple, but meaningful sentences and short paragraphs are used to describe Arab countries and cities that do not require complex grammar structures. The reading passages, around which the next 20 lessons are built, are mostly descriptive with minimal variation in diction, verb forms, and conjugations; in fact, only the third-person conjugations are used in this part of the book along with a heavy recycling of vocabulary. The rest of the verb conjugations and more advanced grammar concepts are introduced in the last ten lessons through Amal's Diary. Production activities assume a more prominent role in this part of the book, where students are asked to keep their own diaries and write about experiences similar to those of Amal.

The book concludes with six reading passages, four of which focus on issues affecting the modern Arab world and two texts of a literary nature. The four texts dealing with modern Arab issues discuss water; Palestine; religion, ethnicity, and money; and the Arabic language. The two literary texts are a short story by the best-known Arab novelist Naguib Mahfouz and an adaptation of a story from the old Arabic literary classic *Kalila wa Dimna*. These passages can be used in a number of ways, such as placement testing, offering classroom variety, and challenging stronger students.

The Companion Website includes the following elements:

1   Suggestions to the teacher for using the book
2   Audio recordings of:

    a   New letters and new words in Lessons 1–7,
    b   The reading texts of Lessons 8–37
    c   Four songs

3   Writing Demos in the first seven lessons
4   Additional activities, including sample tests, that will be developed as feedback from teachers and students using the book is received

Acknowledgments

I would like to express my deep gratitude and appreciation to the Routledge team who have contributed at different stages and in a variety of ways to the publication of this book. In particular, I would like to thank Andrea Hartill, Senior Publisher, Language Learning; Geraldine Martin, Senior Production Editor; and Ellie Auton (formerly) Editorial Assistant, Language Learning. I am also indebted to Autumn Spalding, Project Manager at Apex CoVantage. All have been a model of dedication, professionalism and high standards and a real pleasure to work with. Special thanks to Lina Khoury, Theater Director, Beirut, Lebanon, and to Mai Majar of Damascus University, Syria for helping with the audio recordings.

Music credits for the Amal Bashir Sanawi Diary:

Free Music Archive: Farzad Farhangi - Night Train to Baghdad
Free Music Archive: Farzad Farhangi - Hakawati
Free Music Archive: Middle East
Creative Commons — Attribution 4.0 International — CC BY 4.0

مقدّمة للمدرّس

يهدف هذا الكتاب إلى تقديم العربيّة الفصحى للمتعلّم الذي يفهم لهجة عربيّة محكيّة ويتحدّثها، ولكنّه لا يقرأ الفصحى ولا يكتبها ولم يدرس قواعدها.

يتكوّن الكتاب من سبعة وثلاثين درساً، يبني من خلالها مهارتي القراءة والكتابة ومعرفة أساسيّة بأهمّ قواعد الصرف والنحو العربيّين بشكل تدريجي ومنظّم. بالإضافة إلى الجانب اللغوي يهدف الكتاب إلى تطوير معرفة المتعلّم بتاريخ وجغرافية وثقافة العالم العربي الحديث.

لقد تمّ تصميم الكتاب ونشاطاته المتنوّعة بحيث يمكن تغطية مادّته في فصل دراسي واحد، أي ما يعادل خمساً وأربعين إلى ستّين ساعة تدريسيّة يحدّدها مستوى الطلاب وقدراتهم وخلفياتهم في اللغة وإمكانيّة تكريس ما يكفي من الوقت لدراستها.

يمكن تقسيم الدروس السبعة والثلاثين إلى ثلاث مجموعات:

١ المجموعة الأولى: الدرس الأوّل إلى الدرس السابع
تقدّم هذه الدروس نظام الكتابة العربيّة ونظام العدّ، مع تركيز على أسماء الدول والمدن العربيّة لأنّها مألوفة ومتشابهة في اللغات المختلفة، ويمكن استعمال الخرائط والصور في تقديمها.

٢ المجموعة الثانية: الدرس الثامن إلى الدرس السادس والعشرين
يمكناعتبار هذه المجموعة من الدروس مقدّمة للعالم العربي الحديث، وتبدأ بمقدّمة جغرافيّة وتاريخيّة يتبعها نصوص متدرّجة في صعوبتها تعرض عيّنة من الدول والمدن والشخصيّات العربيّة المعروفة في العصر الحديث.

٣ المجموعة الثالثة: الدرس السابع والعشرون إلى الدرس السابع والثلاثين، نهاية الكتاب
يحكي هذا الجزء قصّة طالبة عربيّة أمريكيّة اسمها "أمل" أثناء زيارتها لأقاربها في الأردن وفلسطين. تتكوّن نصوص القراءة في هذه الدروس من مذكّرات أمل أثناء رحلتها.

يساهم ترتيب موادّ الكتاب بهذا الشكل في تقديم التراكيب النحويّة والصرفيّة بشكل سهل ومتدرّج. فالدروس السبعة الأولى تركّز على الكلمات والعبارات والجمل البسيطة، التي لا تتطلّب معرفة واسعة بقواعد اللغة، كتصريف الفعل والإعراب واستعمال الضمائر بأشكالها المختلفة والمتعدّدة. وتتكوّن غالبيّة الكلمات المقدّمة في هذه الدروس من أسماء دول ومدن عربيّة. ويساعد وجود الخرائط في تسهيل التعرّف على الحروف وقراءتها وتذكّرها. كذلك تُستعمَل نفس الكلمات في سياقات مختلفة، ممّا يساعد في تعزيز مهارة القراءة والكتابة بسبب توفّر الفرص الكثيرة لقراءة نفس الحروف وكتابتها. ويمكن

التأكّد ممّا أكتبه هنا بالنظر إلى المادّة الموجودة في هذا الجزء من الكتاب، وتفحّص الكلمات والعبارات والجمل المستعملة فيها.

تحتوي المجموعة الثانية من الدروس (٨-٢٦) على نصوص تمثّل عيّنة من الدول العربيّة (العراق، اليمن، مصر، الجزائر)، المدن العربيّة (مكّة، دمشق، فاس وقرية برطعة في فلسطين) والشخصيّات العربيّة (جمال عبد الناصر، الحبيب بورقيبة، جلال طالباني، أم كلثوم، فيروز، شاب خالد، نزار قبّاني، محمود درويش). تتميّز هذه النصوص بأنّها نصوص وصفيّة، مع تشابه كبير في الكلمات والتراكيب التي تتكرّر في سياقات مختلفة، مما يجعلها مألوفة وسهلة القراءة على الطالب. وهذا يساعد في تطوير قدراته في هذه المهارة في وقت قصير. وكمثال لتوضيح ما أعني بسهولة التراكيب، يمكن الإشارة إلى أنّ هذه النصوص تستعمل صيغة ضمير الغائب فقط (هو، هي، هم) ولا حاجة فيها لضمائر المخاطب والمتكلّم (أنت، أنتِ، أنتُم، أنا، نحنُ) وتصريف الأفعال فيها، ممّا يحدّد صيغ الأفعال التي يقرأها الطالب وأشكالها وبالتالي يسهّل عليه قراءة النصوص وفهمها.

يتمّ تقديم باقي الضمائر وغيرها من عناصر الصرف والنحو العربيّين في المجموعة الثالثة من الدروس، ٢٧-٣٧، من خلال مذكّرات أمل التي تكتب بضمير المتكلّم وتستعمل الضمائر وصيغ الأفعال الأخرى في حديثها مع أقاربها ووصفها لما يحدث حولها. وتتطلّب هذه المجموعة من الدروس تركيزاً أكبر على مهارتي الحديث والكتابة، حيث يُطلب من الطلّاب أن يتكلّموا عن خبرات ومواقف مشابهة للخبرات والمواقف التي تمرّ بها أمل، ويكتبوا عنها في مذكّرات خاصّة بهم.

ويحتوي الكتاب، بالإضافة إلى الدروس السبعة والثلاثين، ستّة نصوص متنوّعة. أربعة منها تعالج مواضيع ذات أهمّيّة خاصّة في العالم العربي الحديث: مشكلة الماء، فلسطين، الأديان والأعراق وتوزيع الثروة، واللغة العربيّة. ويتكوّن النصّ الخامس من قصّة قصيرة (جنّة الأطفال) للكاتب المصري المعروف نجيب محفوظ، الحاصل على جائزة نوبل في الأدب، والنصّ السادس من قصّة مأخوذة من الكتاب العربي المشهور "كليلة ودمنة" مكتوبة بلغة حديثة.

هناك هدفان رئيسيّان لهذه النصوص المتدرّجة في الصعوبة، بالإضافة إلى تعميق معرفة الطالب بالعالم العربي وتاريخه وثقافته وهمومه. الهدف الأوّل هو استعمالها في تحديد مستويات الطلاب الذين ينوون دراسة العربيّة. فالطالب القادر على قراءتها وفهمها ليس بحاجة لدراسة هذا الكتاب لأنّ لغته فوق مستوى مادّة الكتاب، ويمكنه الدراسة في مستوى أعلى.

الهدف الثاني هو تحدّي الطلاب ذوي المهارات المتقدّمة على زملائهم في الصفّ. ففي أكثر الأحيان يوجد في نفس الصفّ مستويات متفاوتة في إتقان اللغة، ويمكن استعمال هذه النصوص وما يشابهها في الصعوبة من مصادر أخرى للاستجابة لحاجات الطلاب ذوي المهارات المتقدّمة الذين قد يملّون أحياناً من مادّة الكتاب لعدم وجود ما يتحدّى قدراتهم اللغوية فيها.

مقترحات لاستعمال الكتاب

مما لا شك فيه أن لكل مدرّس طريقته الفريدة في التدريس. ومهما أقدّم هنا من مقترحات فلا بدّ من وجود من لا يتّفق معها، أو من سيأتي بغيرها لسبب أو لآخر. وقد لاحظت من خلال تجربتي في تدريس مادّة الكتاب في السنوات الماضية أن طريقة تقديمها اختلفت في كل مرّة عن سابقتها بعض الاختلاف. لذلك قرّرت أن أضع هذا الجزء من المقدّمة ومقترحات أخرى تخصّ أجزاء محدّدة من

الكتاب على موقع الكتاب الإلكتروني، لسهولة تحديث المادّة وتغييرها والإضافة إليها حسب الحاجة وبناء على الخبرات التي سنكتسبها من خلال تدريس الكتاب بعد نشره ومن خبرات الزملاء الذين سيستعملونه مع طلّابهم. ويشمل الموقع الموادّ التالية، بالإضافة للمقترحات العامّة لاستعمال الكتاب:

١   تسجيلات صوتيّة للموادّ التالية:

• أصوات الحروف والكلمات الجديدة في الدروس السبعة الأولى.
• نصوص القراءة في الدروس ٨-٣٧.
• أربع أغاني سهلة اللغة ومناسبة لمواضيع الكتاب.

٢   تمارين لتعليم كتابة الحروف في الدروس ١-٧.

٣   نشاطات إضافيّة وموادّ للتقييم يتمّ تطويرها بناء على تعليقات واقتراحات وطلبات المدرّسين الذين يستعملون الكتاب.

الدرس الأوّل

لبنان وليبيا

The Arabic Letters (الحروف العربيّة)

Please note:

1. In the first six lessons of the book, an alphabet table is shown that consists of 28 cells representing the 28 letters of the Arabic alphabet. Those letters introduced in a particular lesson are shown in red. Once they have been introduced, they are shown in subsequent lessons in regular font, without color.
2. Most Arabic sounds represented by the Arabic letters are found in English. In cases where there is a correspondence between the two languages, the English letter is written under "English Equivalent". In cases where the sound is not found in English an audio icon is shown (🔊), which indicates a recording of the Arabic sound to be found on the book's Companion Website.

				تـ/ت	بـ/ب	ا
				ر		
يـ/ي	و		نـ/ن		لـ/ل	

Reading Arabic

The first thing you need to know about reading Arabic is that it is read from right to left.

Exercise 1

The following are the numbers 1 through 10. They are in the correct order in the first line and scrambled in the second and third lines. Read each number.

١، ٢، ٣، ٤، ٥، ٦، ٧، ٨، ٩، ١٠	١
٢، ٤، ٦، ٨، ١٠، ٩، ٧، ٥، ٣، ١	٢
٤، ٨، ٣، ٢، ٩، ٦، ٥، ٧، ١، ١٠	٣

DOI: 10.4324/9781003020455-1

The Arabic alphabet

Before introducing the Arabic alphabet, here are a few important facts to keep in mind:

1   As we saw in the above exercise, Arabic is written and read from right to left.
2   There are 28 letters in the Arabic alphabet. 22 of these letters connect to those following them in a word, like in cursive writing in English. The remaining six letters, which will be identified as they are introduced, do not connect to a following letter.
3   The shape of a letter may change according to its position in the word (whether it is at the beginning, middle, or the end of the word). Of the 28 letters, eight have only one shape, three have four shapes each, and the rest two basic shapes, one when the letter stands alone and when it is in final position and another when it is connected in initial and medial positions. You will learn all the different shapes for each letter as it is introduced. The differences in shape for the majority of letters are minimal. You should focus on what basic shape of the letter is shared and the number and location of dots it has regardless of its position in the word.
4   Arabic and English share a lot of common sounds for letters. For shared sounds, the English equivalent will be shown in the alphabet tables. For the sounds which are not shared, you will need to listen to your teacher, to the audio recording, or to a native speaker.

Exercise 2: With the help of the following letters, read the words below.

The words are presented first as they are normally written and then with the letters separated. After reading the words, listen to their audio recordings and compare your reading with what you hear.

Letters with one shape. The same shape is used in all positions in a word.

English Equivalent	Letter
(long) a as in cat and father	ا
r (as in Spanish and Italian)	ر
w (wish), oo (moon)	و

Letters with two shapes

English Equivalent	Connected (initial and medial)	Basic shape (also final and stand-alone)
b	ﺑ	ب
t	ﺗ	ت
l	ﻟ	ل
n	ﻧ	ن
y (yes), ee (meet)	ﻳ	ي

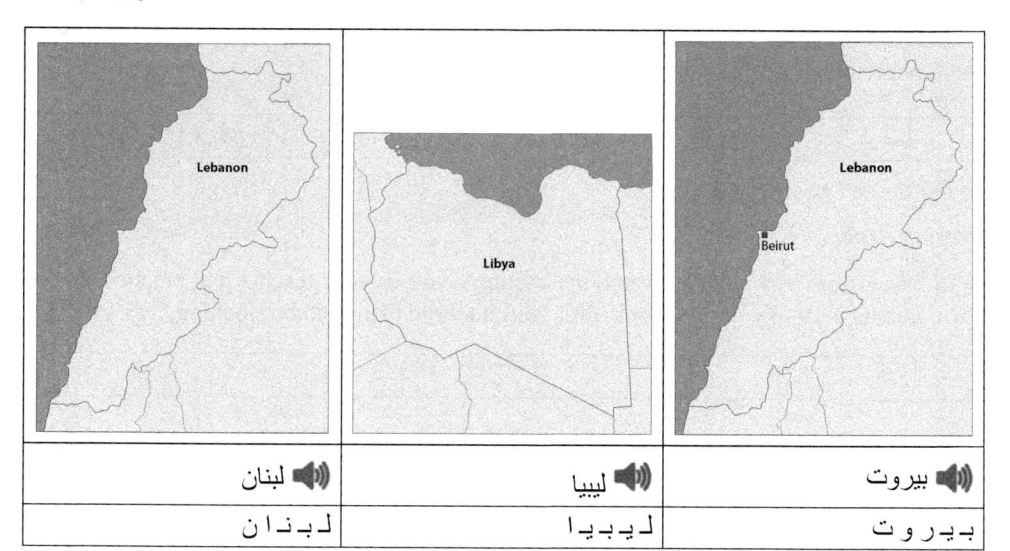

لبنان	ليبيا	بيروت
لـ بـ نـ ا ن	لـ يـ بـ يـ ا	بـ يـ ر و ت

Exercise 3: Match each of the following words with the corresponding map by drawing a line connecting them.

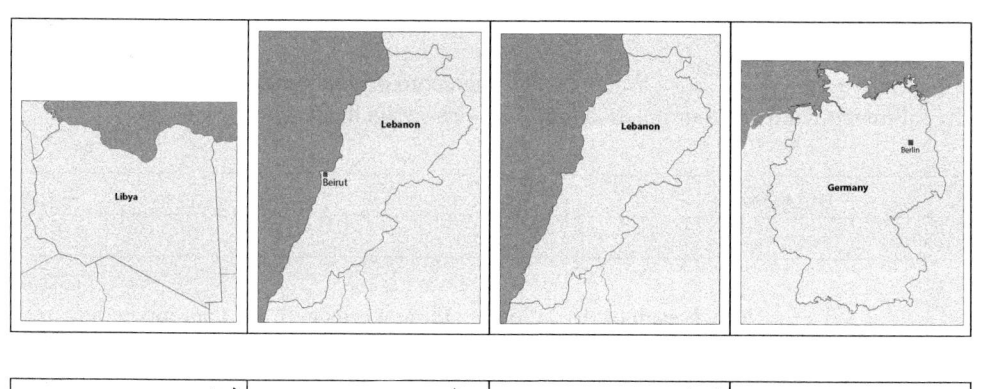

لبنان	برلين	ليبيا	بيروت

Exercise 4: Circle the word you hear. (In class with the teacher.)

سوريا/بيروت	لبنان/طرابلس	بيروت/أربعة	ليبيا/لبنان

Exercise 5: Circle the letter you hear. (In class with the teacher.)

٨. ب/ن	٧. ا/و	٦. ب/ت	٥. ل/ن	٤. ب/ي	٣. لـ/ب	٢. ي/ا	١. بـ/ر
				١٢. ن/ت	١١. ل/ا	١٠. ر/و	٩. ت/ي

Exercise 6: Circle the letters you recognize in each of the following words. Then read them out loud and write down their English equivalents.

١. طرابلس	٢. في	٣. سوريا	٤. روسيا	٥. بريطانيا	٦. فرنسا

Writing Arabic

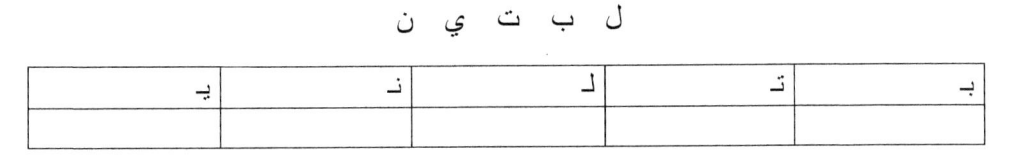 **Exercise 7 (Writing):** Watch the writing demo or your teacher and practice writing the numbers 1-10 in your notebook until you can write them without looking.

١٠	٩	٨	٧	٦	٥	٤	٣	٢	١

Exercise 8 (Writing): Write down each of the letters above the table under its other form in the space provided.

ل   ب   ت   ي   ن

ﻴ	ﻨ	ﻟ	ﺘ	ﺒ

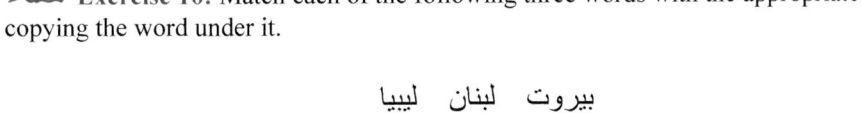 **Exercise 9 (Writing):** Watch the writing demo or your teacher and practice writing the following words in your notebook until you can write them without looking.

لبنان وليبيا	ليبيا	لبنان	بيروت

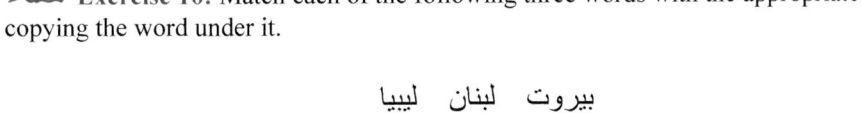 **Exercise 10:** Match each of the following three words with the appropriate map by copying the word under it.

بيروت   لبنان   ليبيا

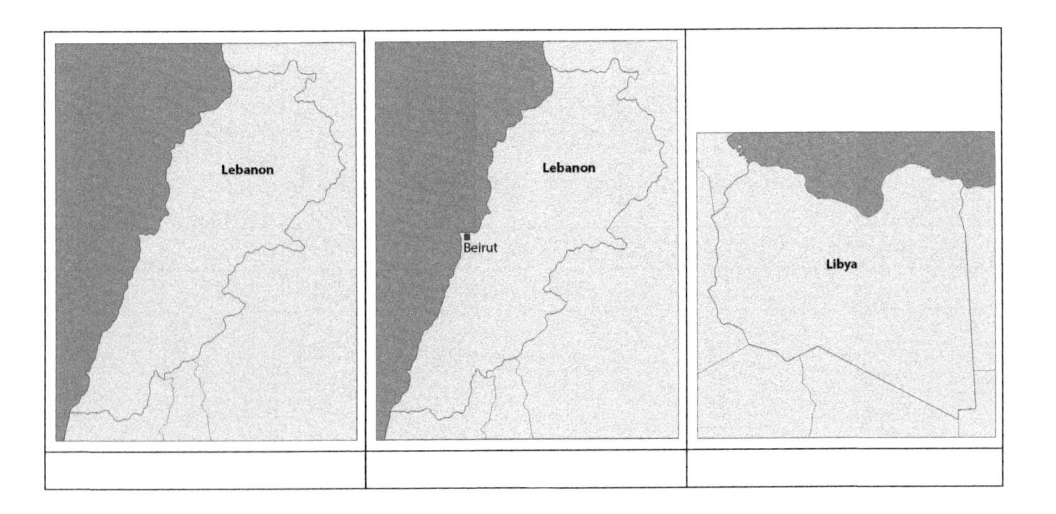

الدرس الثاني

طرابلس في لبنان وطرابلس في ليبيا

The Arabic Alphabet (الحروف العربيّة)

				تـ/ت	بـ/ب	ا
		سـ/س		ر		
	فـ/ف				ط	
يـ/ي	و		نـ/ن		لـ/ل	

Exercise 1 (Reading): Read the numbers 11–20

١١، ١٢، ١٣، ١٤، ١٥، ١٦، ١٧، ١٨، ١٩، ٢٠	١
١٢، ١٤، ١٦، ١٨، ٢٠، ١١، ١٣، ١٥، ١٧، ١٩	٢
٣، ٨، ١٤، ١٢، ١٦، ١٩، ١٠، ٦، ٥، ٢	٣
٢، ٣، ٧، ٨، ٦، ٩، ١٧، ١٩، ٥، ٢٠، ١	٤

Reading Arabic

New letters

Letter with one shape

English Equivalent	Letter
	ط

DOI: 10.4324/9781003020455-2

Letters with two shapes

English Equivalent (if found)	Connected (initial and medial)	Basic shape (also final and stand-alone)
s	ـسـ	س
f	ـفـ	ف

Exercise 2 (Reading): Read the following phrases. Then listen to the audio recording and compare your reading with what you hear.

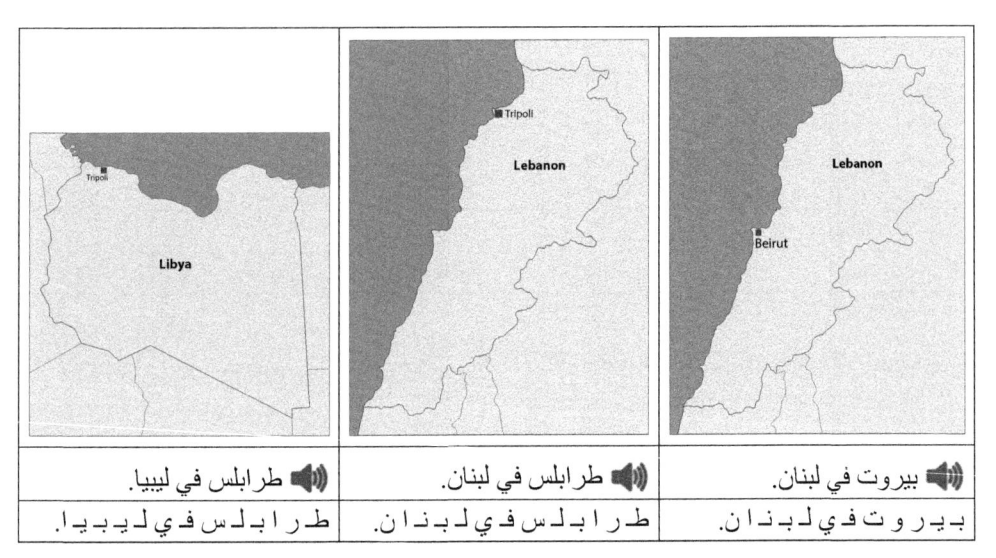

🔊 طرابلس في ليبيا.	🔊 طرابلس في لبنان.	🔊 بيروت في لبنان.
ط ر ا ب ل س ف ي ل ي ب ي ا.	ط ر ا ب ل س ف ي ل ب ن ا ن.	ب ي ر و ت ف ي ل ب ن ا ن.

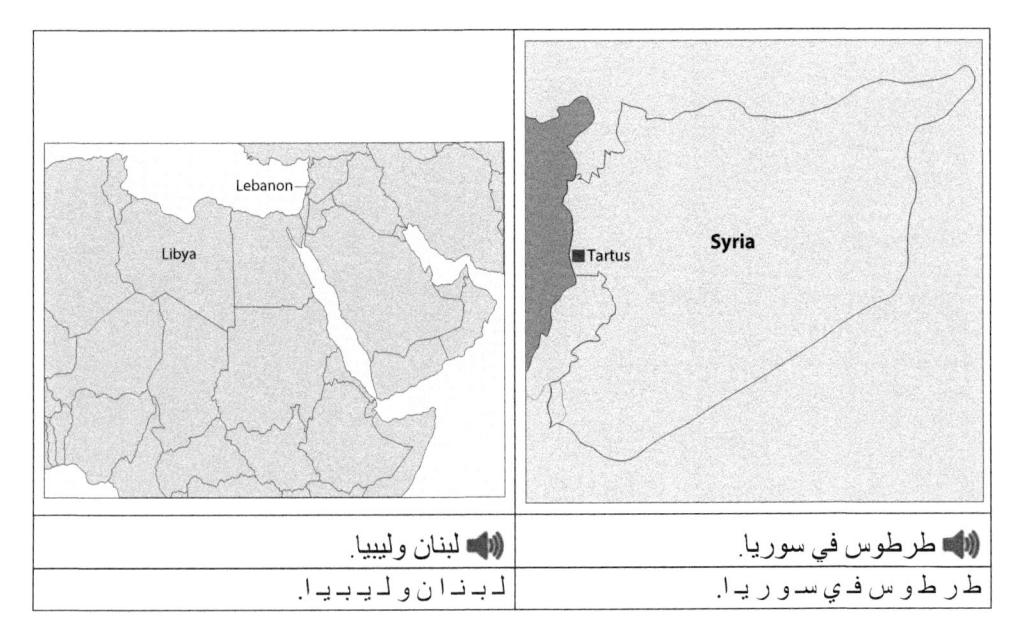

🔊 لبنان وليبيا.	🔊 طرطوس في سوريا.
ل ب ن ا ن و ل ي ب ي ا.	ط ر ط و س ف ي س و ر ي ا.

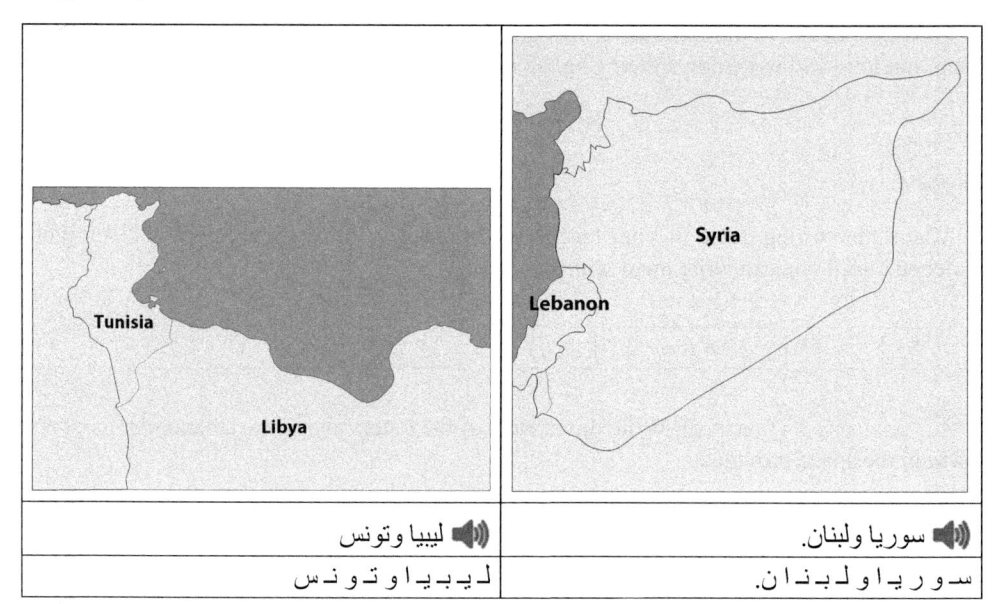

سوريا ولبنان.	ليبيا وتونس
سـ و ر يـ ا و لـ بـ نـ ا ن.	لـ يـ بـ يـ ا و تـ و نـ س

Exercise 3: The following are the Arabic names of four countries. Draw a line between the name of each country with the corresponding map below. Then read each country's Arabic name aloud.

روسيا فرنسا سوريا بريطانيا

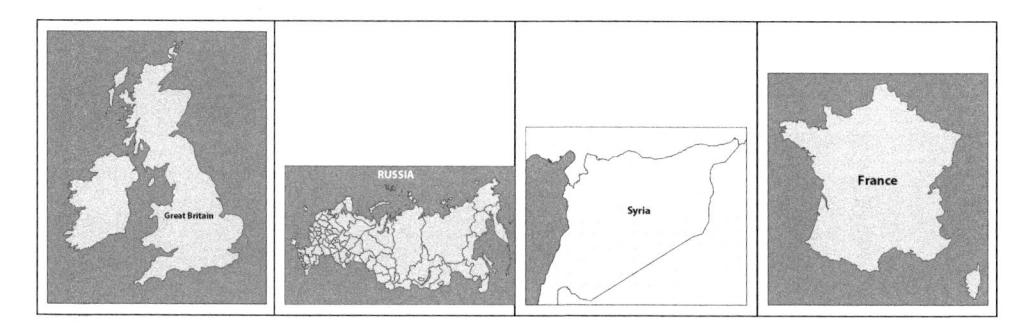

Exercise 4: Circle the word you hear. (In class with the teacher.)

١. روسيا/سوريا	٢. روسيا/فرنسا	٣. فرنسا/طرابلس
٤. بيروت/بريطانيا	٥. طرابلس/تونس	٦. لبنان/ليبيا

Exercise 5: Circle the letter you hear. (In class with the teacher.)

١. بـ/ت	٢. ت/ن	٣. ل/ا	٤. ي/ت	٥. س/ط	٦. ل/ر	٧. ل/ن	٨. ت/ن	٩. ت/ط

Exercise 6: Circle the letters you recognize in each of the following words. Then read them out loud and write down their English equivalents.

شمال، جنوب، شرق، غرب، مصر

Exercise 7: (Writing)

Watch the writing demo or your teacher and practice writing the numbers 1–10 in your notebook until you can write them without looking.

١١	١٢	١٣	١٤	١٥	١٦	١٧	١٨	١٩	٢٠

Exercise 8 (Writing): Write down each of the letters above the table under its other form in the space provided.

ب، ت، ل، ن، ي، س، ف

ـن	ـت	ـس	ـب	ـف	ـل	ـي

Exercise 9 (Writing): Watch the writing demo or your teacher and practice writing the following words in your notebook until you can write them without looking.

بيروت في لبنان.	طرابلس في ليبيا.	تونس وليبيا.	سوريا ولبنان.

الدرس الثالث

بيروت في غرب لبنان، طرابلس في شمال غرب ليبيا

The Arabic Letters (الحروف العربيّة)

		جـ/ج		تـ/ت	بـ/ب	ا
	شـ/ش	سـ/س		ر		
قـ/ق	فـ/ف	غـ/ـغـ/ـغ/غ			ط	
يـ/ي	و		نـ/ن	مـ/م	لـ/ل	

Exercise 1: Read the numbers 21–30.

٢١، ٢٢، ٢٣، ٢٤، ٢٥، ٢٦، ٢٧، ٢٨، ٢٩، ٣٠	١
٢١، ٢٣، ٢٥، ٢٧، ٢٩، ٣٠، ٢٨، ٢٦، ٢٤، ٢٢، ٢٠	٢
١١، ٣، ٨، ١٤، ٢١، ١٢، ١٦، ٢٦، ١٧، ١٠٠	٣
٣، ٨، ٢٨، ٨٢، ٣٨، ٦٧، ٦٦، ٤١، ٦٢، ٨٥	٤

Reading Arabic

New letters

Letters with two shapes

English Equivalent (if found)	Connected (initial and medial)	Basic shape (also final and stand-alone)
s	جـ	ج
sh	شـ	ش
	قـ	ق
m	مـ	م

DOI: 10.4324/9781003020455-3

Letter with four shapes

English Equivalent (if found)	At the beginning of a word and after non-connecting letters	Inside a word after connecting letters	At the end of a word after connecting letters	At the end of a word after non-connecting letters
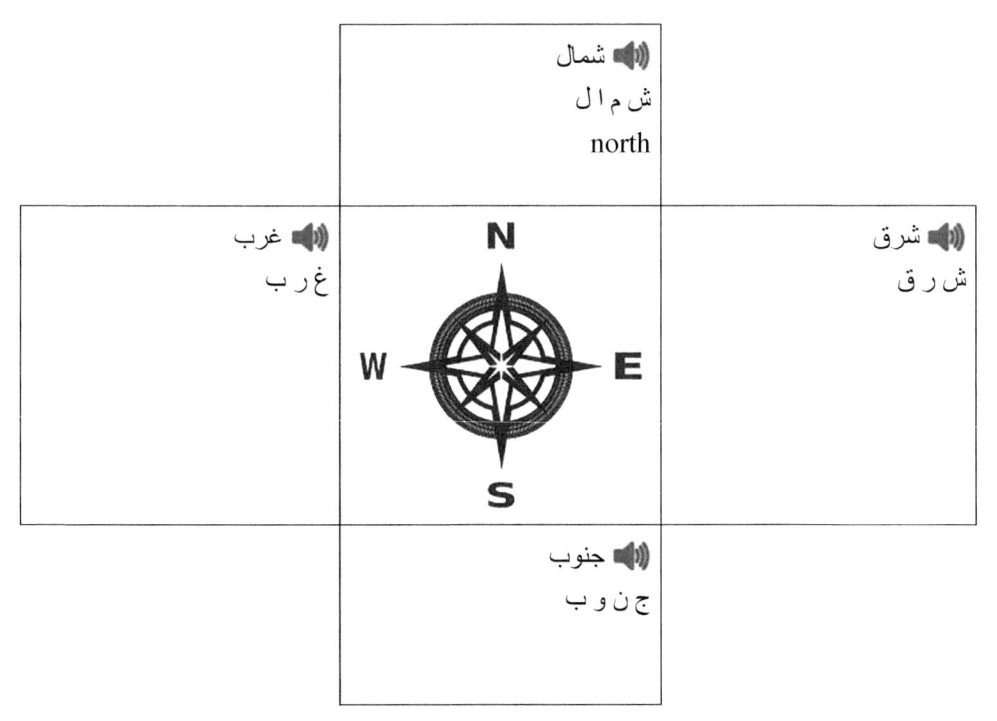	غـ	ـغـ	ـغ	غ

New words

شمال
ش م ا ل
north

غرب
غ ر ب

شرق
ش ر ق

جنوب
ج ن و ب

Exercise 2: Read the following sentences. Then listen to the audio recording and compare your reading with what you hear.

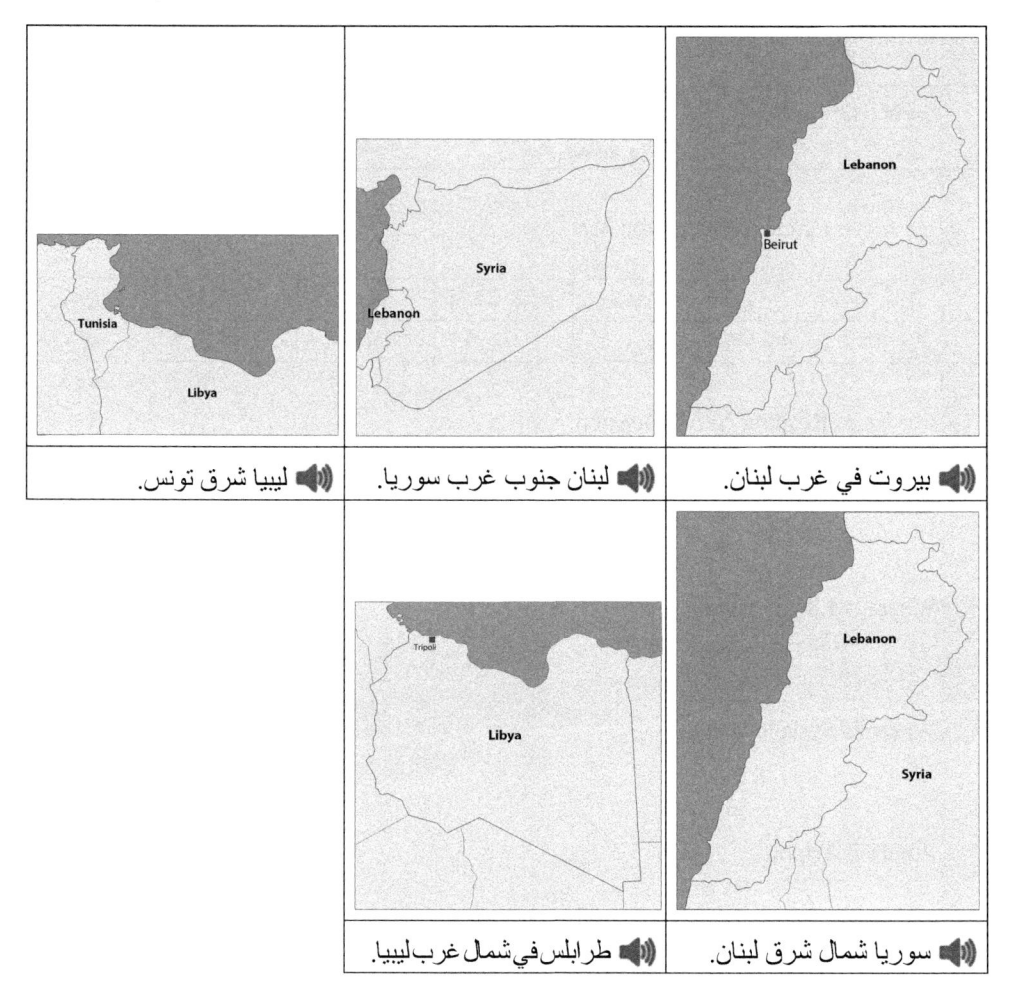

بيروت في غرب لبنان.

لبنان جنوب غرب سوريا.

ليبيا شرق تونس.

سوريا شمال شرق لبنان.

طرابلس في شمال غرب ليبيا.

Grammar: No verb "to be" in Arabic

You may have noticed that Arabic does not have the equivalent of the English verb "to be". So, the Arabic equivalent of "Beirut is in West Lebanon" is بيروت في غرب لبنان, which literally translates as: "Beirut in West Lebanon."

Now translate the following two sentences and notice the absence of the verb "to be" in Arabic:

1. لبنان جنوب غرب سوريا.
2. طرابلس في شمال غرب ليبيا.

Exercise 3: Circle the word you hear.

٤. طرابلس/بريطانيا	٣. ليبيا/شمال	٢. تونس/سوريا	١. بيروت/غرب
	٧. فرنسا/بيروت	٦. غرب/شرق	٥. شمال/شرق

Exercise 4: Circle the letter you hear.

٧. ط/ت	٦. و/ر	٥. مـ/فـ	٤. شـ/سـ	٣. جـ/غـ	٢. بـ/تـ	١. بـ/يـ
١٤. ن/ل	١٣. م/ج	١٢. و/ي	١١. نـ/تـ	١٠. فـ/قـ	٩. لـ/ا	٨. ر/لـ

Exercise 5: Reading comprehension.

Read the following sentences and answer the questions following them in English.

1 . ليبيا شرق تونس.

Where is Libya located?

2 . سوريا شمال شرق لبنان.

Where is Syria located?

3 . طرابلس في شمال لبنان.

Where is Tripoli?

Exercise 6 (Writing): Watch the writing demo or your teacher and practice writing the following words in your notebook until you can write them without looking.

٣. ليبيا شرق تونس.	٢. طرابلس في شمال ليبيا.	١. بيروت في غرب لبنان.
	٥. سوريا شمال شرق لبنان.	٤. تونس شمال غرب ليبيا.

الدرس الرابع
القاهرة عاصمة مصر

The Arabic Letters (الحروف العربيّة)

خـ/خ		جـ/ج		تـ/ت	بـ/ب	ا
صـ/ص	شـ/ش	سـ/س		ر		د
قـ/ق	فـ/ف	غـ/ـغـ/ـغ/غ	عـ/ـعـ/ـع/ع		ط	
يـ/ي	و	هـ/ـهـ/ـه/ه	نـ/ن	مـ/م	لـ/ل	

Secondary Letter

ـة/ة

Reading Arabic

Exercise 1 (تمرين رقم ١): Reading and Writing

Read then write the numbers 10, 20, 30, 40, 50, 60, 70, 80, 90, 100.

	١٠، ٢٠، ٣٠، ٤٠، ٥٠، ٦٠، ٧٠، ٨٠، ٩٠، ١٠٠	١
	٢٠، ٤٠، ٦٠، ٨٠، ١٠٠، ٩٠، ٧٠، ٥٠، ٣٠، ١٠	٢
	٢، ١٢، ٢٠، ٣، ١٣، ٣٠، ٤، ١٥، ٥٠، ٧، ١٩، ٩٠، ١٠٠	٣
	٣١، ٤٢، ٥٣، ٦٤، ٧٥، ٨٦، ٩٧، ٩٨، ٩٩، ٢٧	٤

New letters

Letter with one shape

English Equivalent	Shape in all positions	
d	د	

Letters with two shapes

English Equivalent	Connected (initial and medial)	Basic shape (also final and stand-alone)
	خـ	خ
	صـ	ص

DOI: 10.4324/9781003020455-4

Letters with four shapes

The following three letters, one introduced before and two in this lesson, have four shapes each:

English Equivalent (if found)	At the beginning of a word and after non-connecting letters	Inside a word after connecting letters	At the end of a word after connecting letters	At the end of a word after non-connecting letters and stand alone
🔊	عـ	ـعـ	ـع	ع
h	هـ	ـهـ	ـه	ه

Grammar

1. The definite article al (ال)

Definiteness in Arabic is indicated by the definite article ال pronounced *al*, which is attached at the beginning of the noun or adjective. It is the prefix you find in the names of some Arab countries and cities like العراق "Iraq", السودان "Sudan", القاهرة "Cairo", and الخرطوم "Khartoum". The same ال is found in many English words of Arabic origin like *algebra*, *alcohol*, *alchemy*, and *algorithm*.

Exercise 2 (تمرين رقم ٢): Reading

Read the following seven sentences and write the number of each under the corresponding map.

🔊 ١. بغداد في العراق. 🔊 ٢. طرابلس في ليبيا. 🔊 ٣. تونس في تونس. 🔊 ٤. الرباط في المغرب.

🔊 ٥. القاهرة في مصر. 🔊 ٦. الخرطوم في السودان. 🔊 ٧. دمشق في سوريا.

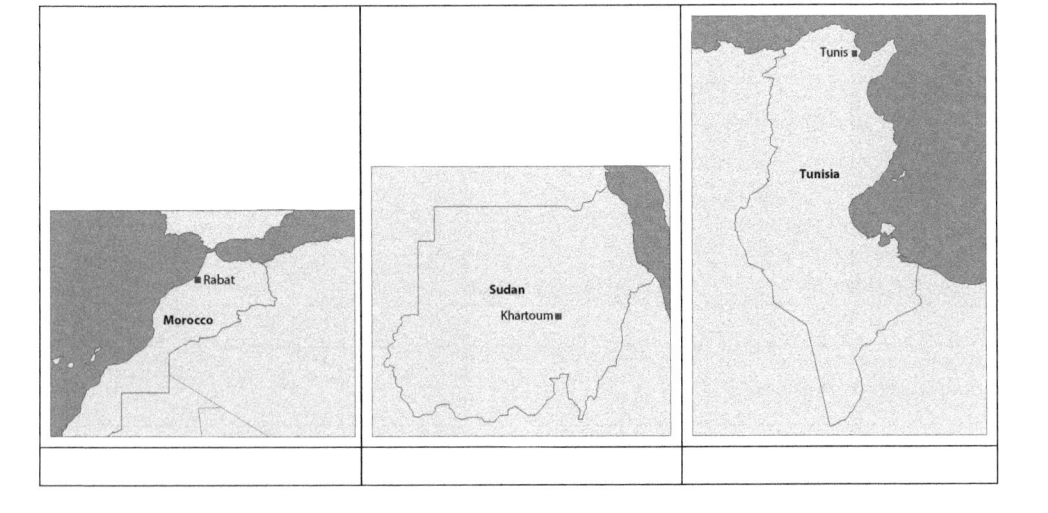

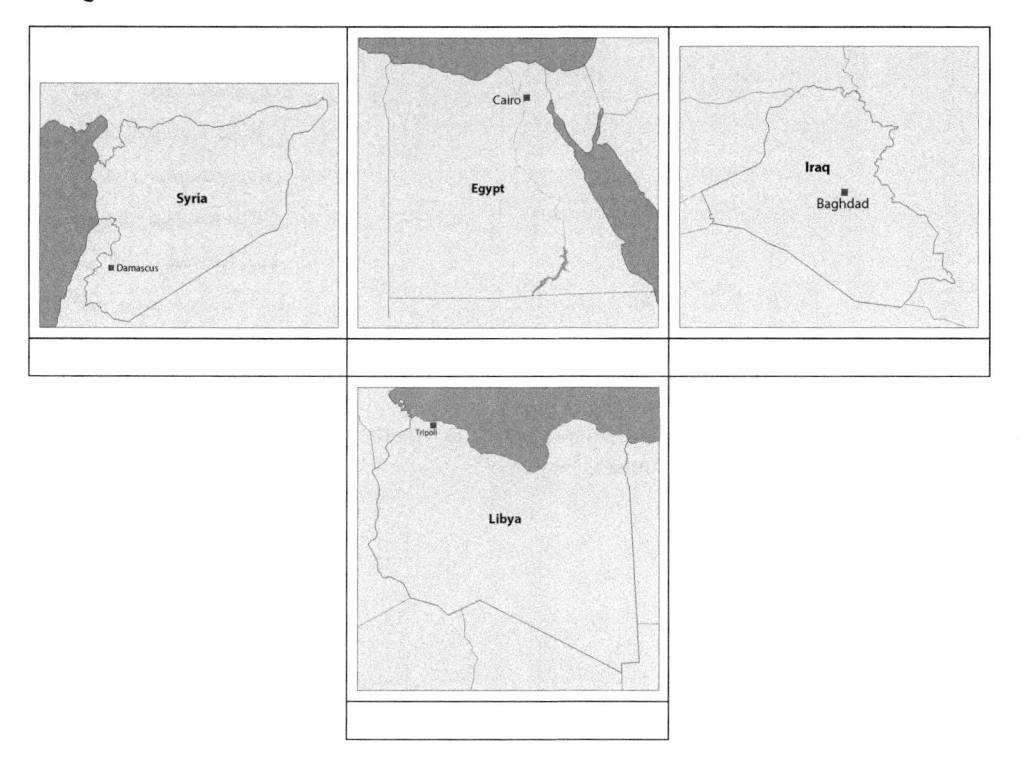

2. The *taa' marbuuTa*

Feminine gender in Arabic is generally indicated by a symbol called *taa' marbuuTa*, which is attached to the end of the noun or adjective. It is written as ة after non-connecting letters and ـة after connecting ones, and is pronounced like a short ا, as in كبيرة، صغيرة، عاصمة

Taa' marbuuTa is a cross between ه/ـه (h) and ت (t). It has the basic shape of ه/ـه, but is often pronounced ت, as will be shown in the following discussion of "the Construct".

3. The construct and the *taa' marbuuTa*

There is a basic grammatical structure in Arabic called "the construct" or *iDaafa*. The construct consists of two nouns in a special relationship that is generally equivalent to the English possessive or a phrase involving the preposition "of", as in "the capital of Syria" or "Syria's capital". One important feature of the construct is that if the first word ends in *taa' marbuuTa*, the *taa' marbuuTa* is pronounced as a regular ت. For example, the word for capital is عاصمة, pronounced *'aaSima*. But in عاصمة سوريا "the capital of Syria", it is pronounced *'aaSimat* (*suurya*).

Exercise 3 (تمرين رقم ٣): Reading and translation

Read the following sentences out loud and then translate them into English:

1 . دمشق عاصمة سوريا.
2 . بغداد عاصمة العراق.
3 . القاهرة عاصمة مصر.
4 . بيروت عاصمة لبنان.
5 . طرابلس عاصمة ليبيا.
6 . الخرطوم عاصمة السودان.

Exercise 4 (تمرين رقم ٤): Reading comprehension

Indicate whether each of the statements below is true or false according to the following table. In the table the word دولة means "country".

الدولة	العاصمة
مصر	القاهرة
العراق	بغداد
سوريا	دمشق
تونس	تونس
ليبيا	طرابلس
لبنان	بيروت
السودان	الخرطوم
المغرب	الرباط
عمان	مسقط
الصومال	مقديشو
جيبوتي	جيبوتي

1. Al-Rabat is the capital of Tunisia.
2. Muscat is the capital of Oman.
3. The capital of Djibouti is Mogadishu.
4. Tripoli is the capital of Lebanon.
5. Al-Khartoum is the capital of Sudan.

Exercise 5 (تمرين رقم ٥): Reading comprehension

Read the following short passage and answer the questions below.

بيروت عاصمة لُبنان. هي مدينة كبيرة في غرب لبنان. طرابلس مدينة كبيرة في شمال لبنان وصور مدينة صغيرة في جنوب لبنان.

هي she, it

1. Make a list of the cities mentioned.
2. Where are they located?
3. Which cities are big and which are small?

Exercise 6 (Writing): (تمرين رقم ٦)

Copy each of the following sentences under the corresponding map.

١. دمشق عاصمة سوريا.

٢. بغداد عاصمة العراق.

٣. الرباط عاصمة المغرب.

٤. القاهرة عاصمة مصر.

٥. مدينة تونس عاصمة تونس.

٦. طرابلس عاصمة ليبيا.

٧. الخرطوم عاصمة السودان.

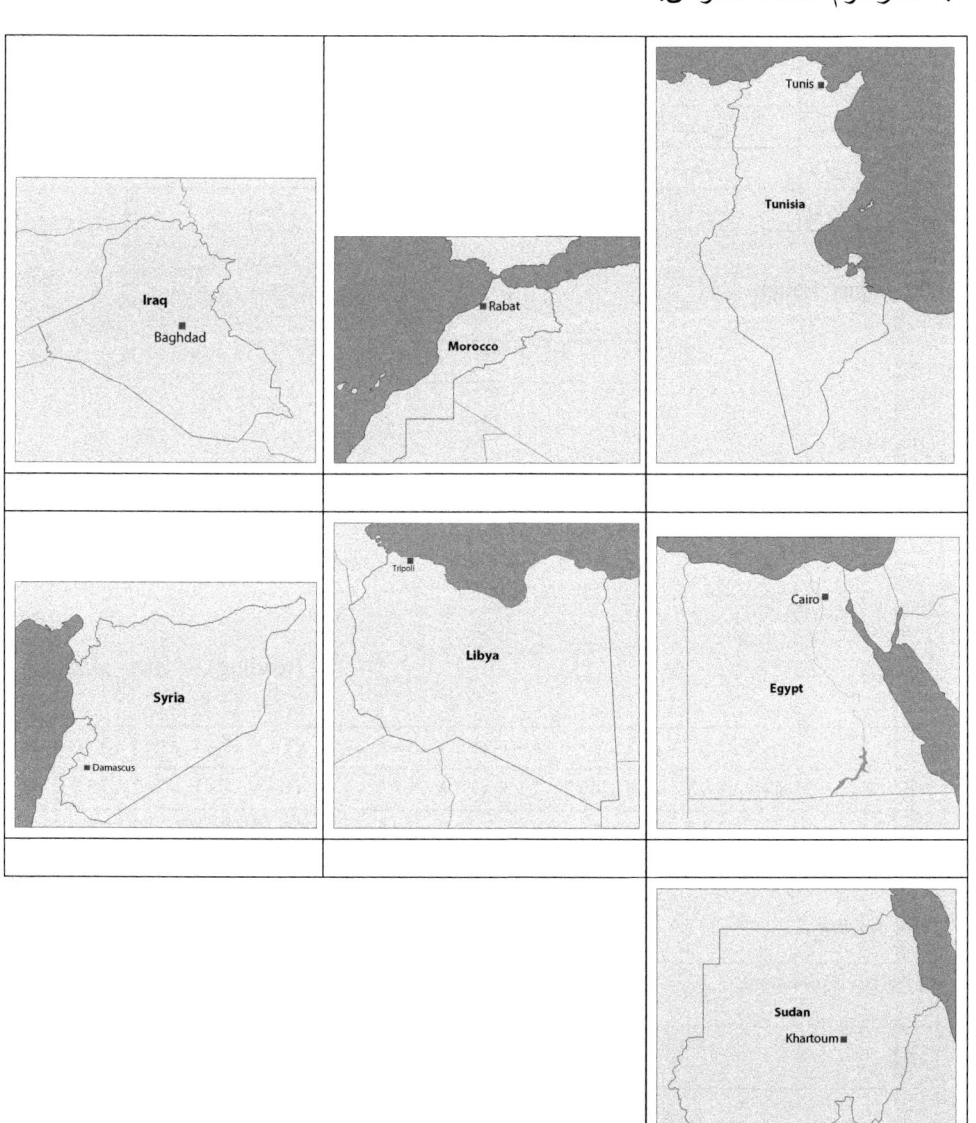

الدرس الخامس

عَمّان وعُمان

The Arabic Letters (الحروف العربيّة)

خـ/خ	حـ/ح	جـ/ج		تـ/ت	بـ/ب	ا
صـ/ص	شـ/ش	سـ/س		ر		د
قـ/ق	فـ/ف	غـ/ـغـ/ـغ/غ	عـ/ـعـ/ـع/ع		ط	
يـ/ي	و	هـ/ـهـ/ـه/ه	نـ/ن	مـ/م	لـ/ل	كـ/ك

Secondary Letters

	ـة/ة	أ، إ، آ

Diacritics

سُكون (ـْ)	شدّة (ـّ)	كسرة (ـِ)	ضمّة (ـُ)	فتحة (ـَ)

Reading Arabic

تمرين رقم ١: قراءة (reading)

١٠٠، ٢٠٠، ٣٠٠، ٤٠٠، ٥٠٠، ٦٠٠، ٧٠٠، ٨٠٠، ٩٠٠، ١٠٠٠	
١٠١، ٢٠٢، ٣٠٣، ٤٠٤، ٥٠٥، ٥٥٥، ١١١، ٢٢٢، ٧٦٦، ٨٧٧، ٩٩٩، ١٩٩٩	
٩١، ١٩١، ٧٢، ٩٧٢، ١٩٧٢، ١٩٦٧، ١٩٥٦، ١٩٧٣، ١٩٨٢، ١٩٩٠	

New letters

English equivalent	Connected (initial and medial)	Basic shape (also final and stand-alone)
🔊	حـ	ح
k	كـ	ك

DOI: 10.4324/9781003020455-5

Hamza *(the glottal stop)*

Both Arabic and English have the sound known as "the glottal stop". In English it is the sound produced when you pronounce a word that begins with a vowel like *apple* or *orange*. The difference between Arabic and English is that the glottal stop is represented by a letter in Arabic, called همزة (*hamza*). *Hamza* may have one of seven shapes, depending on its position in the word. Some of these shapes are more common than others. The most common *hamza* shapes are أ, as in أبيض and إ as in إفريقيا "Africa". When the *hamza* is followed by ا, the two are combined into one symbol called *madda* and written as آ, as in آسيا "Asia".

Arabic diacritical marks

The letters we have learned so far represent consonants and long vowels. These letters are always written as part of the word.

There is a set of other symbols that are written above or below the letters to help with pronunciation. These are mostly optional in Arabic writing but they are commonly used in books specifically written for learners of the language and religious texts such as the Qur'an. The following table shows all the diacritics as they appear above or below a sample letter, with examples:

Example	Sound	Symbol	Name
بَيروت	short ا	◌َ (بَ)	فَتحة
لُبنان	short و	◌ُ (لُ)	ضَمّة
دِمَشق	short ي	◌ِ (دِ)	كَسرة
عَمّان	doubled (pronounced twice as long)	◌ّ (مّ)	شَدّة
شَرْق	absence of a vowel	◌ْ (رْ)	سُكون

تمرين رقم ٢: قراءة (reading)

With the help of the tables and notes above, read aloud the following sentences and then translate them into English. Then compare your pronunciation with the audio recording.

١. المَنامة عاصمة البَحرين.

٢. عَمّان مَدينة كَبيرة.

٣. عاصِمة قَطَر مَدينة الدَوحة.

٤. القاهِرة عاصِمة مِصْر.

٥. مدينة الكُويت عاصِمة دولة الكويت.

٦. مَسقَط عاصِمة عُمان.

٧. مَدينة الرَباط عاصِمة المَغرِب.

تمرين رقم ٣: قراءة وكتابة

Now match each of the sentences above with the corresponding map by writing the sentence under the map.

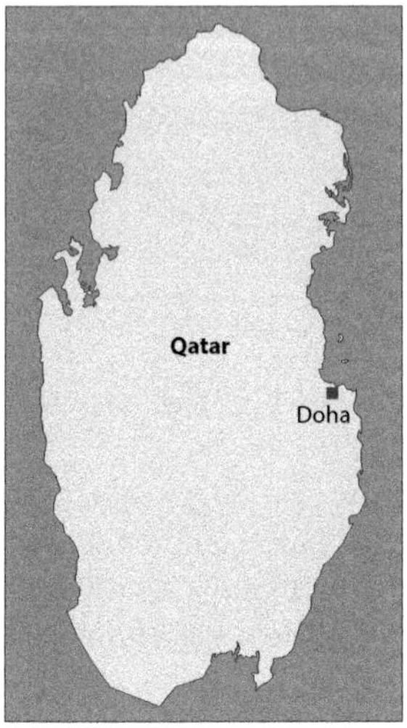

Qatar
Doha

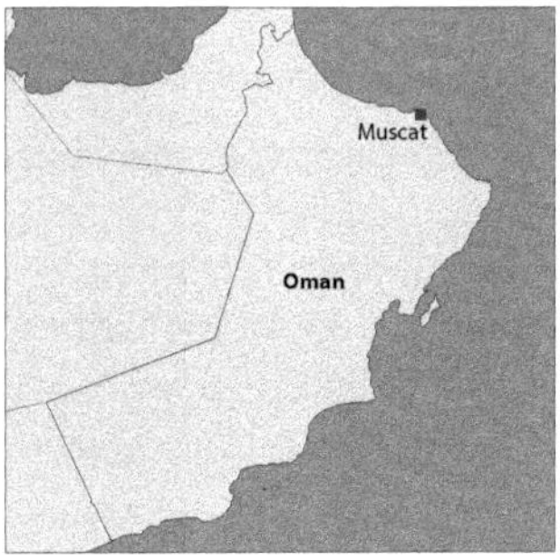

Muscat
Oman

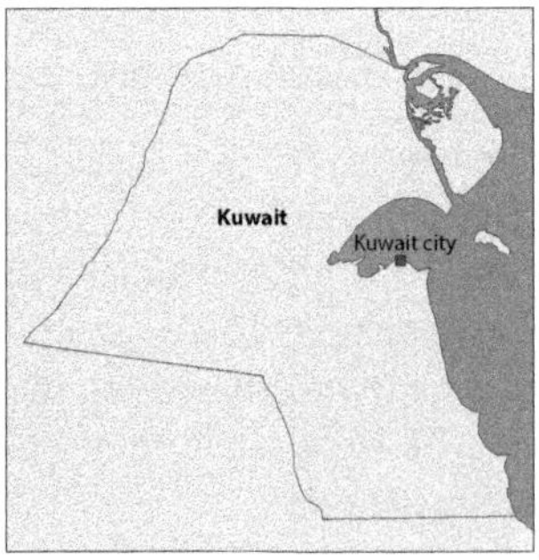

Kuwait
Kuwait city

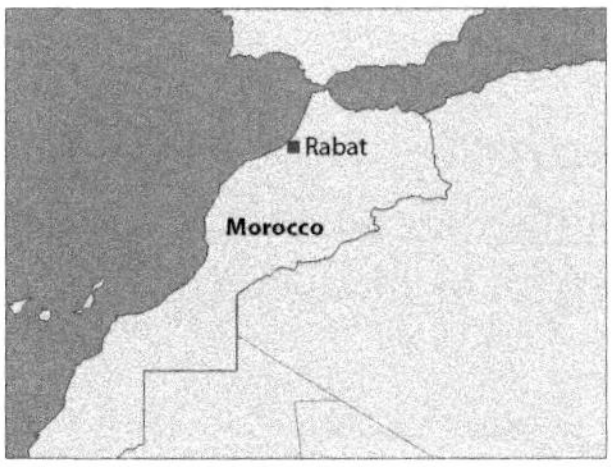

Rabat
Morocco

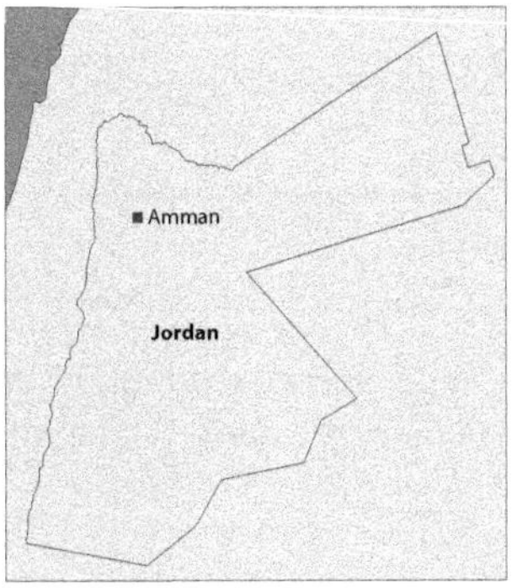

Amman
Jordan

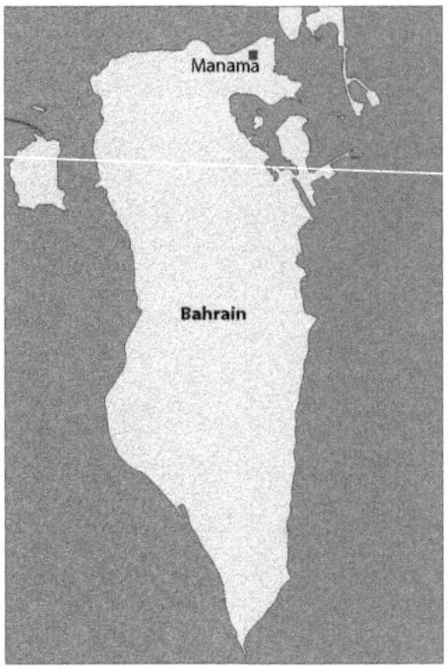

Manama
Bahrain

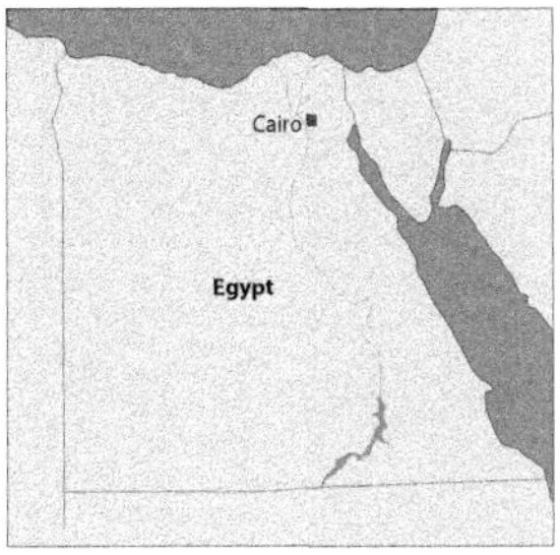

Cairo
Egypt

Grammar

Sun and moon letters

You may have noticed that the ل of the definite article is sometimes pronounced ل and sometimes merges with the following letter. Compare السودان and الخرطوم. In السودان, the ل merges with the س, but in الخرطوم it does not. The letters with which the ل of the definite article merges are called "sun letters" (حروف شمسيّة) and the letters with which it does not are called "moon letters" (حروف قمريّة). Notice how the ل is pronounced in الشمس "the sun" and القمر "the moon".

تمرين رقم ٤ : كتابة (writing)

Group the following nine words into two columns, one in which the ل of the definite article is pronounced as ل and another in which it merges with the following letter. One column will have six words and the second three.

البَحرين
الخَرطوم
الدوحة
المَنامة
الرَباط
السودان
العِراق
القاهِرة
المَغرب

تمرين رقم ٥ (قراءة)

Read the following sentences and answer the questions in English.

جيبوتي دولة عربيّة صغيرة في شرق إفريقيا.

Where is Djibouti located?

مَدينة تونس عاصمة دَولة تونس.

What is the capital of Tunisia?

مدينة المنامة عاصمة البحرين.

What is the capital of Bahrain?

مدينة الرباط في غرب المغرب.

Which country and which capital are mentioned here?

عاصمة قَطر مدينة الدَوحة.

What is the capital of Qatar?

مدينة الكويت عاصمة دولة الكويت.

What is the capital of Kuwait?

تمرين رقم ٦ (قراءة)

Read the following short descriptions of Iraq and Mauritania and answer the questions following them in English.

العِراق دولة عربيّة كبيرة في غَرب آسيا. عاصمة العراق مدينة بَغداد. بغداد مدينة كبيرة.

1.   Where is Iraq located?
2   Is Baghdad a big or small city?

موريتانيا دَولة عربيّة كَبيرة في غرب إفريقيا، جنوب المغرب. عاصمة موريتانيا مدينة نُواكْشوط.

1.   Is Mauritania a large or a small country?
2.   Where is it located?
3.   What is the capital of Mauritania?

الدرس السادس
الدول العربيّة

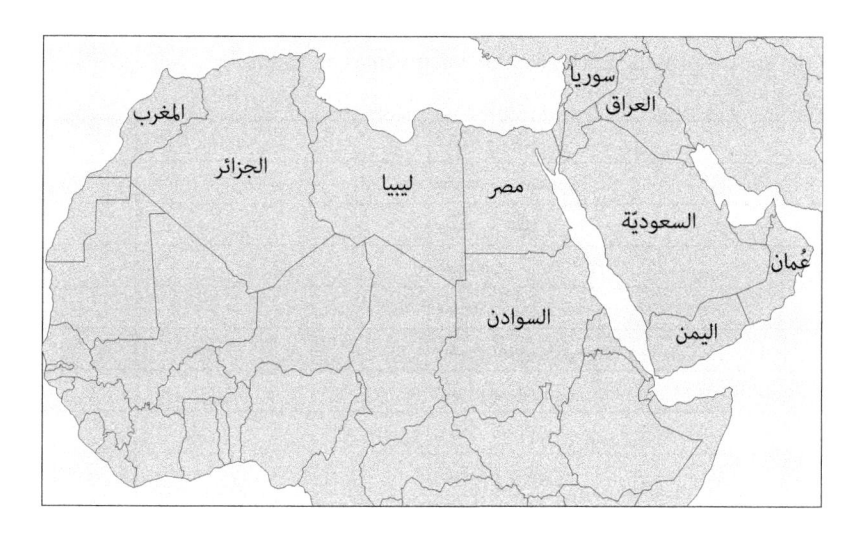

الحروف العربيّة

ا	ب/ب	تـ/ت	ثـ/ث	جـ/ج	حـ/ح	خـ/خ
د		ر	ز	سـ/س	شـ/ش	صـ/ص
ضـ/ض	ط	ظ	عـ/ـعـ/ـع/ع	غـ/غـ/غ/غ	فـ/ف	قـ/ق
كـ/ك	لـ/ل	مـ/م	نـ/ن	هـ/ـهـ/ـه/ه	و	يـ/ي

Secondary Letters and Diacritics

أ، ء، إ، ئـ/ئ، آ	ـة/ة	لا	ى

فَتحة (ـَ)	ضمّة (ـُ)	كسرة (ـِ)	شدّة (ـّ)	سُكون (ـْ)

DOI: 10.4324/9781003020455-6

Reading Arabic

تمرين ١: استماع وقراءة (Listening and Reading)

Circle the number you hear.

.١	٢١١/٢١٠	.٢	٧٢٠/٦٢٠	.٣	٣٨٠/٨٣٠	.٤	١٩٠/١١٩	.٥	٤٠٣/٣٠٤
.٦	٦٥٠/٥٥٠	٧	١٨١٧/١٧١٦	٨	٩٩٠/٩٠٩	٩	٨٧٠/٦٨٠	١٠	١٣٢٠/١٣١٠

تمرين رقم ٢: قراءة وكتابة

Match the numbers (written out in words) with the digits they correspond to by copying the words in the spaces provided. The first one is given as an example.

١	واحد	ثلاثة وعشرين
٢		خمسة وخمسين
٨		واحد وعشرين
٢١		ثمانية
٢٣		سبعة وستّين
٥٥		ألف وتسعميّة وسبعة وستّين
٦٧		ستّة وسبعين
٧٦		واحد
٨٨		ثمانية وثمانين
١٩٦٧		إثنين

New letters

Letters with one shape

English Equivalent (if found)	Letter
z	ز
	ظ

Letters with two shapes

English Equivalent (if found)	Connected (initial and medial)	Basic shape (also final and stand-alone)
th (as in thin)	ثـ	ث
	ضـ	ض

Additional letters and diacritics

Notes	Name	Symbol
This is a combination of ل followed by ا	لام ألف	لا
This is found only at the ends of words. It's pronounced like ا	الف مقصورة	ى
The spelling of *hamza* next to كسرة	همزة	ـئ
The spelling of *hamza* at the end of a word after ا	همزة	ء

Note that when ل combines with *hamza* written above or under ا, as in أ and إ, the rule for combining ل and ا still applies: لأ and لإ.

تمرين رقم ٣ (قراءة وكتابة): الدول العربيّة (The Arab countries)

Match the names of the Arab countries in Arabic and English by copying the Arabic name next to its English equivalent. The first one is given as an example.

The Arab Countries الدول العربية		
Algeria	الجزائر	مصر
Bahrain		الجزائر
Comoros		السودان
Djibouti		المغرب
Egypt		العراق
Iraq		السعودية
Jordan		اليمن
Kuwait		سوريا
Lebanon		تونس
Libya		الصومال
Mauritania		الأردن
Morocco		ليبيا
Oman		فلسطين (الضفّة الغربيّة وقطاع غزّة)
Palestine (the West Bank and Gaza Strip)		لبنان
Qatar		موريتانيا
Saudi Arabia		عُمان
Somalia		الإمارات العربية المتّحدة
Sudan		الكويت
Syria		قطر
The United Arab Emirates		البحرين
Tunisia		جيبوتي
Yemen		جزر القمر

تمرين رقم ٤ (قِراءة): عواصم الدول العربيّة (Arab capitals)

Match the names of the Arab countries with their capitals by copying the name of the capital next to the name of the country. The first one is given as an example.

أبو ظبي	القاهرة	مصر
بغداد		الجزائر
بيروت		السودان
تونس		المغرب
الجزائر		العراق
جيبوتي		السعودية
الخرطوم		اليمن
دمشق		سوريا
الدوحة		تونس
الرباط		الصومال
الرياض		الأردن
صنعاء		ليبيا
طرابلس		فلسطين (الضفّة الغربيّة وقطاع غزّة)
عمّان		لبنان
القاهرة		موريتانيا
القدس		عُمان
الكويت		الإمارات العربية المتّحدة
مسقط		الكويت
مقاديشو		قطر
المنامة		البحرين
موروني		جيبوتي
نواكشوط		جزر القمر

قواعد

More on the iDaafa

It was pointed out in Lesson 4 that the iDaafa construct consists of two nouns in a special relationship like عاصمة سوريا "the capital of Syria". It was pointed out then that one important feature of the construct is that if the first word ends in taa' marbuuTa, the taa' marbuuTa is pronounced as a regular ت.

Another feature is that if the construct phrase is definite, definiteness is shown on the second word, either with ال or if the word is a proper noun like "سوريا". The first word in an iDaafa phrase can never have ال. So, "the capital of the country" is rendered as عاصمة الدولة, not العاصمة الدولة* or العاصمة دولة*.

تمرين رقم ٥: الدول العربيّة وعواصمها (Arab countries and their capitals)

Study the table of the Arab countries and their capitals above and complete the sentences below. Then read the sentences aloud. Pay particular attention to the pronunciation of the تاء مربوطة in construct (إضافة) phrases as in مدينة القاهرة (*madiinat al-qaahira*, etc. The first sentence is given as an example.

مِثال (example): مدينة القاهرة عاصمة مصر.

١. مدينة.........................عاصمة مصر.

٢. مدينة .... عاصمة الجزائر.

٣. مدينة.........................عاصمة العراق.

٤. .... دمشق......................... ....

٥. ....تونس ....

٦. .... ليبيا.

٧. ....بيروت ....

٨. .... السودان.

٩. .... الرباط ....

١٠. .... السعوديّة.

١١. ....صنعاء ....

١٢. .... عمّان ....

١٣. .... القدس ....

١٤. .... مسقَط ....

١٥. .... الكويت.

١٦. .... البحرين.

١٧. ....جيبوتي ....

تمرين رقم ٦: قراءة وكتابة

Write the names of the following Arab countries in the map below.

العراق، سوريا، السعوديّة، اليمن، السودان، مصر، ليبيا، تونس، الجزائر، المغرب، موريتانيا.

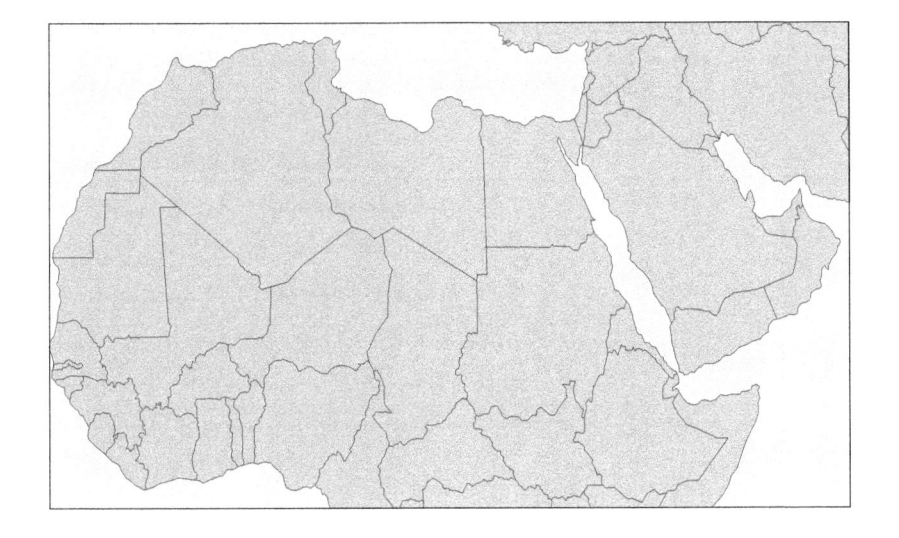

الدرس السابع

(General review) مراجعة عامّة

الحروف العربيّة

Shape(s)	Letter Name	Shape(s)	Letter Name
ضـ/ض	ضاد	ا	ألف
ط	طاء	بـ/ب	باء
ظ	ظاء	تـ/ت	تاء
عـ/ـعـ/ع/ـع	عين	ثـ/ث	ثاء
غـ/ـغـ/غ/ـغ	غين	جـ/ج	جيم
فـ/ف	فاء	حـ/ح	حاء
قـ/ق	قاف	خـ/خ	خاء
كـ/ك	كاف	د	دال
لـ/ل	لام	ذ	ذال
مـ/م	ميم	ر	راء
نـ/ن	نون	ز	زاي
هـ/ـهـ/ـه/ه	هاء	سـ/س	سين
و	واو	شـ/ش	شين
يـ/ي	ياء	صـ/ص	صاد

The letter ذ

All Arabic letters have been introduced except ذ. As you can see, it has the same shape as د, but with a dot above. It is found in words like the following:

this, masculine	هذا
this, feminine	هذه
what	ماذا

DOI: 10.4324/9781003020455-7

General observations about Arabic letters

One-way connectors

Of the 28 letters of the Arabic alphabet, six connect to a preceding letter, but not to a following one; the rest connect to both a preceding and a following letter. The non-connecting letters are:

ا، د، ذ، ر، ز، و

Letter shapes

In terms of letter shapes, eight letters have one shape each, 17 have two basic shapes (one at the beginning of the word and after one-way connectors and one word-finally), and three have four shapes each: (1) at the beginning of a word and after one-way connectors, (2) in the middle of a word after two-way connectors, (3) at the end of the word after one-way connectors, and (4) at the end of the word after two-way connectors.

The following table shows all 28 letters grouped into categories according to the number of shapes they have:

Shape	Letters in the category
One shape	ا، د، ذ، ر، ز، ط، ظ، و
Two shapes 1) word-initial and after one-way connectors, 2) word-final	بـ/ب، تـ/ت، ثـ/ث، جـ/ج، حـ/ح، خـ/خ، سـ/س، شـ/ش، صـ/ص، ضـ/ض، فـ/ف، قـ/ق، كـ/ك، لـ/ل، مـ/م، نـ/ن، يـ/ي
Four shapes 1) initial and after one-way connectors, 2) medial after two-way connectors, 3) final after one-way connectors, 4) final after two-way connectors	عـ/ـعـ/ع/ـع غـ/ـغـ/غ/ـغ هـ/ـهـ/ـه/ه

Scondary letters and diacritics

Shape(s)	
ء، أ، إ، ئـ	همزة
آ	مدّة
found only at the end of a word	(تاء مربوطة)ة، ـة
when لـ is followed by ألف they are combined into لا	لا، لأ (لام ألف)
pronounced like ا, found only at the end of a word	(ألف مقصورة) ى
◌َ	فتحة
◌ِ	كسرة

	ُ◌	ضمّة
	ّ◌	شدّة
	ْ◌	سُكون
pronounced *an*, found only at the end of a word	اً	

The emphatic group

You may have noticed that some Arabic consonants sound "thicker" or "deeper" than others, such as the sound of the letter ط in طالب. These consonants are known in Arabic as *emphatic* and contrast with a set of more familiar, non-emphatic, consonants. The following table shows the two sets. Listen to the audio and notice the difference between the members of each pair.

Nonemphatic		Emphatic	
	س		ص
	د		ض
	ت		ط
	ذ		ظ
	ك		ق

Families of letters

Most Arabic letters come in groups or families with the same shape but with a difference in the number and placement of dots or vertical strokes.

١. ب/ت/ث

To this family, the letters ن and ي can be added when in non-final position: بـ، تـ، ثـ، نـ، يـ

٢. ج، ح، خ
٣. د، ذ
٤. ر، ز
٥. س، ش
٦. ص، ض، ط، ظ
٧. ع، غ
٨. ف، ق
٩. ك، ل

The basic movement in writing the members of each family and the way the letters are connected to adjacent letters is the same for all members. You learn the technique for writing ج, for example, and you use the same technique for writing ح and خ, and so on.

Common problems with the alphabet

1. *Confusing* ا *and* ل.

Learners often confuse these two letters because they have a similar shape at the beginning and inside a word. The main difference between them is that ل connects to a following letter, while ا does not. At the end of word, the difference is clearer.

Watch and write:

الصومال	دولة	شمال	لبنان	ليبيا

2. *Confusing* د، ر، ل

It is sometimes difficult to distinguish between ل and د and between د and ر.

د *and* ل

There are three differences between د and ل : First, the vertical line of ل is taller than that of د. Second, the vertical line of ل forms a 90 degree angle with the horizontal line, while the two lines of د form an acute angle. Third, ل is a two-way connector while د is a one-way connector.

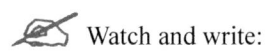

Watch and write:

Doha (capital of قطر)		الدوحة
Sudan		السودان

د *and* ر

ر is generally flatter and less angular than د.

Watch and write:

Jordan		الأردن
Florida		فلوريدا

3. *Connecting letters*

a. Writing ج، ح، خ *when not connected to a previous letter.*

Watch and write:

خمسة	الدوحة	جنوب

Connected to a previous letter:

Watch and write:

فتحة	الخميس	الجُمعة

b. Writing ط ،ض ،ص *when not connected to a previous letter:*

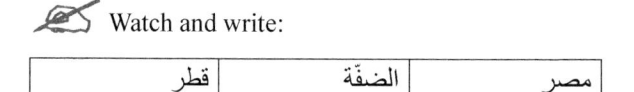

Watch and write:

طرابلس	الرياض	عاصمة

Connected to a previous letter:

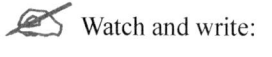

Watch and write:

قطر	الضفّة	مصر

c. The loop in م ،ق ،ف

Remember when writing م that it is "looped" under the line of writing, not above it, while both ف and ق are looped above it:

Watch and write:

قطر	فلسطين	مصر

خمسة	القاهرة	فرنسا

d. The four shapes of هـ

Initial and following a non-connector	هـ
When connected on both sides	ـهـ
Word-finally when preceded by a one-way connector	ه
Word-finally when preceded by a two-way connector	ـه

Shortcuts

There are a few shortcuts that writers of Arabic use when writing by hand. These include writing س and ش with a straight line and no "teeth" using a short line in place of the two dots, a circumflex in place of the three dots, and removing the top half of ـهـ.

✍ Watch and write:

تـ	ت
كيـ	ي
ـة	ـة
سـ	س
شـ	ش
ثـ	ث
ـه	ـه

تمرين ١: قراءة

Read the following paragraph and answer the questions following it in English.

🔊 تونِس دَولة عربيّة صغيرة في شمال إفريقيا، غَرب ليبيا. عاصمة تونس مدينة تونس. تقَع مدينة تونس في شمال الدَولة. مِن المُدُن التونسيّة الكبيرة مدينة سوسة ومدينة صفاقس. تَقَع سوسة وصفاقس في شرق دَولة تونس على ساحِل البحر الأبيض المتوسّط.

الكلمات الجديدة (new words)
مَدينة (مُدُن plural) city
ساحِل coast
تَقَع is located
البَحر الأبيض المتوسّط the Mediterranean Sea

1 Where is Tunisia located?
2 What is the capital of Tunisia? Where is it located?
3 Which Tunisian cities are mentioned besides the capital?
4 Where is the city of Sfax (صفاقس) located?

تمرين ٢: قراءة وكتابة

The following list includes the names of some Arab countries with their letters scrambled. Rearrange the letters and connect them to match the correct spelling of these words and then translate them into English. Use shortcuts where appropriate. The first one is given as an example.

Libya	ليبيا	ب ي ي ل ا
		و ر ا س ي
		ن ن ل ا ب
		س ا ا د ن ل و
		ل ز ر ئ ا ا ج
		ط ل ي س ف ن
		م ص و ل ل ا ا
		غ ب م ا ر ل
		م ي ن ل ا
		ي و ت ل ك ا
		د ع س ا ة ي ل و

الدرس الثامن
جمهوريّة، مملكة، إمارة، سلطنة

قِراءة: الدُّوَل العَرَبِيّة

الدَولة	العاصمة	عَدَد السُّكَّان (بالمليون)	المساحة (بالألف كيلومتر المُرَبَّع)
جُمهوريّة مصر العربيّة	القاهِرة	٩٧	١٠٠٢
الجمهوريّة الجزائرَيّة	الجزائِر	٤١	٢٣٨١
جُمهوريّة العِراق	بغداد	٣٩	٤٣٧
جُمهوريّة السودان	الخَرطوم	٣٧	١٨٦٥
المَملكة المَغرِبيّة	الرَباط	٣٤	٤٤٧
المملكة العربيّة السعوديّة	الرِياض	٢٨	١٩١٦
الجُمهوريّة اليَمنيّة	صنعاء	٢٨	٥٢٨
الجمهوريّة العربيّة السوريّة	دمشق	١٨	١٨٥
الجمهوريّة التونسيّة	تونس	١١،٥	١٦٤
جمهوريّة الصومال الفيدرالية	مُقديشو	١١	٨٣٦
المملكة الأردنيّة الهاشميّة	عَمّان	١٠،٢	٩٧
ليبيا	طرابلس	٦،٦	١٧٦٠
الجمهوريّة اللبنانية	بيروت	٦،٢	١٠
الإمارات العَرَبيّة المُتَحدة	أبو ظبي	٦	٣٦
فِلِسطين	القُدس	٤،٥	٦
الجمهوريّة الإسلامية الموريتانية	نواكشوط	٣،٧	١٠٣١
سلطنة عُمان	مَسقَط	٣،٤	٢١٢
دَولة الكُويت	الكُويت	٢،٨	٨١
دولة قطر	الدَوحة	٢،٣	١١
مملكة البحرين	المنامة	١،٤	١
جمهورية جيبوتي	جيبوتي	٠،٩	٢٣
الاتحاد القمري	موروني	٠،٨	٢

DOI: 10.4324/9781003020455-8

كلمات جديدة

عَدَد سُكّان population

مَساحة area

جُمهوريّة republic

مَملَكة kingdom

إمارة (ج. إمارات) emirate

مُتّحدة united

سَلطنة sultanate

اِتّحاد union

أسئلة

١. كم عدد سُكّان الدُول التالية: العِراق، المغرب، السعوديّة، اليمن، البحرين؟
٢. ما هي عاصمة كلّ من الدول التالية: العِراق، ليبيا، موريتانيا، الصومال؟
٣. ما هي أكبر دولة عربيّة بالمساحة؟ ما هي أصغر دولة عربيّة؟
٤. ما هي أكبر دولة عربيّة بعدد السكّان؟ ما هي أصغر دولة؟
٥. رتب الدول العربية التالية من حيث عدد السكان: اليمن، لبنان، المغرب، قطر، سوريا.
٦. الدولة والعاصمة لها نفس الاسم: الجزائر و------------------و------------------و-------------
٧. خمّن معاني الكلمات التالية (Guess the meanings of the following words): مُرَبّع، ديمُقراطيّة، فيدراليّة.

1 What is the population of the following Arab countries?
2 What is the capital of each of the following Arab countries?
3 What is the largest Arab country in area? What is the smallest Arab country?
4 What is the largest Arab country in population? What is the smallest country?
5 Order the following Arab countries in terms of size of the population: Egypt, Iraq, Syria, Saudi Arabia, the United Arab Emirates, Lebanon, Algeria.
6 Which countries have the same name for the country and the capital?

تمرين رقم ١

In the following table, column أ contains the full names of most Arab countries as they are officially known. Column ب contains the names of the same countries as their short forms or as they are normally used. Use column ت to write next to the full name of each country its short form as shown in column ب. The first one is given as an example.

أ	ت	ب
جُمهوريّة مصر العربيّة	مصر	الأردن
الجمهوريّة الجزائريّة الديمقراطيّة الشعبيّة		البحرين

جُمهوريّة العِراق		الجَزائِر
جُمهوريّة السودان		السعوديّة
المَملكة المَغربيّة		السودان
المملكة العربيّة السعوديّة		الصومال
الجُمهوريّة اليَمنيّة		العِراق
الجمهورية العربيّة السوريّة		الكُويت
الجمهورية التونسيّة		المَغرِب
جمهورية الصومال الفيدرالية		جيبوتي
المملكة الأردنيّة الهاشميّة		اليَمَن
الجمهورية اللبنانية		تونِس
الجمهورية الإسلامية الموريتانية		جزر القَمَر
سلطنة عُمان		سوريا
دَولة الكُويت		موريتانيا
دولة قطر		قَطَر
مملكة البحرين		لُبنان
الاتحاد القمري		مصر
جمهورية جيبوتي		عُمان

تمرين رقم ٢: قراءة

المملكة العربيّة السعوديّة

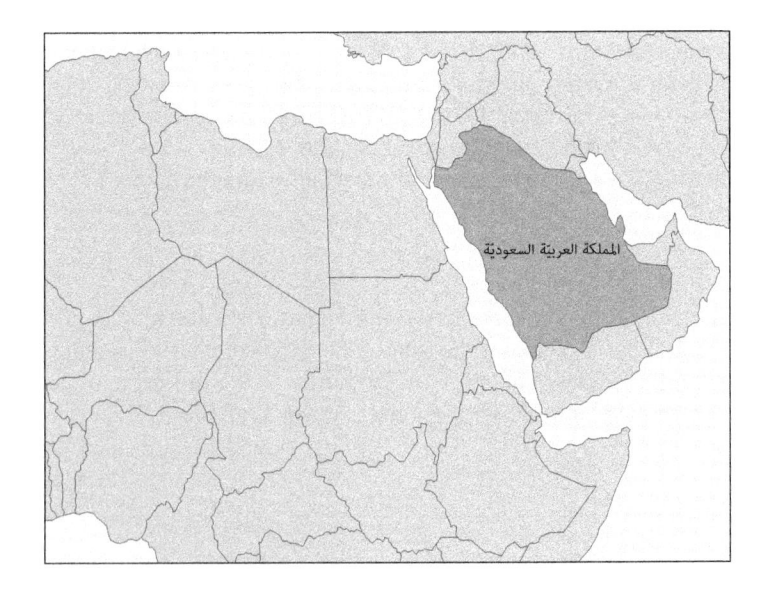

الموقع

تقع المملكة العربية السعودية في غرب آسيا، وهي أكبر دولة في شبه الجزيرة العربية. يحدّها من الشرق الخليج العربي/الفارسي والبحرين وقطر والإمارات العربية المتّحدة، ومن الجنوب عُمان واليمن، ومن الغرب البحر الأحمر، ومن الشمال الكويت والعراق والأردن.

المساحة والسكّان

عدد سُكّان السعوديّة حوالي ٢٨ مليون نسمة، ومساحتها حوالي مليون و٩١٦ ألف كيلومتر مُربّع.
المُدن الكبيرة
مِن أكبر المُدن السعوديّة مدينة الرياض، العاصمة، وجدّة ومكّة والمدينة المنوّرة. تقع مدينة الرياض في شرق المملكة، وتقع مُدن جدّة ومكّة والمدينة المنوّرة في الغرب. وهذه أكبر عشر مُدن في المملكة العربيّة السعوديّة وعدد سكّان كلّ منها.

عدد السُكّان (بالألف نسمة)	المدينة
٥،٢٥٤	الرياض (العاصمة)
٣،٤٥٦	جدّة
١،٦٧٥	مكّة
١،١٨٠	المدينة المُنوّرة
١،٠٦٣	الأحساء
٠،٩٨٧	الطائف
٠،٩٠٣	الدَمَام
٠،٦١٤	بُريدة
٠،٥٦٩	تَبوك
٠،٥٢٤	القطيف

كلمات جديدة
مَوقِع location
شِبه الجزيرة العربيّة the Arabian Peninsula
يَحدّها it is bordered by (literally, borders it)
الخليج العربي/الفارسي the Arabian/Persian Gulf
حَوالي=تقريباً about, approximately
مِنطقة area
أكبَر bigger, the biggest
كُلّ منها each of them

أسئلة

١. ماذا (what) يحدّ السعودية من: الشرق؟ الجنوب؟
٢. كَم مساحة السعوديّة؟
٣. ما هي (what is) عاصمة السعوديّة؟ أين (where) تقع؟
٤. أين تقع المدينة المنوّرة؟
٥. ما اسم ثالث مدينة سعوديّة بعدد السكّان؟
٦. كم عدد سكّان القطيف؟

1 What borders Saudi Arabia from the east? The south?
2 What is the area of Saudi Arabia?
3 What is the capital of Saudi Arabia? Where is it located?
4 Where is Al-Madina al-Munawwara located?
5 What is the name of the third most populated Saudi city?
6 What is the population of القطيف?

Grammar (قواعد): The *Nisba* (النسبة) adjective)

Many adjectives in Arabic are derived from nouns by suffixing the letter ي to the noun from which they are derived. (Think of Iraq-Iraqi, Yemen-Yemeni, etc. in English.) If the noun has a definite article or ends in a vowel or تاء مربوطة, they are dropped:

	Feminine	Masculine	Noun
Egypt/Egyptian	مصريّة	مصري	مصر
Saudi Arabia/ Saudi Arabian	سعوديّة	سعودي	السعوديّة
Syria/Syrian	سوريّة	سوري	سوريا
America/American	أمريكيّة	أمريكي	أمريكا
Sudan/Sudanese	سودانيّة	سوداني	السودان
coast, coastal	ساحليّة	ساحلي	ساحِل

Remember that *nisba* adjectives, like adjectives in general, agree in gender, number and definiteness with the nouns they modify.

تمرين رقم ٣: ترجم إلى الإنجليزيّة

Translate the following names of Arab countries fully into English. Notice how the *nisba* adjective agrees with the noun it modifies. Follow the examples.

The Moroccan Kingdom	المَملكة المَغربيّة
The Yemeni Republic	الجُمهوريّة اليَمنيّة
	الجمهورية العربيّة السوريّة

الجمهورية التونسيّة	
الجمهورية اللبنانية	
الجمهورية الإسلامية الموريتانية	
الاتّحاد القَمَري	The Qamari Union

تمرين رقم ٤ : املأ الفراغات (Fill in the blank spaces)

Use the following words to fill in the blanks in the passage below. Then compare your answers to the reading passage about المملكة العربيّة السعوديّة in this lesson.

الأحمر، الرياض، العربية، غرب، الغرب، المتّحدة، مُربَّع، نسمة

تقع المملكة العربية السعودية في .... آسيا، وهي أكبر دولة في شبه الجزيرة .... يحدّها من الشرق الخليج العربي/الفارسي والبحرين وقطر والإمارات العربية ....، ومن الجنوب عُمان واليمن، ومن الغرب البحر ....، ومن الشمال الكويت والعراق والأردن.

عدد سُكّان السعوديّة حوالي ٢٨ مليون ....، ومساحتها حوالي مليون و٩١٦ ألف كيلومتر ....

مِن أكبر المُدُن السعوديّة مدينة الرياض، العاصمة، وجدّة ومكّة والمدينة المنوّرة. تقع مدينة ....في شرق المملكة، وتقع مُدن جدّة ومكّة والمدينة المنوّرة في ....

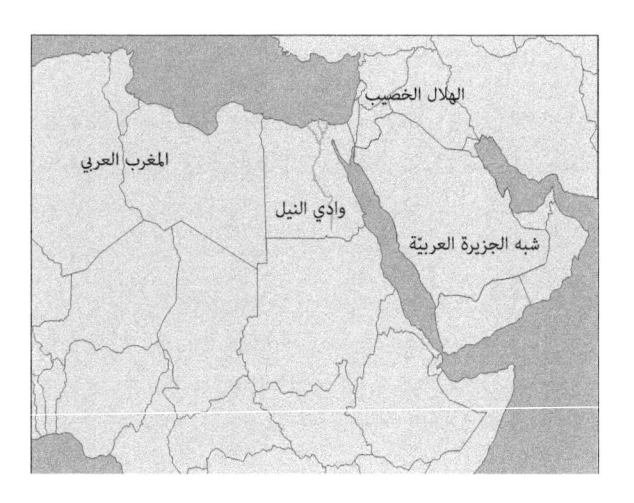

الدرس التاسع

العالم العربي الحديث

العالم العربي كبير، تزيد مَساحته على ١٣ مليون كيلومتر مُربّع، ويَزيد عَدَد سُكّانه على ٣٠٠ مليون نَسَمَة.

أكثر سُكّان العالم العربي عرب مسلمون. وهُناك أقلّيّات عربيّة غير مسلمة وأقلّيّات مسلمة غير عربيّة. مِن الأقلّيّات المُسلمة غير العربيّة، الأكراد في العراق والأمازيغ في شمال إفريقيا والشَركَس والشيشان في الأردن وسوريا. ومن الأقلّيّات العربيّة غير المسلمة، المسيحيّون في العراق وسوريا ولبنان ومصر.

يُمكن تَقسيم العالم العربي الى أربع مناطق جغرافيّة هي:

منطقة شبه الجزيرة العربيّة، وتشمل الكويت والبحرين وقطر والإمارات العربية المُتّحِدة وعُمان واليمن والسعودية.

منطقة الهلال الخصيب وتشمل العراق وبلاد الشام (الأردن وفلسطين وسوريا ولبنان).

منطقة وادي النيل وتشمل مصر والسودان.

منطقة المغرب العربي وتشمل ليبيا وتونس والجزائر والمغرب وموريتانيا.

بالإضافة الى هذه الدول تُعتبَر الصومال وجيبوتي وجزر القمر دولًا عربية.

DOI: 10.4324/9781003020455-9

أكثر البلاد العربيّة مناطق صحراويّة، وهناك مناطق جبليّة ومناطق ساحليّة، بالإضافة الى المناطق الصحراويّة.

الطقس في المناطق الصحراويّة حارّ في الصيف وبارد في الشتاء. وهو دائماً جافّ، ولا ينزل في هذه المناطق مطر كثير.

والطقس في أكثر المناطق الساحليّة هو طقس منطقة البحر الأبيض المتوسّط: دافئ وجافّ في الصيف ودافئ الى بارد وماطر في الشتاء.

والطقس في المناطق الجبليّة مثل لبنان وشمال العراق وشمال المغرب والجزائر بارد في الشتاء، ومعتدل في الصيف، وينزل الثلج على بعض هذه المناطق.

كلمات جديدة

the world	العالم
she exceeds	تزيد على
people (generally used in connection with عدد سكّان)	نَسَمَة
there is, there are	هُناك
minorities	أقلّيّات
not	غير
the Kurds	الأكراد
the Amazigh, Berbers	الأمازيغ
the Circassians	الشَرَكَس
the Chechens	الشيشان
dividing	تَقسيم
areas	مناطق
she includes	تشمل
the Fertile Crescent	الهلال الخصيب
Greater Syria	بلاد الشام
the Nile Valley	وادي النيل
in addition to	بالإضافة الى
is considered	تُعتبَر
mountainous	جَبَلي
the weather	الطقس
hot	حارّ
dry	جافّ
it falls	ينزل
rain	مطر

warm	دافئ
like, as	مثل
moderate	معتدل
some	بعض

أسئلة

١. ما هي مساحة العالم العربي، وكم عدد سكانه؟
٢. ما هي الأقليات المسلمة غير العربية؟ أين تسكن؟
٣. في أيّة دول عربية تسكن الأقليات المسيحية؟
٤. ما هي المناطق الجغرافيّة الأربعة في العالم العربي؟
٥. كيف الطقس في كل من: المناطق الصحراوية والساحليّة والجبلية؟

تمرين رقم ١: اكتب "صح" (correct)، "خطأ" (incorrect) ، أو "غير مذكور" (not mentioned) حسب ما جاء في الدرس.

١. الأكراد مسلمون ولكن ليسوا عرباً.
٢. يتكلّم سكّان جزر القمر اللغة العربيّة.
٣. المغرب رابع دولة عربيّة في المساحة.
٤. أكثر البلاد العربيّة مناطق صحراوية.
٥. الطقس في المناطق الصحراويّة جافّ.
٦. تقع أكبر الصحاري في العالم العربي في شبه الجزيرة العربيّة وشمال إفريقيا.
٧. الطقس بارد في الشتاء ومعتدل في الصيف في بعض (some) البلاد العربيّة.
٨. خمّن (guess) معاني الكلمات: مَساحته، جُغرافيّة، صَحراويّة، ساحليّة، ماطِر.

قواعد

1. More on التاء المربوطة (*taa' marbuuTa*)

You learned in Lesson 4 that feminine gender in Arabic is generally indicated by تاء مربوطة, as in كبيرة، صغيرة، عاصمة.

An important distinction that you need to keep in mind is that the تاء مربوطة can be either an integral part of the word or is added to indicate feminine gender. So, in عاصمة the تاء مربوطة is an integral part of the word because it is not added to عاصِم to indicate feminine gender. But in the word كبيرة, it is added to the masculine form كبير to make it feminine.

تمرين رقم ٢

The following words, all taken from the reading passage above, end in تاء مربوطة. Indicate whether the تاء مربوطة is part of the word or is added to a masculine noun or adjective to indicate feminine gender. The first two are given as examples.

part of the word	مَساحة (in مساحته)
added to عربي for feminine gender	عربيّة
	نَسَمَة
	أقلّيّة (in أقلّيّات)
	مسلمة
	منطقة
	المتّحِدة
	صحراويّة
	جبليّة

2. Prefixes, suffixes, and stems

Arabic words are generally classified into nouns and verbs. Adjectives and adverbs are treated as nouns. One way to build your Arabic vocabulary and reading and writing skills is to develop the ability to recognize noun and verb stems, i.e. the core parts of nouns and verbs. In this lesson we'll study noun stems.

3. Noun stems

If you examine the word المسيحيّون "the Christians" you will quickly notice that it has a prefix ال (the definite article) and a suffix ون (a plural marker). If you remove the prefix and the suffix you are left with مسيحي "Christian", which is the stem.

The following list includes the most common prefixes and suffixes that are attached to noun and adjective stems:

1. The definite article ال, as in العالم, العربي, الأقلّيّات,
2. Plural markers ون, which is realized as ين under certain conditions that we will study later, and ات, as in مُسلمون, مَسيحيّون, الإمارات,.
3. التاء المربوطة that is added to masculine nouns and adjectives to make them feminine, as in عَربيّة, مُسلمة, صحراويّة,.
4. Possessive pronouns like ـه in مساحته

تمرين رقم ٣

Now fill in the empty cells in the following table. Follow the examples given in the first three rows.

Stem	Full English Translation	Noun
عالَم	the world	العالم
أقلّيّة	and minorities	وأقلّيّات

Stem	Full English Translation	Noun
مَساحة	its area	مَساحته
	its population	سكّانه
		العربي
		مسلمون
	the Muslim (feminine)	المسلمة
		الجزيرة
مناطق		المناطق
جَبلي		الجبليّة
		الثلج

تمرين رقم ٤: كلمات متقاطعة

أفقي

١. عاصمة اليمن
٣. عاصمة العراق
٥. عاصمة لبنان
٧. من ليبيا
٨. عاصمة السودان
٩. مدينة كبيرة في جنوب العراق (بدون ال-)
١٠. عاصمة سوريا
١١. عاصمة تونس

عمودي

١. دولة عربيّة كبيرة في شمال إفريقيا
٢. عاصمة "الإمارات العربيّة المتّحدة"
٣. عاصمة لبنان
٥. عاصمة الأردن
٦. عاصمة فلسطين
٧. مدينة كبيرة في الإمارات العربيّة المتّحدة
٩. عاصمة المغرب
١١. عاصمة جيبوتي؛ عاصمة السودان

١١	١٠	٩	٨	٧	٦	٥	٤	٣	٢	١	
				ء	ا	ع	ن	ص			١
											٢
											٣
											٤
											٥
											٦
											٧
											٨
											٩
											١٠
											١١

🔊 أغنية: كيف الطقس في نيسان؟

كيف الطقس في نيسان؟

الطقس كويّس في بيروت،

حامي شويّة في عمّان،

مطر كثير في إربيل،

شمس كثير في أسوان.

الدرس العاشر

تاريخ العالم العربي

هجرة النبي محمّد من مكّة إلى المدينة وبداية الدولة الإسلاميّة	٦٢٢ ميلادي (م.)
الخُلفاء الراشدون	٦٣٢-٦٦٠
الدولة الأمويّة	٦٦٠ م.-٧٥٠
الدولة العبّاسيّة	٧٥٠-١٢٥٨
الدولة العثمانيّة	١٥١٥-١٩١٧
تقسيم البلاد العربيّة بين بريطانيا وفرنسا	١٩١٧
استقلال البلاد العربيّة عَن بريطانيا وفرنسا	١٩٤٠-١٩٧٠

يَعتبِر سكّان العالم العربي أنفُسهم أمّة واحدة لها نفس اللغة والتاريخ والثقافة. فأكثرهم مسلمون، وكلّهم يتكلّمون اللغة العربيّة.

بدأ الإسلام في غرب شبه الجزيرة العربيّة في بداية القرن السابع الميلادي، وانتشر في وقت قصير الى مناطق الهلال الخصيب (العراق وسوريا وفلسطين) ومصر والمغرب في نفس القرن. وأصبحت تِلْكَ البلاد جزءاً من دولة عربيّة إسلاميّة وأصبح أكثر الناس في هذه البلاد مسلمين يتكلّمون اللغة العربيّة.

الخلفاء الراشدون

بدأت الدولة الإسلاميّة في زمن النبيّ مُحمّد، نبيّ الإسلام، الذي وُلد في سنة ٥٧٠ ميلاديّة وهاجر من مكّة إلى المدينة في سنة ٦٢٢ ميلادي (م.) وتُوُفّي في سنة ٦٣٢ (م.). بعد النبي محمّد حكم الدولة أربعة خُلفاء هم أبو بكر وعُمر وعُثمان وعليّ. يسمّي المسلمون الخلفاء الأربعة "الخلفاء الراشدين". حكم الخلفاء الراشدون من سنة ٦٣٢ م. إلى سنة ٦٦٠ م.

حُكم بني أميّة

بعد الخلفاء الراشدين انتقل مركز الدولة الإسلاميّة إلى مدينة دمشق في بلاد الشام، وُسمّيت الدولة باسم العائلة الحاكمة، وهي عائلة بني أميّة. استمرّ حكم بني أميّة من سنة ٦٦٠ إلى سنة ٧٥٠ ميلادي.

العبّاسيّون

بعد بني أميّة حكم العبّاسيّون الدولة الإسلاميّة من سنة ٧٥٠ إلى سنة ١٢٥٨، وكانت بغداد عاصمة الدولة. يُعتبَر زمن العبّاسيّين العصر الذهبي في الدولة العربيّة الإسلاميّة.

DOI: 10.4324/9781003020455-10

الدولة العثمانيّة

في القرن السادس عشر أصبحت أكثر البلاد العربيّة جزءاً من الدولة العثمانيّة. والدولة العثمانيّة كانت دولة إسلاميّة، ولكنّها ليست عربيّة.

الاستعمار البريطاني والفرنسي

بعد هزيمة الدولة العثمانيّة في الحرب العالميّة الأولى سيطرت بريطانيا وفرنسا على أكثر البلاد العربيّة. واستمرّ الاحتلال البريطاني والفرنسي حتى استقلّت البلاد العربيّة في الأربعينيّات والخمسينيّات والستّينيّات من القرن العشرين.

كلمات جديدة

history	تاريخ
emigration	هِجرة
the Prophet	النَبي
beginning	بِداية
the Rightly-Guided caliphs	الخلفاء الراشدون
the Umayyad state	الدولة الأمويّة
the ‘Abbasid state	الدولة العبّاسيّة
the Ottoman state	الدولة العُثمانيّة
independence	استقلال
themselves	أنفُسهم
nation	أمّة
same	نَفس
the language	اللغة
the culture	الثقافة
they speak	يتكلّمون
the century	القرن
A.D.	الميلادي (م.)
it spread	انتشر
time	وقت
and it became	وأصبحت
that (f.)	تِلْكَ
part	جزءاً
this (f.)	هذه
time	زمن
who	الذي
was born	وُلد
he emigrated	هاجَر

he died	تُوُفّي
he ruled	حكم
he calls	يسمّي
it moved	انتقل
center	مركز
the family	العائلة
it continued	استمرّ
the Abbasids (a Muslim dynasty)	العبّاسيّون
the golden age	العصر الذهبي
the sixteenth	السادس عشر
but she	لكنّها
it is not	ليست
the colonialism	الاستعمار
defeat	هزيمة
the First World War	الحرب العالميّة الأولى
it ruled, dominated	سيطرت (على)
the occupation	الاحتلال
until	حتى
it became independent	استقلّت

خمّن معاني: يَعتبر، بدأ، السابع، هاجَر البلاد، حُكم، وُسمّيت.

أسئلة

متى (when) انتشر الإسلام إلى مصر والمغرب؟
مَتى وُلد النبي محمّد؟ مَتى هاجر من مكّة إلى المدينة؟ ومتى تُوُفّي؟
مَن (who) حكم الدولة الإسلاميّة من سنة ٦٣٢ إلى سنة ٦٦٠؟
متى حكمت عائلة بني أميّة؟
متى حكم العبّاسيّون؟
ماذا (what) حدث (happened) للعالم العربي في القرن السادس عشر؟
ماذا حدث للعالم العربي بعد هزيمة الدولة العثمانيّة في الحرب العالميّة الأولى؟
مَتى استقلّت البلاد العربيّة؟

قواعد

Singular, dual, plural

You have already seen that Arabic nouns can be singular, dual, or plural, as in قَرن "century", قَرنين "two centuries", and قُرون "centuries".

The rule for forming the dual from the singular is straightforward: You simply add ين to the singular form:

قَرن "century" + ين → قَرنين "two centuries".

If the singular noun ends in تاء مربوطة, the تاء مربوطة is turned into regular تاء before the addition of the suffix ين:

مَدينة "city" + ين → مدينتين "two cities".

(More on the dual in Lesson 23.)

Plural formation, on the other hand, is more complicated. First, a distinction is made between sound plurals and broken plurals, and within the sound plural category a distinction is made between masculine sound plural and feminine sound plural.

Masculine sound plural: the suffix ين (or ون, see the فصحى case system below) is suffixed to the singular noun to make it plural: مُسلِم "Muslim" + ون/ين → مسلمون/مسلمين.

Feminine sound plural: the suffix ات is suffixed to the singular noun after removing the تاء مربوطة to make it plural: مُسلمة "Muslim (woman)" + ات → مُسلِمات "Muslim women".

The broken plural, which makes up the majority of plurals in Arabic, follows a variety of patterns depending on the structure of the singular nouns to be pluralized. At this point, you should try to learn the plural of each singular noun as it is introduced. You will gradually start seeing how the different patterns work.

تمرين رقم ١

Provide the singular counterpart of the following plural nouns and give their meanings in English. The first one is given as an example.

المعنى **Meaning**	المُفرد **the singular**	(الاسم (الجمع **the plural noun**
country (geographical sense)	بَلَد	بِلاد
		مُدُن
the Rightly-Guided (one)	الراشِد	الراشدون
country (political sense)		دُوَل
		مَسيحيّون
		أرقام
		مُسلمون
		عَواصِم
		أقلّيّات
		إمارات
		مَناطِق
		العبّاسيّين

The فصحى case system

فُصحي, which is known in English as Modern Standard Arabic (MSA), has a case system, marked by certain endings, for nouns and adjectives.

Important features of this system, particularly those important for the correct reading and writing of Arabic, will be discussed in Lesson 22. At this point all you need to know is that pairs of words like المسلمون/المسلمين, الراشدون/الراشدين and جزء/جزءاً are identical in meaning. A different case assignment tells the reader whether the word is the subject or the object of a verb or a sentence or is governed by a preposition or another word, but has no bearing on the meaning.

So, case markings like اً of جزءاً should be added to the list of suffixes and prefixes attached to noun and adjective stems that were discussed in Lesson 9.

تمرين رقم ٢

Noun stems

Fill in the empty cells in the following table.

Stem	Full English Translation	Noun
أنفُس	themselves	أنفُسهم
	and the history	والتاريخ
عربي		العربيّة
دُوَل		دُولاً
	the Islamic (feminine)	الإسلاميّة
مسلم		المسلمون
	The Rightly Guided (plural)	الراشدين
حاكِم		الحاكمة
		العالميّة
خمسين		والخمسينيّات

From now on, nouns and adjectives will be listed in the word lists in their simplest forms, i.e. their stems.

الدرس رقم ١١

العراق

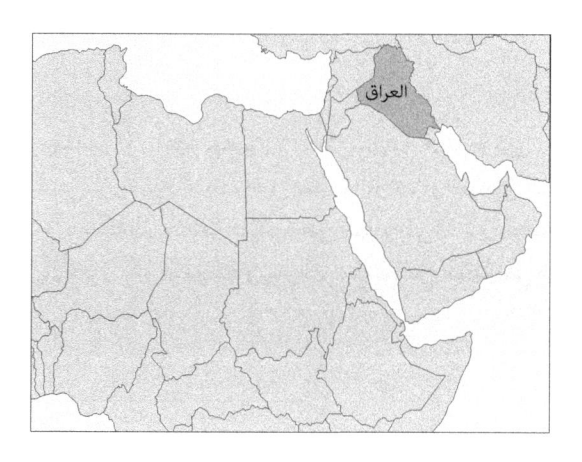

الإسم الكامل	الجمهورية العراقية
المدن الرئيسية	بغداد (العاصمة)، الموصل، إربيل، كركوك، البصرة
اللغات	العربية، الكردية، الآشورية، الأرمنيّة
الدين	الإسلام (٩٧٪)، المسيحية (٣٪)
العُملة	الدينار
نسبة المُتعلّمين	الذُكور ٧١٪
	الإناث ٤٥٪

الموقع

يقع العراق بين إيران في الشرق وتُركيّا في الشمال وسوريا والأردن في الغرب والسعودية والكويت والخليج العربي/الفارِسي في الجنوب.

DOI: 10.4324/9781003020455-11

السكّان

يبلغ عدد سكّان العراق حوالي ٤٠ ميلون نسمة، ورقم العراق من حيث عدد السكّان في العالم هو ٣٥.
أكثر سكّان العراق عرب مسلمون، ولكن هناك مسلمون غير عرب ومَسيحيّون. نِسبة العرب حوالي ٧٥-٨٠٪، ونسبة المسلمين حوالي ٩٧٪ من السكّان.
ينقَسم المسلمون الى الشيعة والسنّة، والشيعة أكثر السكّان. مِن الأقلّيات غير العربية في العراق الأكراد والتُركُمان والكلدانيون والآشوريون والأرمَن. وتسكن أكثر هذه الأقلّيّات في شمال البلاد.
الأكراد والتُركُمان مُسلمون. والأكراد أكبر أقلّيّة غير عربية (حوالي ١٥-٢٠٪ من السكان)، والكلدانيون والآشوريون والأرمن أقلّيّات مسيحية صغيرة، وقد هاجر كثير منهم الى أوروبا وأمريكا في النِصف الثاني من القَرن العِشرين.

الجغرافية والمناخ

هُناك مناطق صحراويّة ومناطق زِراعيّة خَصْبة ومناطق جَبليّة في العراق. تقع المناطق الصحراوية غرب نهر الفُرات، والأراضي الزراعية الخصبة بين دِجلة والفرات، والمناطق الجبلية في الشمال الشرقي.
يختلف الطقس في العراق من منطقة الى منطقة. في المناطق الجبلية في الشمال الطقس بارد في الشتاء ومُعتَدِل في الصيف. وفي المناطق الأخرى (الوسط والجنوب والغرب) الطقس معتدل في الشتاء وحارّ في الصيف.

كلمات جديدة

full, complete	كامل
currency	عُملة
ratio	نِسبة
educated, literate	مُتعلِّم
males	ذُكور
females	إناث
between	بين
it amounts to	يبلغ
number	رقم
with regard to, from the point of view of	من حيث
particle indicating that the action of the following verb has been completed	قَد
of them	منهم
half	نِصف
climate	مَناخ
agricultural	زِراعي
fertile	خَصْب
river	نَهر
the Euphrates	الفُرات
it differs, varies	يختلف
other, another	أخرى

أسئلة

1. ماذا يحدّ العراق من الجنوب؟
2. ما هي نسبة المسلمين من سكّان العراق؟
3. ما هي أكبر أقلّيّة مسلمة غير عربيّة في العراق؟ ما هي نسبة عدد سكّانها إلى عدد سكّان العراق؟
4. ما هو دين الكلدانيّين؟
5. متى هاجرت بعض الأقلّيّات العراقيّة من العراق، حسب النصّ (according to the passage)؟
6. ما هي نسبة العرب من سكّان العراق؟
7. أين تقع الأراضي الخصبة في العراق؟
8. كيف الطقس في المناطق الشماليّة في العراق؟

خمّن معنى: الوَسَط.

قواعد

Tenses, gender, and agreement

Arabic tenses

Unlike languages you are likely to be familiar with such as English and French, Arabic has only two tenses: past and present. The past tense is indicated by a set of suffixes indicating the person who did the action of the verb and the present tense is indicated by a set of prefixes and, in a few cases, suffixes, with the same function. Different affixes, i.e. prefixes and suffixes, are associated with different persons: first (I, we), second (you), and third (he, she, they).

In this and subsequent few lessons, only third-person markers will be introduced in both the past and present tenses. The reason is that the reading passages in these lessons include verbs only in the third person, i.e. *he*, *she*, and *they*. There are no instances of verbs in the first or second persons.

Here are the third person markers as they appear on the verb بدأ "to start" in the past and present tenses:

Present	Past	
he starts يبدأ	he started بدأ	he هو
she starts تبدأ	she started بدأت	she هي
they start يبدأون	they started بدأوا	they هم

Gender in Arabic

Arabic has only two genders: masculine and feminine. There is no "neuter" gender like English "it". A noun is either masculine or feminine. In nouns and adjectives, feminine gender is generally marked by تاء مربوطة, as in مساحة، أقلّيّة، منطقة، جزيرة. For verbs, there are tense markers for *he* and *she*, but none for *it*.

تمرين رقم ١

The reading passage of Lesson 9 (العالم العربي الحديث) includes the following verbs. Identify the subject of each of them. There are four occurrences of the verb تشمل. Identify the subject of one of them.

تزيد، ويزيد، وتشمل، تُعتَبَر، ينزِل.

Non-human plural nouns

Non-human plural nouns such as مَناطق ،أقلّيّات, and بِلاد are grammatically treated as singular feminine nouns. This is why adjectives modifying these words have a feminine singular form ending in ـة:

الأقلّيّات المُسلمة the Muslim minorities
مناطق جغرافيّة geographical areas
البلاد العربيّة the Arab countries

Verb-Subject (dis)agreement

Arabic sentences may start with the verb or the subject. In فصحى, a verb that precedes its subject remains in the singular even when the subject is in the plural. If the subject precedes its verb, the plural tense marker is used. So, in the following example, both versions أ and ب are grammatical and have a similar meaning, while version ت is ungrammatical:

The Rightly-Guided caliphs ruled from 632–660 A.D.	أ. حكم الخلفاء الراشدون من سنة ٦٣٢ م. إلى سنة ٦٦٠ م.
	ب. الخلفاء الراشدون حكموا من سنة ٦٣٢ م. إلى سنة ٦٦٠ م.
	ت. *حكموا الخلفاء الراشدون من سنة ٦٣٢ م. إلى سنة ٦٦٠ م.

تمرين رقم ٢

For each of the following two sentences, taken from the reading text of this lesson, provide the alternative correct and the incorrect subject-verb order, and provide an English translation of the correct versions, as shown in the above example.

	أ. ينقَسم المسلمون الى الشيعة والسنّة.
	ب.
	ت.
	أ. هاجر كثير منهم الى أوروبا وأمريكا في النِصف الثاني من القَرن العِشرين.
	ب.
	ت.

From now on verbs will be listed in the glossaries in their simplest forms, i.e. the *he* conjugation in the past tense, which does not have any suffixes or prefixes. The *he* present-tense conjugation will also be provided since its form is not always predictable from the simple past form. So, both تزيد (she exceeds) and ويزيد (and he exceeds) will be listed under زاد-يزيد (literally, he exceeded-he exceeds) and يتكلّمون (they speak) under تكلّم-يتكلّم (he spoke-he speaks).

تمرين رقم ٣

For the verbs in the right column, provide a full English translation, including all affixes, and then identify the past and present forms of the *he* conjugation. Follow the examples.

***he* conjugation in the past and present**	**Full English Translation**	**Verb**
تكلّم-يتكلّم	they speak	يتكلّمون
انتشر-ينتشر	and he spread	وانتشر
		تزيد
أصبح-يصبح		وأصبحت
زاد-يزيد		ويزيد
		وأصبح
		بدأت
	he moved	انتَقَل
كان-يكون		وكانت
	she controlled, dominated	سيطرت
استمرّ-يستمرّ		واستمرّ
استقلّ-يستقلّ		استقلّت

تمرين رقم ٤ : إملاء

هُناك مناطق صحراويّة ومناطق زِراعيّة خَصْبة ومناطق جَبليّة في العراق. تقع المناطق الصحراوية غرب نهر الفُرات، والأراضي الزراعية الخصبة بين دِجلة والفرات، والمناطق الجبلية في الشمال الشرقي.

الدرس رقم ١٢

اليَمَن

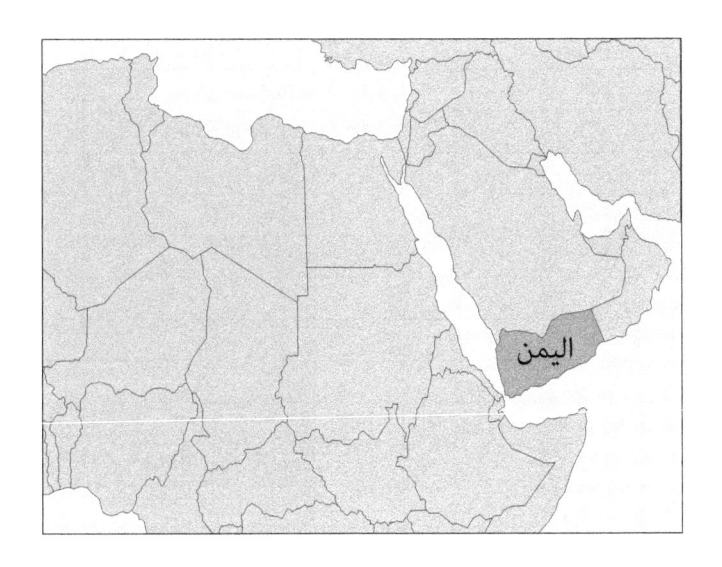

الاسم الكامل	الجمهوريّة اليمنيّة
المدن الرئيسية	صنعاء، تَعِز، الحُدَيدة، عَدَن، إب، ذَمار، المُكلاّ
اللغات	العربيّة، السقطريّة، المهريّة
الدين	الإسلام
العُملة	الريال اليمني
نسبة المُتعلّمين	الذُكور ٨٥٪
	الإناث ٥٥٪

الموقع

يقع اليمن في جنوب غرب شبه الجزيرة العربية. يحدّه من الشرق عُمان، ومن الشمال المملكة العربية السعودية، ومن الجنوب البحر العربي، ومن الغرب البحر الأحمر.

DOI: 10.4324/9781003020455-12

المساحة والسكّان

مساحة اليمن حوالي ٥٢٨ ألف كيلومتر مربّع، وعدد سكانه حوالي ٢٨ مليون نسمة. أكثر سكّان اليمن مسلمون، وهناك أقلّيات من الأوروبيين والهنود. كان في اليمن أقلّيّة كبيرة من اليهود ولكنّ أكثرهم هاجر بعد تأسيس دولة إسرائيل في سنة ١٩٤٨.

الطقس

يختلف الطقس في اليمن من منطقة الى منطقة؛ في منطقة الساحل الطقس حار جِدّاً، ولكن في المناطق الجبلية الطقس لطيف أكثر أيّام السنة. أكثر الناس في اليمن يشتغلون بالزراعة، ويزرعون الحبوب والخضار والقطن وأشجار الفواكه والقهوة والقات.

مُدُن اليمن

عاصمة اليمن مدينة صنعاء، التي تقع في غرب البلاد. ومن المدُن اليمنيّة الكبيرة تَعِز، الحُدَيدة، عَدَن، إب، ذَمار والمُكلاّ.

تاريخ اليمن

كان اليمن في الزمن القديم مركزاً مُهماً للتجارة بين الشرق والغرب، وقامت فيه ممالك كثيرة مِنها مملكة "سبأ" ومملكة "حِميَر"، ثُمّ احتلّه المصريّون والأحباش (الإثيوبيون) والرومان. دخل الإسلام اليمن سنة ٦٢٨ م. وصار جزءاً من الدولة الإسلامية. وفي القرن السادس عشر دخله الأتراك العثمانيون، ثمّ احتلّه المصريّون مرّة ثانية في القرن التاسع عشر.
استقلّ اليمن بعد الحرب العالمية الاولى ودخل الجامعة العربية في سنة ١٩٤٥.

اليمن الآن

يُعتبر اليمن الآن من أفقر الدول في العالم. مثلاً الدخل السنوي للفرد في اليمن هو ١٣٠٠ دولار في السنة، بينما الدخل السنوي للفرد في المملكة العربيّة السعوديّة، جارة اليمن الشماليّة، أكثر من ٥٤ ألف دولار.

كلمات جديدة

European	أوروبّي
Indian	هِندي (ج. هُنود)
Jew	يهودي (ج. يَهود)
founding	تأسيس
very	جداً
nice	لطيف
to work	اشتغل-يشتغِل

grains	حُبوب
vegetables	خُضار
tree	شَجَرة (ج. أشجار)
fruit	فواكِه
qat (a plant that contains the alkaloid *cathinone*, a stimulant, which is said to cause excitement, loss of appetite, and euphoria	قات
which, that, f.	التي
ancient	قديم
important	مُهمّ
commerce	تِجارة
to rise	قام-يقوم
and then	ثُمّ
to occupy	احتلّ-يحتلّ
the Abyssinians, the Ethiopians	الأحباش
to enter	دخل-يدخُل
to become = أصبح-يُصبِح	صار-يصير
the Turks	الأتراك
time, instance	مَرّة
The Arab League	الجامعة العربية
now	الآن
poorest	أفقر
the per capita income	الدخل السنوي للفرد
whereas	بينما
neighbor	جار

أسئلة

١. ما اسم عُملة اليمن؟
٢. ماذا يحدّ اليمن من الغرب؟
٣. ما هي الأقلّيّات الموجودة في اليمن؟
٤. ماذا فعل (did) أكثر يهود اليمن بعد سنة ١٩٤٨؟
٥. كيف (how) الطقس في اليمن في المناطق الساحليّة؟ كيف الطقس في المناطق الجبليّة؟
٦. ما هي أكبر مُدُن اليمن؟
٧. ما هي أسماء ممالك اليمن القديمة؟
٨. متى دخل الإسلام إلى اليمن؟
٩. مَن احتلّ اليمن مرّتين؟
١٠. ماذا فعل اليمن في سنة ١٩٤٥؟

اكتب صحّ أو خطأ.

١. عُمان شَرق اليمن.
٢. في اليمن يهود كثيرون الآن.
٣. الطقس لطيف في كلّ مناطق اليمن.
٤. في النصّ (text) أسماء سبع مدُن يمنيّة.
٥. الرومان احتلوا اليمن.
٦. استقلّ اليمن في سنة ١٩٤٥.
٧. اليمن دولة فقيرة.

خمّنمعاني: أكثرهم، أيّام، بالزراعة، ويزرعون، والقطن، والقهوة، مَمالك، والرومان، ثانية، استقلّ.

قواعد

Possessive and object pronouns

You learned in Lesson 9 that pronouns are attached to nouns to indicate possession, as in مساحته (مساحة+ـه). The ـه is a possessive suffix, which means *his*. The same suffix is added to verbs and prepositions with the meaning of *him*, as in احتلّه and فيه, which literally mean "he occupied him" and "in him", respectively. Remember that Arabic does not have the equivalent of the pronoun *it*, and since اليمن is a masculine noun it is referred to by the pronoun ـه "him":

احتلّ اليمن ← احتلّه
في اليمن ← فيه

So, in addition to meaning *his*, *her*, and *their*, the attached pronouns ـه, ها, and هم mean: *him*, *her*, and *them*.

تمرين رقم ١

Noun stems

Fill in the empty cells in the following table. Follow the examples.

Stem	Full English Translation	Noun
	its (his) population	سكّانه
	most of them	أكثرهم
		المناطق
زراعة		بالزراعة
	and the vegetables	والخضار
		الكبيرة

		for the commerce	للتجارة
مصري			المصريّون
			العالمية
شمالي			الشماليّة

Verb stems

So far, we have not discussed verb stems. The verb stem will be defined here as the simplest form of the verb. As you have seen in the discussion of Lesson 11, this means the form of the verb in the *he* past tense conjugation like زاد، أصبح،انتشر, etc.

تمرين رقم ٢

Fill in the empty cells in the following table. Follow the examples.

Stem	Full English Translation	Verb
وقع	it (he) is located	يقع
	it (he) borders it (him)	يحدّه
	it (he) differs	يختلف
		يشتغلون
	it (she) is located	تقع
		كان
	and it (they) took place	وقامت
احتلّ		احتلّه
		وصار
	and they (he) entered it (him)	دخله
		استقلّ
		ودخل
	it (he) is considered	يُعتبر

تمرين رقم ٣: املأ الفراغات

Use the following words to fill in the blanks in the passage below. Then compare your answers to the reading passage of this lesson.

بعد، ثُمّ، ثمّ، في، في، فيه، مِن، مِن، ولكن، إلى

يختلف الطقس في اليمن .... منطقة .... منطقة؛ في منطقة الساحل الطقس حار جِدّاً، .... في المناطق الجبلية الطقس لطيف أكثر أيّام السنة. أكثر الناس .... اليمن يشتغلون بالزراعة.

كان اليمن .... الزمن القديم مركزاً مُهماً للتجارة .... الشرق والغرب، وقامت .... ممالك كثيرة مِنها مملكة "سبأ" ومملكة "حِميَر" ، .... احتلّه المصريّون والأحباش (الإثيوبيون) والرومان. دخل الإسلام اليمن سنة ٦٢٨ م. وصار جزءاً .... الدولة الإسلامية. وفي القرن السادس عشر دخله الأتراك العثمانيون، .... احتلّه المصريّون مرّة ثانية في القرن التاسع عشر.

استقلّ اليمن .... الحرب العالمية الاولى ودخل الجامعة العربية .... سنة ١٩٤٥.

تمرين رقم ٤: إملاء

يختلف الطقس في اليمن من منطقة الى منطقة؛ في منطقة الساحل الطقس حار جداً، ولكن في المناطق الجبلية الطقس لطيف أكثر أيّام السنة. أكثر الناس في اليمن يشتغلون بالزراعة، ويزرعون الحبوب والخضار والقطن وأشجار الفواكه والقهوة والقات.

الدرس رقم ١٣
🔊 مصر

	الإسم الكامل	جمهورية مصر العربية
المدن الرئيسية	القاهرة (العاصمة)، الإسكندرية، الجيزة، شُبرا الخيمة، بورسعيد	
اللغة	العربية	
الدين	الإسلام (٩٠٪)، المسيحية (١٠٪)	
العُملة	الجنيه المصري	
نسبة المُتعلِّمين	الذُكور ٦٤٪	
	الإناث ٣٩٪	

الموقع

تقع جمهورية مصر العربيّة في شمال شرق إفريقيا. يحدّها من الغرب ليبيا ومن الجنوب السودان ومن الشرق البحر الأحمر وفلسطين، ومن الشمال البحر الأبيض المتوسط.

DOI: 10.4324/9781003020455-13

المساحة وعدد السكان

مساحة مصر حوالي مليون كيلومتر مربّع، ويزيد عدد سكانها على ٩٥ مليون نسمة، وهي أكبر دولة عربية بعدد السكان.

الجغرافية والمناخ

أكثر من ٩٠٪ من أرض مصر صحراء. ويعيش أكثر المصريين في مساحة صغيرة قُرب نهر النِيل، وأرض هذه المنطقة من أخصب الأرض في العالم.
في مصر فصلان فقط: فَصل حارّ (الصيف) وفَصل بارِد (الشتاء). يمتَدّ فصل الصيف من شهر أيّار/مايو الى شهر أيلول/سبتمبر، وفصل الشتاء من شهر تشرين الثاني/نوفمبر الى شهر آذار/مارس.
متوسّط درجة الحرارة في المناطق الساحليّة حوالي ١٤ درَجة مئويّة (٧٥ فهرنهايت) في فصل الشتاء و ٣٧ درجة مئويّة (٩٩ فهرنهايت) في فصل الصيف، وفي المناطق الصحراويّة متوسّط درجة الحرارة ٦ درجات مئويّة في الشتاء و٤٦ درجة مئويّة في الصيف. وقد تَصل درجة الحرارة الصفر المئوي في الشتاء في هذه المناطق.
ينزل المطر على المناطق الساحليّة في شمال البلاد، ويبلغ مُعدّل نزول المطر ٢٠٠ ملمتر في السنة. وفي القاهرة يبلغ معدّل نزول المطر ٢٦ ملمتراً في السنة. وقد لا ينزل المطر لعدّة سنوات في المناطق الصحراويّة.

المُدُن المصريّة

أكبر مدينة في مصر هي القاهرة، وهي عاصمة الدولة، ويزيد عدد سكّانها على سبعة ملايين نسمة. ومن المُدن المصريّة الكبيرة مدينة الإسكندريّة، التي تقع في شمال البلاد على البحر الأبيض المتوسّط، ويزيد عدد سكّانها على أربعة ملايين نسمة؛ ومدينة الجيزة، التي تقع غرب القاهرة؛ ومدينة بور سعيد، التي تقع على ساحل البحر الأبيض المتوسّط عند مَدخل قناة السويس؛ ومدينة السويس التي تقع عند نهاية القناة من الجنوب؛ ومدينة أسوان في جنوب البلاد.

كلمات جديدة

pound, guinea	جِنيه
land	أرْض
to live	عاش-يعيش
season	فصل (فصلان dual)
only	فقط
to extend	امتدّ-يمتَدّ
month	شهر (ج. شُهور)
May	أيّار

September	أيلول
November	تشرين الثاني
March	آذار
temperature (lit. degree of heat)	درجة الحرارة
may, might (see grammar note below)	قد
to reach	وَصَل-يَصِل
zero	صِفر
a number of	عِدّة
the Suez Canal	قَناة السُويس
at	عِند
end (of)	نِهاية

خمّن معاني: قُرْب، أخصَب، مُتَوسّط، نُزول، مِلِمتر، سَنَوات، مَدخل.

أسئلة

اكتب صحّ أو خطأ.

١. تقع مصر جنوب البحر الأبيض المتوسّط.
٢. يحُدّ مصر من الشرق البحر الأحمر.
٣. مصر أكبر دولة عربيّة بالمساحة.
٤. أكثر أرض مصر خصبة.
٥. مصر أكبر دولة عربيّة بعدد السكّان.
٦. الصيف في مصر بارد.
٧. قد تصل درجة الحرارة الصفر المئوي في بعض (some) مناطق مصر.
٨. ينزل على القاهرة حوالي ٢٠٠ ملمتراً من المطر في السنة.
٩. عدد سكّان الإسكندريّة حوالي سبعة ملايين نسمة.
١٠. القاهرة أكبر من الإسكندريّة.
١١. تقع مدينة أسوان في جنوب مصر.

Months of the year (شهور السنة)

Arabs use two calendars, the Muslim lunar calendar and the Gregorian calendar used in the West. In this book, the Gregorian calendar months will be introduced since they are used by most Arabs.

Two sets of names are used in different Arab countries to refer to the Gregorian calendar months. In the African Arab countries (Egypt, Sudan, Libya, etc.) the names are based on the European names corresponding to January, February, etc. In the Asian Arab countries (Syria, Iraq, etc.) the names are based on old Semitic names.

English	North African	Levantine
January	يناير	كانون ثاني
February	فبراير	شباط
March	مارِس	آذار
April	أبريل	نيسان
May	مايو	أيار
June	يونيو	حزيران
July	يوليو	تموز
August	أغسطس	آب
September	سبتمبر	أيلول
October	أكتوبر	تشرين أوّل
November	نوفمبر	تشرين ثاني
December	ديسمبر	كانون أوّل

Don't feel discouraged as a result of this complexity. For one thing, almost all publications list a date in the two systems. For example, 11 January is typically referred to as: ١١ كانون الثاني الموافق يناير (موافق means "corresponding to").

Second, most Arabs use numbers in writing and conversation when they refer to the months of the year. So January is *shahar waahad*, July is *shahar sab'a*, and July 4, 1776 is spoken and written as ٤/٧/١٧٧٦.

قواعد

قد

The reading passage of Lesson 11 included the following sentence: وقد هاجر كثير منهم الى أوروبا وأمريكا, which can be translated as "Many of them emigrated to Europe and America." This passage includes another occurrence of قد but with a different meaning: . وقد تَصل درجة الحرارة الصفر المئوي في الشتاء في هذه المناطق. "The temperature may reach zero Celsius in the winter in these areas." The two difference between the two occurrences of قد is that the first one is followed by a verb in the past tense (هاجر) and the second by a verb in the present tense (تصل). So, the rule is, when قد is followed by a verb in the past tense, it simply affirms completed action and is better left out of a translation, and when it is followed by a verb in the present tense, it is translated as "may" or "might".

تمارين

تمرين رقم ١

Noun stems

Fill in the empty cells in the following table. Some cells have been filled in to help you out.

Stem	Full English Translation	Noun
		سكّانها
	and the climate	والمَناخ
		المصريّين
		الحرارة
		المناطق
ساحلي		الساحليّة
		المصريّة
	and the big one, fem.	الكبيرة
		المتوسّط

تمرين رقم ٢

Verb stems

Fill in the empty cells in the following table. Some cells have been filled in to help you out.

Stem	Full English Translation	Verb
		تقع
حدّ		يحدّها
		ويعيش
امتدّ	he extends	يمتدّ
وصل		تَصل
		ينزل
	and he reaches	ويبلغ

The comparative

The word أكبر is the comparative/superlative form of كبير. The comparative and superlative in Arabic (forms equivalent to English -er and -est or more and most, respectively) use the same form of the adjective. So, أكبر is translated as *bigger* or *biggest*, depending on the context.

1. When used in the comparative sense the adjective is generally followed by the preposition مِن, which it is translated as *than*: أكبر من is translated as "bigger than".
2. When the comparative/superlative adjective is preceded by من, then it has the superlative meaning: من أكبر is translated as of the biggest.
3. When the comparative/superlative adjective is followed directly by the noun it modifies then it has the superlative meaning: أكبر مدينة "the biggest city".

Now translate the following sentences:

أ.   وهي أكبر دولة عربية بعدد السكان.

ب. أكثر من ٩٠٪ من أرض مصر صحراء.

ت. ويعيش أكثر المصريين في مساحة صغيرة قُرب نهر النيل

ث. وأرض هذه المنطقة من أخصب الأرض في العالم.

ج.   أكبر مدينة في مصر هي القاهرة.

ح.   الدخل السنوي للفرد في المملكة العربيّة السعوديّة أكثر من ٥٤ ألف دولار.

الدرس رقم ١٤

الجزائر

الإسم الكامل	الجمهوريّة الجزائريّة الديمقراطيّة الشعبيّة
المدن الرئيسية	الجزائر (العاصمة)، وهران، عنّابة، قُسنطينة، قالمة، البليدة، سطيف، باتنة
اللغات	العربية (اللغة الرسميّة)، الفرنسيّة، الأمازيغيّة
الدين	الإسلام (٩٩٪)، المسيحيّة واليهوديّة (١٪)
العُملة	الدينار الجزائري
نسبة المُتعلّمين	الذُكور ٨٧
	الإناث ٧٣٪

الموقع

الجزائر دولة عربيّة كبيرة في شمال غرب إفريقيا. يحدّها من الشرق تونس وليبيا، ومن الجنوب الشرقي النيجر، ومن الجنوب مالي وموريتانيا، ومن الغرب المغرب والصحراء الغربيّة، ومن الشمال البحر الأبيض المتوسّط.

DOI: 10.4324/9781003020455-14

الجغرافية والمناخ

الجزائر أكبر دولة في إفريقيا والعالم العربي؛ تزيد مساحتها على مليونين وثلاثمئة وثمانين ألف كيلومتر مربّع، ولكنّ أكثر الأرض صحراء غير صالحة للزراعة والسكن، وتبلغ نسبة الأرض الصالحة للزراعة حوالي ٣٪ من مساحة البلاد، وتقع في الشمال على ساحل البحر الأبيض المتوسّط. الطقس في المناطق الساحليّة في الشمال مُعتدل ماطر في الشتاء وحارّ جافّ في الصيف، وفي المناطق الصحراويّة الطقس حارّ جافّ في الصيف وبارد في الشتاء.

السكّان

يزيد عدد سكّان الجزائر على ٤٠ مليون نسمة، وأكثر السكّان عرب وأمازيغ. وتبلغ نسبة العرب حوالي ٧٣٪ من السكّان والأمازيغ حوالي ٢٦٪.
يقول دستور الجزائر إنّ الإسلام والعروبة والأمازيغيّة هي المكوّنات الأساسيّة لهويّة الشعب الجزائري، ويقول إنّ أرض الجزائر هي أرض الإسلام وجزء لا يتجزّأ من المغرب العربي الكبير ومن الوطن العربي.

تاريخ الجزائر

وقعت الجزائر، وخصوصاً المناطق الساحليّة، تحت سيطرة ممالك كثيرة عبر التاريخ. فقد سيطر عليها الفينيقيّون الذين جاءوا من بلاد الشام، ثمّ حكمها الرومان قبل أن يحكمها عدد من الممالك الأمازيغيّة، ثمّ احتلّها الونداليّون والبيزنطيّون قبل أن يدخلها العرب المسلمون في القرن السابع الميلادي. وفي القرن السادس عشر وقعت أجزاء من الجزائر تحت حكم إسبانيا، وفي نفس القرن أصبحت جزءاً من الإمبراطوريّة العثمانيّة.

الاحتلال الفرنسي

احتلّت فرنسا الجزائر سنة ١٨٣٠، وحكمتها أكثر من مئة وثلاثين سنة. ولكن كانت هناك مقاومة مستمرّة للاستعمار الفرنسي. وفي سنة ١٩٥٤ تأسّست "جبهة التحرير الوطنيّة" الجزائريّة التي كانت تهدف إلى إنهاء ذلك الاستعمار، وبدأت ثورة استمرّت سبع سنوات ونصف. وكانت نتيجتها استقلال الجزائر عن فرنسا في سنة ١٩٦٢ بعد موت أعداد كبيرة من الجزائريّين. لِذلك يسمّي الجزائريون بَلدهم بلد "المليون ونصف المليون شَهيد".

كلمات جديدة

unsuitable, unsuited	غير صالح
constitution	دُستور
that	إنّ

constituent, component	مكوّن (ج. مُكوّنات)
basic	أساسي
identity	هَويّة
homeland	وَطَن
to fall	وقع-يقَع
especially	خصوصاً
under	تَحت
through, throughout	عَبر
see note about قد in Lesson 13	فقد (ف+قَد)
the Phoenicians	الفينيقيّون
who, pl.	الذين
to come	جاء-يجيء
before (see grammar note below)	قَبل أن
the Vandals	الونداليّون
resistance	مُقاومة
continuous	مُستَمِرّ
to be founded	تأسّس-يتأسّس
The National Liberation Front	جبهة التحرير الوطني
to aim (for), have as a goal	هَدَف-يهدِف
that, m.	ذلك
revolution	ثَورة
result	نَتيجة
for that, for that reason	لِذلك
martyr	شَهيد (ج. شُهَداء)

أسئلة

١. ماذا يحدّ الجزائر من الشمال والشرق؟
٢. ما هي نسبة الأرض الصالحة للزارعة في الجزائر؟ أين تقع؟
٣. كيف الطقس في المناطق الصحراويّة في الجزائر؟
٤. ما هي نسبة الأمازيغ إلى عدد السكّان في الجزائر؟
٥. من أين جاء الفينيقيّون؟
٦. متى دخل العرب المسلمون الجزائر؟
٧. متى أصبحت الجزائر جزءاً من الإمبراطوريّة العثمانيّة؟

٨. كم سنة حكمت فرنسا الجزائر؟
٩. متى استقلّت الجزائر؟
١٠. لِماذا تُسمّى الجزائر "بلد المليون ونصف المليون شهيد"؟

خمّن معاني: العروبة، الشعب، جزء لا يتجزّأ، سيطرة، البيزنطيّون، أجزاء، الاحتلال، إنهاء، أعداد.

قواعد

قبل أن

When the words قبل and بعد are followed by verbs they are separated from them by the particle أن, which is simply a grammatical filler with no meaning of its own. So, the sentence ثُمّ حكمها الرومان قبل أن يحكمها عدد من الممالك الأمازيغيّة is translated as "Then the Romans ruled it before a number of Amazigh kingdoms ruled it."

Now translate the following sentence into English:

ثُمّ احتلّها الونداليّون والبيزنطيّون قبل أن يدخلها العرب المسلمون في القرن السابع الميلادي.

سبع سنوات، مليون شهيد: Number-Noun agreement

You may have wondered why we say ٧ سنوات but مليون شهيد, using the plural after ٧ and the singular after مليون. The rule for number-noun agreement in Arabic is as follows:

1. To express the idea of one item, e.g. "one year", we say سنة or سنة واحدة,
2. For "two years" we say سنتين, using the dual suffix ين,
3. For three and above, we use the number before the counted noun: ٧ سنوات, ٤٠ مليون,
   a. For the numbers 3–10, the plural form of the noun is used: ٧ سنوات, ٥ ملايين,
   b. For 11 and above, the singular form is used ٣٧ سنة, ٤٠ مليون.

تمارين

تمرين رقم ١: ترجم إلى الإنجليزيّة.

١. يزيد عدد سكان مصر على ٩٥ مليون نسمة.
٢. في مصر فصلان (=فصلين) فقط.
٣. متوسّط درجة الحرارة في المناطق الساحليّة حوالي ١٤ درَجة مئويّة.
٤. في المناطق الصحراويّة متوسّط درجة الحرارة ٦ درجات مئويّة في الشتاء و٤٦ درجة مئويّة في الصيف.
٥. يبلغ مُعدّل نزول المطر ٢٠٠ ملمتراً في السنة.
٦. يزيد عدد سكّان القاهرة على سبعة ملايين نسمة.
٧. يزيد عدد سكّان الإسكندريّة على أربعة ملايين نسمة.

تمرين رقم ٢: املأ الفراغات في الجدولين التاليين.

أ.   أسماء وصفات (nouns and adjectives)

Stem	Full English Translation	Noun
غربي		الغربيّة
		والعالم
		مساحتها
	for the agriculture	للزراعة
		الساحليّة
أساسي		الأساسيّة
فينيقي		الفينيقيّون
		المسلمون

ب.   أفعال (verbs)

Stem	Full English Translation	Verb
بلغ	and it amounts to	وتبلغ
قال		يقول
تجزّأ	it is broken into parts	يتجزّأ
		وقعت
جاء		جاءوا
		حكمها
	he rules her (it)	يحكمها
		احتلّها
		يدخلها
		أصبحت
		وحكمتها
كان		كانت
		تأسّست
		تهدف
		وبدأت
	she continued	استمرّت
سَمّى		يُسمّي

تمرين رقم ٣: املأ الفراغات في الجدول.

المعنى meaning	المُفرد singular	الجمع plural
inhabitant	ساكِن	سُكّان
	كُردي	أكراد
		مناطق
	أرض	أراضي
	شَجرة	أشجار
		مَمالِك
		فُصول
degrees		دَرَجات
		بِلاد
		سَنَوات

تمرين رقم ٤: كِتابة

اكتب فقرة من حوالي ٥٠ كلمة عن دولة عربيّة. اكتب عن المساحة والسكّان، الجغرافية، الطقس، التاريخ.

Write a paragraph of about 50 words about an Arab country, other than Tunisia, Saudi Arabia, Iraq, Yemen, Egypt, and Algeria). Discuss the area and population, geography, weather, history, etc.

🔊 أغنية : بلادي مَوطِنِ العُربِ

(كلمات منذر يونس، ألحان وغناء محمد حمّاد)

بلادي موطِن العُربِ	
My land is the homeland of the Arabs	بلادي مَوطِنِ العُرْبِ
From east to west,	من الشرق الى الغربِ،
From Amman	ومن عمّان
To Sudan	الى السودان،
And from Muscat	ومن مسقطْ
To Wahran (Oran)	الى وهران،
From Tanja (Tangier)	ومن طنجة
To Irbil	الى إربيل،
And from the Tigris	ومن دجلة
To the Nile Valley.	لوادي النيل.

The deserts and the mountains	الصحاري والجِبال
The wildness and the hills,	البَراري والتلال،
The shores and the plains	الشواطي والسهول
The Saluki and the horses.	السلوقي والخيول.
The grapes and the pomegranates	الأعنابُ والرمّانْ
The apples in Lebanon,	التفّاحُ في لبنانْ،
The date palms and the olive trees	النخيلُ والزيتونْ
The flowers of the almond and lemon trees.	زهرُ اللوزِ والليمونْ.
The desert dweller and the farmer	ابنُ البدوِ والفلاحْ
The palace dweller and the sailor,	وابنُ القصرِ والملاّحْ،
From the white to the dark-skinned	من الأبيضْ الى الأسمرْ
The lands of the Kurds and the Berbers.	بلادُ الكردِ والبربرْ.
A land of abundance and blessings,	بلادُ الخيرِ والنعمِ،
Peoples of goodness and generosity.	شعوب الطيبِ والكرمِ.

الدرس رقم ١٥

مكّة المُكرّمة

المَوقع والسكّان

تقع مدينة مكّة في منطقة الحجاز في غرب المَملكة العربية السعودية، على بُعد حوالي ٧٠ كيلومتراً شرق البحر الأحمر. وتُحيط بها الجبال من الغرب والجنوب والشرق. يبلغ عدد سكّانها حوالي مليون وأربعمئة ألف نسمة.

مكّة مدينة مُقدّسة

مكة مدينة مقدّسة عند المسلمين لأنّها مَولد النبي مُحمّد ومولد الدين الإسلامي، ويزورها أكثر من مليوني مُسلم كُل سنة للحَجّ.
عندما يصلّي المُسلمون، يتَوَجّهون في صلاتهم الى الكعبة المَوجودة داخل المَسجد الحرام في مكّة، والمسجد الحرام أقدَس مسجد في الإسلام، وهو من أكبر المَساجد في العالم.

تاريخ مكّة

لا نعرف الكثير عن تاريخ مكّة القديم، ولكنّنا نعرف أنّها كانت مَركزاً تجاريّاً هامّاً مُنْذُ سنة ٤٠٠ م. ونعرف أيضاً أنّ النبي مُحمّد، صلّى الله عليه وسلّم، وُلِد فيها في سنة ٥٧٠ م. وفي سنة ٦٣٠ م. أصبحت العاصمة السياسية والدينية للدولة الإسلامية. ولكن بعد وقت قصير أصبحت دمشق العاصمة السياسية. وبعد ذلك أصبحت بغداد العاصمة، ولكن بقيت مكّة العاصمة الدينية. وفي سنة ١٥١٧ م. صارت مكّة جزءاً من الدولة العثمانية.
بقيت مكّة جُزءاً من الامبراطوريّة العثمانيّة حتى سنة ١٩١٦ عندما استقلّت منطقة الحجاز، وكانت مكّة عاصمة الحجاز. وفي سنة ١٩٢٤ دخل عبد العزيز بن سعود مكة وصارت جزءاً من المَملكة العربية السعودية.

DOI: 10.4324/9781003020455-15

كلمات جديدة

at a distance (of)	على بُعد
to surround	أحاط-يُحيط
sacred, holy	مُقدّس
because	لِأنّ
birthplace	مَوْلِد
religion	دين
to visit	زار-يزور
(see grammar note below) = مليونين	مِليونَي
pilgrimage	حَجّ
when = لَمّا	عِندَما
to pray	صَلّى-يُصَلّي
to face	تَوَجَّه-يتَوَجَّه
found, present	مَوْجود
inside	داخِل
mosque = جامع	مَسجد
to know	عرف-يَعرف
but	لكن
important = مُهِمّ	هامّ
since	مُنْذُ
short	قَصير
to become	أصبح-يُصبِح
after that	بَعدَ ذلك
to remain = ظَلّ	بَقي

أسئلة

١. كم تبعد مكّة عن البحر الأحمر؟
٢. من أيّ جهات (which directions) تحيط الجِبال بمكّة؟
٣. لماذا تُعتبر مكّة مُقدّسة عند المسلمين؟
٤. كم عدد المسلمين الذين يزورون مكّة كلّ سنة للحجّ؟
٥. أين تقع الكعبة؟
٦. مُنذُ مَتى (since when) كانت مكّة مدينة مهمّة للتجارة؟
٧. متى وُلد النبي محمّد؟
٨. ماذا حدث لمكّة في السنوات التالية: ١٥١٧، ١٩١٦، ١٩٢٤؟

خمّن معاني: صلاتهم، أقدَس، تجاريّاً، الدينية، الامبراطوريّة.

قواعد: مليوني مُسلِم

When the first part of a construct phrase ends in one of the plural suffixes ون/ين or the dual suffix ان/ين, the ن is deleted. Thus, مليونين مُسلِم → مليونَي مُسلِم "two million Muslims". The dual is discussed in Lesson 23.

تمرين رقم ١: جذور وعائلات

The following words belong to eight families that share the same root. For example, the word أقدس, مقدّسة, and القدس all derive from one root ق - د - س. Group together the words that belong to each family, identify their root and give the general meaning of the root. Follow the example.

الموقع، وقعت، تقع　　الجذر: و-ق-ع　　to be located, to fall

أقدس، الاحتلال، العربيّة، احتلّه، أنفسهم، بالزراعة، تقع، الدخل، دخله، العروبة، القدس، المتوسّط، عربيّة، متوسّط، مدخل، مقدّسة، الموقع، نفس، الوسط، وقعت، يزرعون، يقع.

Verbs, nouns, and particles

Arabic words are divided into three general categories: *verbs*, *nouns*, and *particles*. Particles are words or parts of words like prepositions, conjunctions, the definite article, question words, and other "function" elements.

Verbs and nouns form the major categories, which include the great majority of words in the language. All verbs and nouns derive from roots of three- or, less commonly, four-letter roots. Four-letter roots will be excluded here because of their rare occurrence in this book.

Root types: sound, assimilated, hollow, and doubled

There are five types of three-letter roots: *sound*, *assimilated*, *hollow*, *lame*, and *doubled*.

Sound roots have three consonants in the three letter positions, no doubling of any two consonants, and no vowels in any of these positions, as in ق - د - س "holy, sacred" and ز - ر - ع "agriculture, planting".

Assimilated roots generally have و in the first root position, as in و - س - ط "middle" and و - ق - ع "to fall, be located".

Hollow roots have و or ي in the second root position, as in ز - ي - د "increase".

Lame roots have و or ي in the third root position, as in م - ش - ي "walking".

Doubled roots have the same letter in the second and third positions, as in ح - ل - ل "to occupy".

Important: no *alif*s at the root level

A distinction needs to be made between roots and verbs. It is customary in Arabic grammar to assume that there are no *alif*s at the root level. The *alif* that appears in verbs like كان and زاد is based on either a ي or a و at the root level. So, in Arabic dictionaries, the verb زاد would be listed under the root ز - ي - د and the verb كان under the root ك - و - ن. There are reasons for this type of treatment of Arabic vowels that will become more meaningful as your knowledge of Arabic grammar expands. At this point you can simply assume that the alif that appears in verbs (and nouns) in the second root position is based on either و or ي.

تمرين رقم ٢: املأ الفراغات في الجدول التالي.

Root Type	Root	Stem	Translation	Verb
assimilated	و - ق - ع	وقع	she is located	تقع
hollow	ح - ي - ط	أحاط	and she surrounds	وتُحيط
		بلغ	he amounts	يبلغ
		زار	and he visits her	ويزورها
				يصلّي
	و - ج - ه	توجّه		يتَوَجّهون
				نعرف
				كانت
			he was born	وُلد
				أصبحت
	ب - ق - ي			بقيَت
	ص - ي - ر			صارت
	ق - ل - ل			استقلّت
				وكانت
				دخل

تمرين رقم ٣: املأ الفراغات (Fill in the blank spaces)

Use the following words to fill in the blanks in the passage below. Then compare your answers to the reading passage of this lesson.

ولكن، وفي، وبعد، مُنذُ، مِن، مِن، فيها، عن، حتّى، أنّها، أنّ

لا نعرف الكثير .... تاريخ مكّة القديم، ولكنّنا نعرف .... كانت مَركزاً تجاريّاً هامّاً .... سنة ٤٠٠ م. ونعرف أيضاً .... النبي مُحمّد، صلّى الله عليه وسلّم، وُلِد .... في سنة ٥٧٠ م. وفي سنة ٦٣٠ م. أصبحت العاصمة السياسية والدينية للدولة الإسلامية. .... بعد وقت قصير أصبحت دمشق العاصمة السياسية. .... ذلك أصبحت بغداد العاصمة، ولكن بقيت مكّة العاصمة الدينية. .... سنة ١٥١٧ م. صارت مكّة جزءاً .... الدولة العثمانية. بقيت مكّة جُزءاً من الامبراطوريّة العثمانيّة .... سنة ١٩١٦ عندما استقلّت منطقة الحجاز، وكانت مكّة عاصمة الحجاز. وفي سنة ١٩٢٤ دخل عبد العزيز بن سعود مكة وصارت جزءاً .... المَملكة العربية السعودية.

الدرس رقم ١٦

دمشق

مُقدّمة

دمشق عاصمة سوريا وأكبر مدينة فيها. وهي المركز الإداري والتجاري والثقافي في البلاد. تقع في جنوب غرب الدولة قُرب الحدود اللبنانية، ويمُرّ منها نهر "بَرَدى". يزيد عدد سكان دمشق على مليون وخمسمئة ألف نسمة.

تاريخ دمشق القديم

دمشق من أقدم المُدُن في العالم، ويرجع تاريخها الى الألف الثالث قبل الميلاد (ق. م.). وقد احتلّها المصريّون في القرن الخامس عشر ق.م.، وفي حوالي سنة ١٠٠٠ ق.م. دخلها الملك "داوود"، ثُمّ احتلّها الآشوريون والبابليّون والفُرس واليونان والأنباط والرومان. وفي نهاية القرن الرابع الميلادي كان أكثر سكّان دمشق مَسيحيّين.

الفَتْح الإسلامي

فتَح العرب المسلمون دمشق سنة ٦٣٦ م.، وأصبحت عاصمة الدولة العربيّة الإسلاميّة في زمن الدولة الأمويّة، التي حكمت من سنة ٦٦٠ إلى سنة ٧٥٠ م. ورغم انتِقال عاصمة الدولة الإسلاميّة الى بغداد في زمن الدولة العبّاسيّة (٧٥٠ م.)، بقيت دمشق من أهمّ المُدُن في الدولة الإسلاميّة.
ولكنّها فقدت الكثير من شُهرتها وازدهارها أثناء حكم الدولة العثمانيّة، الذي دام من سنة ١٥١٦ الى الحرب العالميّة الأولى. وبعد هزيمة الدولة العثمانيّة في تِلك الحرب دخلها الجيش الفرنسي، وبقي فيها حتى استقلال سوريا عن فرنسا في شهر نيسان سنة ١٩٤٦.

DOI: 10.4324/9781003020455-16

مَعالم دمشق المشهورة

من معالم دمشق المشهورة سوق الحميديّة، والجامع الأموي، الذي يرجع تاريخه الى القرن التاسع قبل الميلاد، وقَبر صَلاح الدين الأيّوبي، القائد المسلم المعروف، وجامعة دمشق، وعدد من المدارس القرآنيّة القديمة والكنائس والمتاحف والحمّامات العامّة.

كلمات جديدة

administrative	إداري
close (to)	قُرب
border	حَدّ (ج. حُدود)
to pass	مَرّ-يَمُرّ
to go back	رَجَع-يرجِع
the Greeks	اليونان
the Nabateans	الأنباط
to open, conquer	فتَح-يفتَح
despite	رغم
moving, relocating	انتِقال
to lose	فَقَد-يفقِد
prosperity	ازدِهار
during = خِلال	أثناء
army	جَيش
April	نيسان
landmark	مَعلَم (ج. مَعالم)
famous	مَشهور
mosque = جامع	جامِع
grave, tomb	قبر
leader, commander	قائد (ج. قادة)
known, well-known	مَعروف
school	مَدرَسة (ج. مَدارِس)
church	كَنيسة (ج. كنائِس)
museum	مَتحَف (ج. مَتاحِف)
bath	حَمّام (ج. حَمّامات)
public	عامّ

أسئلة

اكتب صحّ أو خطأ.

١. دمشق قريبة من الحدود اللبنانيّة.
٢. عدد سكّان دمشق حوالي مليون نسمة فقط.
٣. المصريّون احتلّوا دمشق في القرن الثالث قبل الميلاد.
٤. بَرَدى مدينة سوريّة قريبة من الحدود اللبنانيّة.
٥. دخل الاشوريّون دمشق بعد الملك داوود.
٦. أصبح أكثر سكّان دمشق مسيحيّين بعد دخول الرومان.
٧. أصبحت دمشق عاصمة الدولة الإسلاميّة في سنة ٦٣٦ م.
٨. أصبحت بغداد عاصمة الدول الإسلاميّة في سنة ٧٥٠ م.
٩. حكم الأتراك العثمانيّون دمشق حتى سنة ١٥١٦م.
١٠. دخل الجيش الفرنسي دمشق بعد هزيمة الدولة العثمانيّة في الحرب العالميّة الأولى.
١١. يرجع تاريخ المسجد الأموي إلى الدولة الأمويّة.
١٢. صلاح الدين الأيّوبي قائد معروف.

خمّن معاني: تِجاري، أهمّ، شُهرتها، القرآنيّة.

تمرين رقم ١: ترجم إلى الإنجليزيّة

Translate the following phrases into English, paying special attention to the pronoun suffixes ـه and ـها. The first one is given as an example.

١. يمُرّ منها نهر "بَرَدى" The River *Barada* passes through her (it)
٢. أكبر مدينة فيها.
٣. يرجع تاريخها الى الألف الثالث قبل الميلاد.
٤. وقد احتلّها المصريّون في القرن الخامس عشر ق.م.
٥. في حوالي سنة ١٠٠٠ ق.م. دخلها الملك "داوود".
٦. ثُمّ احتلّها الآشوريون.
٧. لكنّها فقدت الكثير من شُهرتها وازدهارها.
٨. دخلها الجيش الفرنسي.
٩. بقي فيها حتى استقلال سوريا.
١٠. الجامع الأموي، الذي يرجع تاريخه الى القرن التاسع قبل الميلاد.

More on root types

Three types of roots were introduced in Lesson 15: sound (ق - د - س), assimilated (و - ق - ع), hollow (ز - ي - د), and doubled (ح - ل - ل).

The remaining, fourth, type is called "lame". It has ي or و in the third root position, like ب - ق - ي

Root types and verb conjugations

Verbs behave in different ways depending on their root structure. At this point, this is what you need to know about the different types of roots:

1. *Sound Roots*. These roots are regular: the three letters do not change or delete when suffixes or prefixes are attached to form verbs and nouns.
2. *Assimilated Roots*. Two linguistic phenomena that affect the shape of words derived from these roots are important for you at this point:
   a. The deletion of initial و in the present tense. You have already seen the verbs تقع and يقع, which are derived from the root و - ق - ع.
   b. Assimilation of و to the ت of Form VIII, which will be discussed in Lesson 19.
3. *Hollow Roots*. The second letter of these roots is generally realized as ا in the past tense and as و or ي in the present tense, as in كان – يكون and زاد – يزيد. This middle vowel is deleted under certain circumstances which will be explained in Lesson 26 under Moods of the Arabic Verb: كان → يكون → لم يكُن.
4. *Doubled Roots*: No change or deletion takes place in doubled roots, but the doubled letter may be broken up under certain conditions, as a comparison of the verb احتلّ (he occupied) with the noun احتلال (occupation) shows.

The fifth remaining type, the *lame root* will be discussed in Lesson 18.

تمرين رقم ٢: املأ الفراغات في الجدول التالي.

Root Type	Root	Stem	Translation	Verb
				تقع
	م - ر - ر			ويمُرّ
				يزيد
				ويرجع
		احتلّ		احتلّها
				دخلها
				فتَح
sound				وأصبحت
				فقدت
	د - و - م			دام

تمرين رقم ٣: كلمات متقاطعة

أفقي	عمودي
١. الصيغة المجرّدة ل "الاستعمار"	١. جذر "يختلف"؛ جذر "مملكة"
٣. جذر "الفتح"؛ الصيغة المجرّدة ل "الإداريّة"	٢. الصيغة المجرّدة ل "يتوجّهون"
٥. الصيغة المجرّدة ل "العالم"	٣. الصيغة المجرّدة ل "ينتُج"
٦. الصيغة المجرّدة ل "مهمّة"؛ الصيغة المجرّدة ل "شُهداء"	٥. الصيغة المجرّدة ل "وتُحيط"؛ جذر "الحرارة"
٨. جذر "مكوّنات"؛ جذر "يتوجّهون"	٧. الصيغة المجرّدة ل "المشهورة"
٩. الصيغة المجرّدة ل "التحرير"	٨. جذر "مستمرّة"
١٠. جذر "نتيجة"؛ جذر "تشمل"	٩. جذر "مهمّة"
	١٠. الصيغة المجرّدة ل "المقدّسة"

	١	٢	٣	٤	٥	٦	٧	٨	٩	١٠
١				ا	س	ت	ع	م	ا	ر
٢										
٣										
٤										
٥										
٦										
٧										
٨										
٩										
١٠										

الدرس رقم ١٧

🔊 فاس

فاس هي ثالث مدينة في المغرب من حيث عدد السكّان. يبلغ عدد سكّانها حوالي مليون وسبعمئة ألف نسمة.

تقع في منطقة زراعيّة خصبة. وتحيط بها التلال المزروعة بأشجار الزيتون وبساتين الفواكه من جميع الجهات تقريباً.

تاريخ فاس

تأسّست فاس في بدايتها على الضفّة الشرقيّة لنهر فاس في سنة ١٧٢ هجريّة الموافق ٧٨٩ ميلاديّة. وقد أسّسها مؤسّس دولة" الأدارسة "إدريس بن عبد الله. وبعد موت إدريس أسّس ابنه إدريس الثاني مدينة ثانية على الضفّة الغربيّة للنهر في سنة ٨٠٩، وقد بقيت المدينة مقسومة الى قسمين حتى دخلها "المرابطون" ووحّدوها في القرن الحادي عشر، وأصبحت من أهمّ مراكز الثقافة الإسلاميّة.

أقسام المدينة

تنقسم فاس الى ثلاثة اقسام. القسم الأوّل هو فاس البالي وهي المدينة القديمة. والقسم الثاني هو فاس الجديد، وقد بُني هذه القسم من المدينة في القرن الثالث عشر الميلادي. والقسم الثالث هو المدينة الجديدة التي بناها الفرنسيّون خلال فترة الاستعمار الفرنسي للمغرب.

فاس البالي (المدينة القديمة)

من أهمّ معالم المدينة القديمة جامع القرويّين الذي تأسّس في سنة ٨٥٩، وزاوية إدريس الأوّل وقبر ابنه إدريس الثاني. وجامع القرويّين هو أقدم جامع في شمال إفريقيا. وهو الآن مركز جامعة سيدي محمد بن عبدالله التي تأسّست في سنة ١٩٧٤.

DOI: 10.4324/9781003020455-17

ولا تزال المدينة القديمة مركزاً هامّاً للكثير من الصناعات التقليديّة، كصناعة الجلود والفخّار وغيرها. ترجع كلمة Fez الإنجليزيّة الى اسم مدينة "فاس" التي اشتهرت بصناعة ذلك الطربوش.

فاس الجديد

تحتوي فاس الجديد التي تأسّست في القرن الثالث عشر على القصر الملكي والجامع الكبير بمئذنته المشهورة. وإلي الجنوب من القصر الملكي يقع حيّ الملّاح وهو الحيّ اليهودي في فاس.

المدينة الجديدة

أمّا المدينة الجديدة فتقع على مرتفَع الى جنوب غرب المدينة القديمة، وقد أسّسها الفرنسيّون في سنة ١٩١٦. ويقع حيّ فاس الصناعي في هذه المنطقة بالقرب من محطّة القِطار.

كلمات جديدة

hill	تَلّ (ج. تِلال)
olives	زَيتون
orchard	بُستان (ج. بَساتين)
all	جَميع
direction = ناحية	جِهة (ج. جِهات)
bank (of a river)	ضِفّة
corresponding to	المُوافق
part	قِسم (ج. أقسام)
11th	حادي عشر
was build	بُني
period	فَترة
mosque built over the tomb of a Muslim saint	زاوِية
son	ابن
(is) still	لا تزال
traditional crafts	صناعات تقليديّة
skin, hide, leather	جِلد (ج. جُلود)
clay	فخّار
and others	وغيرها
tarboosh, fez	طَربوش
palace	قَصر
minaret	مِئذنة
quarter, neighborhood	حَيّ (ج. أحياء)
as for . . .	أمّا ... فَ
hill, rise in the ground	مُرتفَع
station	مَحَطّة
train	قِطار

خمّن معنى: المزروعة، بدايتها، مُؤسّس، مقسومة، ووحّدوها، أهمّ، اقسام، أقدم، الملكي.

أسئلة

١. ماذا يُحيط بمدينة فاس؟
٢. مَتى تأسّست فاس؟ مَن أسّسها؟
٣. مَن وحّد مدينة فاس؟ متى؟
٤. ما هي أقسام المدينة؟
٥. مَتى بُني كلّ قسم منها؟
٦. ما هي أهمّ معالم كلّ قسم؟
٧. في أيّ قسم توجد الصناعات التقليديّة في فاس؟

The forms of the Arabic verb

The thousands of verbs used in Arabic follow a surprisingly small number of patterns referred to in English as forms and in Arabic as أوزان. Some forms are quite common, others are rare.

While examples of 15 distinct verb forms are found in Arabic, only twelve are considered productive in Modern Arabic, ten based on three-consonant roots and two on four-consonant roots. Only the nine most commonly used forms, all of which based on three-consonant roots, will be introduced in this book.

The فعل skeleton

Arab grammarians use the three-letter combination فعل to refer to the three letters of the root, ف for the first, ع for the second, and ل for the third letter. Western scholars of Arabic, on the other hand, use a system of roman numerals from I to X to refer to the different verb forms.

Form I

The most common verbal form in Arabic is Form I. It consists of the three root letters and accompanying short vowels, as in عرف, رجع, and وقع. Form I verbs derived from hollow roots have ا in second-letter position in their past tense conjugation, which alternates with either و or ي in the present tense.

Forms II–X

Forms II–X, known as the "derived forms" are constructed by modifying the structure of Form I in specific ways, such as doubling the second letter, inserting ا between the first and second letters of the root, adding a prefix, or a combination of these.

Different forms are generally, but not always, associated with certain meanings or grammatical functions, as will be shown as each form is introduced.

Two derived forms will be introduced in this lesson: **II and V**.

Meaning/grammatical function	Distinguishing feature	Example	Shape		Form
			Present	Past	
Often has a causative or transitive meaning	شدّة on the second root letter	أسّس-يؤسّس	يفعّل	فعّل	II
Often the passive/reflexive of Form II	شدّة on the second root letter and the prefix ت	تأسّس-يتأسّس	يتفعّل	تفعّل	V

تمرين رقم ١

Fill in the empty cells in the table. All the verbs are taken from the reading passage of this lesson and belong to Forms I, II and V, with the exception of two verbs. For these two verbs, write "other" in the Form column. Follow the examples.

Form	Stem	Root	Translation	Verb
			he amounts to	يبلغ
I	وقع			تقع
	تأسّس	أ - س - س	she was founded	تأسّست
			he founded her	أسّسها
			she remained	بقيت
		و - ح - د		ووحّدوها
other		ق - س - م		تنقسم
	بنى	ب - ن - ي		بناها
				ترجع
	اشتهر	ش - ه - ر		اشتهرت
				يقع
			she is located	فتقع

الدرس رقم ١٨

برطعة

نسمع ونقرأ الكثير عن مدينة القدس ولا نسمع الّا القليل عن قرية صغيرة في شمال فلسطين لا يختلف وضعها عن وضع القدس. هذه القرية هي برطعة.

تقع قرية برطعة في شمال فلسطين على الخطّ الأخضر الذي يفصل الضفّة الغربيّة عن إسرائيل.

عندما تأسّست دولة إسرائيل على أرض فلسطين في سنة ١٩٤٨ أخذت ٧٨٪ من الأرض. ووقعت ال ٢٢٪ الباقية تحت حكم الأردن ومصر: الضفّة الغربيّة تحت حكم الأردن و "قطاع غزّة" تحت حكم مصر.

وجاء خطّ الحدود الذي يفصل الأردن عن إسرائيل في وسط قرية برطعة وقسمها قسمين: قسم غربي وقسم شرقي. سُكّان القسم الغربي يحملون الجنسيّة الإسرائيليّة، وسكّان القسم الشرقي يحملون الجنسيّة الأردنيّة.

ولأنّ سكّان برطعة كلّهم تقريباً من عائلة واحدة كبيرة، فقد انقسمت العائلة بين إسرائيل والأردن، وأصبح بعض أفراد البيت الواحد أردنيّين وإخوانهم وأخواتهم إسرائيليّين. ولأن الأردن كان في حالة حرب مع إسرائيل كان ممنوعاً على أهل البرطعتين الشرقيّة والغربيّة أن يلتقوا أو يزوروا أو يتّصلوا ببعضهم البعض.

انتهى ذلك الوضع في سنة ١٩٦٧ عندما احتلّت إسرائيل الضفّة الغربيّة وقطاع غزّة، فأصبح من الممكن لأهل العائلة الواحدة أن يلتقوا ويزوروا بعضهم بعضاً وحتى يتزوّجوا. ولكن إسرائيل لم تضمّ برطعة الشرقيّة، وبقيت أردنيّة تحت الاحتلال العسكري، وأهلها أردنيّون يدرسون حسب النظام التعليمي الأردني ويحملون جوازات سفر أردنيّة. إذا أرادوا السفر إلى الأردن أو إلى دولة أخرى فيجب أن يحصلوا على تصريح من الحاكم العسكري. وكذلك إذا أرادوا السفر أو العمل في إسرائيل يجب عليهم الحصول على تصريح من الحاكم العسكري أيضاً.

وبعد اتّفاقيّة "أوسلو" بين إسرائيل و "منظّمة التحرير الفلسطينيّة" في سنة ١٩٩٣ أصبحت برطعة الشرقيّة فلسطينيّة. ولكنّها فلسطينيّة بالاسم فقط. لأنّها بقيت تحت الاحتلال العسكري الإسرائيلي.

DOI: 10.4324/9781003020455-18

وأصبح السفر أصعب من قبل على الفلسطينيّين في برطعة لأنّهم فقدوا جواز السفر الأردني الذي كان يساعدهم في السفر إلى دول كثيرة.
وبعد الانتفاضة الفلسطينيّة ضدّ الاحتلال الإسرائيلي في سنة ٢٠٠٠ بنى الجيش الإسرائيلي جداراً شرق برطعة الشرقيّة فأصبحت مثل "سندويشة" بين الجدار في الشرق وحدود ال ١٩٤٨ في الغرب. فأهلها ليسوا مواطنين إسرائيليّين يمكنهم السفر إلى إسرائيل بحرّيّة، وإذا أرادوا السفر إلى المناطق الفلسطينيّة الأخرى أو إلى الخارج يجب أن يحصلوا على إذن من الجيش الإسرائيلي للمرور من بوّابة الجدار.

كلمات جديدة

to hear	سَمِع-يَسمع
to read	قَرأ-يَقرأ
situation	وَضع
the Green Line	الخَطّ الأخضر
to separate	فصَل-يَفصل
the Gaza Strip	قِطاع غزّة
to carry	حمَل-يحمِل
citizenship	جِنسيّة
individual, person	فَرد (ج. أفراد)
brother	أخ (ج. إخوان)
sister	أُخت (ج. أخَوات)
condition	حالة
prohibited, not permitted	ممنوع
people	أهل
to meet	التقى-يَلتَقي
to contact	اتّصل-يتّصل
one another	بعضهم البعض
to end	انتهى-يَنتَهي
possible	مُمكن
to marry	تزوّج-يَتَزوّج
military	عَسكري
to study	درَس-يَدرُس
according to	حَسَب
system	نِظام
passport	جَواز سَفر
if	إذا
to want	أراد-يُريد

يجب أن	must = لازِم
حَصَل-يَحصُل	to obtain, get
تصريح	permit
كذلِك	and also
عَمَل	work
اتّفاقيّة	agreement, accord
بالاسم	by name
أصعَب	more difficult
ساعَد-يُساعد	to help
اِنتِفاضة	uprising
ضِدّ	against
جِدار	wall
حُرّيّة	freedom
الخارج	abroad
إذْن	permission
مُرور	passing
بَوّابة	gate

خمّن معاني: الضفّة الغربيّة، الباقية، التعليمي، السفر، الحُصول، حاكِم.

أسئلة

١. أين تقع قرية برطعة؟
٢. ماذا حدث لفلسطين في سنة ١٩٤٨؟
٣. ماذا قسم برطعة قسمين؟
٤. ما الفرق بين القسم الشرقي والقسم الغربي لبرطعة؟
٥. لماذا كان ممنوعاً على أهل برطعة الشرقيّة أن يزوروا أهل برطعة الغربيّة؟
٦. ماذا يعني "أصبحت برطعة الشرقيّة فلسطينيّة، ولكنّها فلسطينيّة بالاسم فقط"؟
٧. ماذا فعلت إسرائيل بعد انتفاضة سنة ٢٠٠٠؟
٨. كيف أصبحت برطعة الشرقيّة مثل "سندويشة"؟

للمناقشة

ناقش ماذا حدث لبرطعة في السنوات التالية؟
١٩٤٨، ١٩٦٧، ١٩٩٣، ٢٠٠٠.

قواعد

Lame roots

Lame roots are roots in which the third letter is ي or و, which is realized mostly as ا or ى in the past tense and ي or و in the present tense. Examples of verbs derived from lame roots are بنى-يبني (from the root ب-ن-ي) and انتهى-ينتهي (from the root ن-ه-ي). The deletion or change of the third root letter can make it hard for you to recognize the root or the pattern of a word based on it.

تمرين رقم ١: املأ الفراغات في الجدول التالي.

Root Type	Root	Stem	Translation	Verb
sound	س-م-ع	سمع	we hear	نسمع
			and we read	ونقرأ
	خ-ل-ف			يختلف
				تقع
				يفصل
doubled		تأسّس		تأسّست
				أخذت
				يحملون
				انقسمت
				كان
	ل-ق-ي			يلتقوا
				يزوروا
				يتّصلوا
				انتهى
				احتلّت
				يتزوّجوا
				تضمّ
lame				وبقيت
				يدرسون
				ويحملون
hollow				أرادوا
				يحصلوا
				فقدوا
				يساعدهم
				بنى
			so she became	فأصبحت

Forms IV and VIII

In Lesson 17 you learned the three verb forms I, II, and V. The three are shown in the following table:

Distinguishing feature	Examples	Shape		Form
		Present	Past	
The three root letters and accompanying short vowels. In hollow roots ا appears in the middle. In doubled roots, the second and third letters are combined.	عرف-يعرف، كان-يكون، وقع-يقع، بقي-يبقى، مَرّ-يمُرّ	يفعل	فعل	I
شدّة on the second root letter	أسّس-يؤسِّس	يفعل	فعّل	II
شدّة on the second root letter and adding the prefix ت before the first root letter	تأسّس-يتأسّس	يتفعّل	تفعّل	V

Here are another two commonly used forms: **IV and VIII**

Distinguishing feature	Examples	Shape		Form
		Present	Past	
Insert أ before the first letter of the root in the past tense and place ضمّة on the present tense prefix	أصبَح-يُصبِح	يُفعِل	أفعَل	IV
Insert ت between first and second letters of the root. Add ا before the first root letter in the past tense.	اشتهر-يشتهر	يَفتَعِل	افتَعَل	VIII

تمرين رقم ٢

Fill in the empty cells in the table. All the verbs are taken from the reading passage of this lesson and belong to Forms I, II, IV, V, and VIII with the exception of one verb. Write "other" in the Form column for this verb. Follow the examples.

Form	Stem	Root	Translation	Verb
فعل، I				نسمع
	قرأ	ق - ر - أ		ونقرأ
	اختلف	خ - ل - ف		يختلف
			he separates	يفصل
				تأسّست
		أ - خ - ذ		أخذت
				ووقعت
	قسم			وقسمها

Form	Stem	Root	Translation	Verb
				يحملون
	انقسم			انقسمت
		ك-و-ن		كان
	التقى	ل-ق-ي		يلتقوا
		ن-ه-ي		انتهى
	احتلّ			احتلّت
	زار	ز-و-ر		ويزوروا
	تزوّج			يتزوّجوا
		ض-م-م		تضمّ
				وبقيت
				يدرسون
				ويحملون
	وجب	و-ج-ب	and he must	فيجب
				يحصلوا
	أراد	ر-ي-د		أرادوا
	أصبح			أصبحت
				فقدوا
		ب-ن-ي		بنى
				فأصبحت
	أمكن			يُمكنهم

تمرين رقم ٣: كتابة
اكتب فقرة من حوالي ٧٥ كلمة عن مدينة (أو قرية) عربيّة.

Write a paragraph of about 75 words about an Arab city (or village).

الدرس رقم ١٩

جمال عبد الناصر

ولادته ودراسته

وُلد الرئيس المصري السابق جمال عبد الناصر في ١٩١٨/١/١٥ في حَيّ فقير في مدينة الإسكندرية. كان أبوه مُوظّفاً في البريد. ذهب وهو صغير الى القاهرة وسكن في بيت عمّه ودخل المدرسة. وبعد المدرسة الثانوية دخل الأكاديمية الملكية العسكرية وصار ضابطاً.

انقلاب عسكري

في الجيش التقى جمال عبد الناصر بثلاثة ضُبّاط هم زكريا مُحيي الدين وأنور السادات وعبد الحكيم عامر، وأسّس الضبّاط الأربعة مُنَظّمة اسمها "الضُبّاط الأحْرار"، وكان هدف المنظّمة إخراج الإنجليز والعائلة المالكة من مصر.

وفي ١٩٥٢/٧/٢٣ قام جمال عبد الناصر و٨٩ ضابطاً في منظمة الضباط الأحرار بانقِلاب عسكري. وحكم مصر مَجلس ثورة. وفي سنة ١٩٥٤ صار جمال عبد الناصر رئيس الوُزَراء.

تأميم قناة السويس

وفي سنة ١٩٥٦ أمّم جمال عبد الناصر قناة السويس، فهجَمَت بريطانيا وفرنسا وإسرائيل على مصر، واحتلّت اسرائيل قطاع غزّة وسيناء. وبعد هذه الحرب صار جمال عبد الناصر بَطَلاً في نَظَر العرب.

DOI: 10.4324/9781003020455-19

الوحدة مع سوريا

وفي سنة ١٩٥٨ اتّحدت سوريا ومصر، وكان عبد الناصر يأمل أن تُصبح كل البلاد العربية دولة واحدة، ولكن سوريا انسحَبَت من الوحدة في سنة ١٩٦١.

حَرب حزيران ١٩٦٧

في سنة ١٩٦٧ قامت حرب أخرى بين الدول العربيّة (مصر وسوريا والأردن) وإسرائيل، واحتلّت اسرائيل قطاع غزّة وسيناء من مصر، والضفّة الغربيّة من الأردن، وهضبة الجولان من سوريا.

إنجازات جمال عبد الناصر

تُوُفّي جمال عبد الناصر في ١٩٧٠/٩/٢٨. من أهمّ أعماله بِناء السد العالي بمُساعدة سوفييتية وتَحسين حياة الفلّاحين المصريين وتَصنيع مصر وتحديد مِلكيّة الأرض وتحسين وضع المرأة المصرية. كان جمال عبد الناصر بسيطاً في حياته الشخصيّة، وكانت له شعبية كبيرة في كل بلاد العالم العربي وبلاد العالم الثالث، على الرغم من فشله في حرب ١٩٥٦ وحرب ١٩٦٧ وفشله في واحد من أهدافه الرئيسيّة وهو توحيد العالم العربي.

ضَحايا سياسات جمال عبد الناصر

بالإضافة إلى الأصدقاء والمؤيّدين، كان لعبد الناصر أعداء كثيرون منهم بعض الحُكّام العرب وقادة إسرائيل وكثير من القادة في الدول الغربيّة وخُصوصاً بريطانيا وفرنسا والولايات المتّحدة. وكان لعبد الناصر أعداء كثيرون من المصريّين بسبب سياساته وأعماله داخل مصر وخارجها. فقد نتج عن سياسات التأميم ومُصادرة أراضي وأملاك الأغنياء المصريّين مغادرة الكثير منهم إلى أوروبا وأمريكا. بالإضافة إلى ذلك فتح انقلاب ١٩٥٢ الباب أمام الجيش للتدخّل في إدارة مصر بحيث أنّ رؤساء الدولة أصبحوا من الضبّاط منذ زمن جمال عبد الناصر إلى الآن، باستثناء فترة دامت سنة واحدة (من شهر يونيو ٢٠١٢ إلى شهر يوليو ٢٠١٣) حكمت مصر فيها حكومة مدنيّة مُنتخبة بقيادة الرئيس محمّد مرسي.

كلمات جديدة

birth	وِلادة
president	رَئيس (ج. رُؤساء)
former, previous	سابِق
poor	فقير
father	أب (أبوه)
employee	مُوَظّف
post office	بَريد
to go =راح-يروح	ذَهَب-يَذهَب
uncle	عَمّ

secondary (school)	ثانَوي
officer	ضابِط (ج. ضُبّاط)
free	حُرّ (ج. أحرار)
goal, aim	هَدَف (ج. أهداف)
expelling, driving out	إخراج
the royal family	العائلة المالكة
military coup	انقلاب
to undertake, stage	قام بـ
council	مَجلس
prime minister	رئيس وُزَراء
nationalization	تأميم
to attack	هجَم-يهجِم
hero	بَطَل
in the eyes of	في نظر
to unite	اتّحد-يتَّحِد
to hope	أمل-يأمل
to withdraw	انسحَب-ينسَحِب
to take place, happen	قام-يقوم
the Golan Heights	هَضَبة الجولان
work, achievement	عَمَل (ج. أعمال)
building	بِناء
the High Dam	السدّ العالي
improving	تَحسين
life	حياة
peasant	فَلّاح (ج. فلاّحين)
industrialization	تَصنيع
limiting	تحديد
ownership	مِلكيّة
woman	مَرْأة
popularity	شعبيّة
simple	بَسيط
personal	شَخصي
in spite of	على الرغم من
failure	فَشَل
victim	ضَحِيّة (ج. ضَحايا)
policy	سِياسة (ج. سياسات)

friend	= صاحب (ج. أصحاب)	صَديق (ج. أصدِقاء)
supporter		مُؤيِّد (ج. مُؤيِّدين)
enemy		عَدُوّ (ج. أعداء)
ruler		حاكِم (ج. حُكّام)
confiscation		مُصادرة
property		مِلك (ج. أملاك)
leaving, departure		مُغادَرة
interference		تَدَخّل
administration		إدارة
with the exception of		باستثناء
to last		دام-يَدوم
civil		مَدني
elected		مُنتَخَب

أسئلة

١. أين ومتى وُلد جمال عبد الناصر؟

٢. ماذا كانت وظيفة أبيه؟

٣. أين سكن جمال عبد الناصر عندما انتقل إلى القاهرة؟

٤. بِمَن التقى جمال عبد الناصر عندما أصبح ضابطاً في الجيش؟

٥. ماذا كان هدف منظّمة "الضبّاط الأحرار"؟

٦. ماذا حدث في السنوات التالية: ١٩٥٤، ١٩٥٦، و ١٩٥٨؟

٧. كم استمرّت الوحدة بين مصر وسوريا؟

٨. مَن شارك (took part) في حرب ١٩٦٧؟

٩. ماذا احتلّت إسرائيل في حرب ١٩٦٧؟

١٠. متى تُوُفّي جمال عبد الناصر؟

١١. ما هي أهمّ أعمال جمال عبد الناصر؟

١٢. بماذا فشل جمال عبد الناصر؟

خمّن معاني: ودراسته، وُلد، الأكاديمية، الإنجليز، المالكة، قناة السويس، أمّم، الوحدة، بمُساعدة، سوفييتية، توحيد.

قواعد

1. First root letter assimilation in Form VIII

We have been referring to و-initial roots as "assimilated". In Form VIII verbs (and their derivatives) based on assimilated roots, the و of the root becomes assimilated (similar to or the same as) the ت of the Form, as shown in the example of the verb اتّصل, which is based on the root و-ص-ل:

Root و-ص-ل
Form VIII اوتصل (افتعل)

Assimilation: و is changed into ت and is merged with the ت of the Form resulting in اتّصل.

2. Form VII

Here is Form VII along with the other verb forms that have been introduced so far:

Distinguishing feature	Example	Shape (past and present)	Form
The three root letters and accompanying short vowels. In hollow roots ا appears in the middle. In doubled roots, the second and third letters are combined.	عرف-يعرف، كان-يكون، وقع-يقع، بَقي-يَبقى، مَرّ-يمُرّ	فعل-يفعَل	I
شدّة on the second root letter	أسّس-يؤسِّس	فعّل-يُفعِّل	II
Insert أ before the first letter of the root in the past tense and place ضمّة on the present prefix	أصبَح-يُصبِح	أفعَل-يُفعِل	IV
شدّة on the second root letter and adding the prefix ت before the first root letter	تأسّس-يتأسّس	تفعّل-يَتَفَعَّل	V
Add ن before the first root letter and ا before the first root letter in the past tense.	انقَسَم-يَنقَسِم	انفعَل-يَنفَعِل	VII
Insert ت between first and second letters of the root. Add ا before the first root letter in the past tense.	اشتهر-يشتهر	افتَعَل-يَفتَعِل	VIII

3. Passive voice

It is common in the spoken Arabic dialects to use Form VII to express passive voice meaning. Compare the following pairs of words:

كتَب انكَتَب
كسَر انكسَر

Although فُصحى uses Form VII to express passive meaning the same way the dialects do, it has another way, which is not found in the dialects. It can be described as involving an "internal vowel change". There are a few instances of this kind of passive in this book. You have already seen the verb وُلِد "he was born" a few times. You will see a few more examples of passive verbs in the reading passages. In general, a past tense verb is changed from active to passive by changing the vowel of the first root letter to ضمّة (ُ) and the vowel of the second root letter to كسرة (ِ), as the following examples show:

Passive	Active
كُتِب	كَتَب
وُلِد	وَلَد
تُوُفّي	تَوَفّى

One step in identifying verb stems is changing a passive voice verb to its active voice counterpart.

تمرين رقم ١: أكمل الجدول

Fill in the empty cells in the table. All the verbs are taken from the reading passage of this lesson and belong to Forms I, II, V, VII, and VIII.

Form	Stem	Root	Translation	Verb
	ولد		he was born	وُلد
				كان
				ذهب
				ودخل
				وصار
				التقى
				وأسّس
			he (it) took place	قام
				أمّم
			so she attacked	فهجَمَت
		و-ح-د		اتّحدت
				يأمل
				انسحَبَت
				قامت
				واحتلّت
	تَوَفّى			تُوُفّي

تمرين رقم ٢: املأ الفراغات (Fill in the blank spaces)

Use the following words to fill in the blanks in the passage below. Then compare your answers to the reading passage of this lesson.

وخُصوصاً، منهم، مُنذُ، فقد، بسبب، بحيث، بالإضافة إلى، بالإضافة إلى

.... الأصدقاء والمؤيّدين، كان لعبد الناصر أعداء كثيرون .... بعض الحُكّام العرب وقادة إسرائيل وكثير من القادة في الدول الغربيّة .... بريطانيا وفرنسا والولايات المتّحدة. وكان لعبد الناصر أعداء كثيرون من المصريّين .... سياساته وأعماله داخل مصر وخارجها. .... نتج عن سياسات التأميم ومُصادرة أراضي وأملاك الأغنياء المصريّين مغادرة الكثير منهم إلى أوروبا وأمريكا. .... ذلك فتح انقلاب ١٩٥٢ الباب أمام الجيش للتدخّل في إدارة مصر .... أنّ رؤساء الدولة أصبحوا من الضبّاط .... زمن جمال عبد الناصر إلى الآن، باستثناء فترة دامت سنة واحدة حكمت مصر فيها حكومة مدنيّة مُنتخبة بقيادة الرئيس محمّد مرسي.

تمرين رقم ٣

اكتب مقالة قصيرة تُجيب فيها على السؤال التالي: في رأيك، ما هي الأشياء الإيجابيّة (positive) والأشياء السلبيّة (negative) في سياسات وأعمال جمال عبد الناصر؟

الدرس رقم ٢٠

الحبيب بورقيبة

مقدّمة

أوّل رئيس تونسي، ومؤسّس دولة تونس الحديثة. قاد تونس في مُقاوَمة الاحتِلال الفرنسي، وكان رئيس الدولة من سنة ١٩٥٧ الى سنة ١٩٨٧.

ولادته ودراسته

وُلد الحبيب بورقيبة في مدينة "المُنَستير" في شرق تونس في الثالث من شهر آب/أغسطس عام ١٩٠٣، ودرس في كلّيّة "الصادقي" في تونس. وبعد ذلك درس القانون في جامعة باريس في فرنسا.

عودته الى تونس ونشاطه السياسي

عاد بورقيبة الى تونس في سنة ١٩٢٧، وأسّس جريدة "العمل التونسي". وفي سنة ١٩٣٤ شارك في تأسيس حِزب "الدستور الجديد" وأصبح رئيسه، وبدأ يطالب بالاستقلال عن فرنسا. وفي سنة ١٩٣٨، نُفي الى فرنسا ومن هناك الى روما.

هروبه الى القاهرة

وبعد نهاية الحرب في سنة ١٩٤٥، حاول الفرنسيّون اعتقاله، فهرب الى القاهرة. ومن هناك سافر الى عدد من الدول واستمرّ في مُقاوَمة الاحتِلال الفرنسي بالطُرُق السلميّة.

DOI: 10.4324/9781003020455-20

الاستقلال

في سنة ١٩٥٤، بدأت مُفاوضات بين بورقيبة والحكومة الفرنسية من أجل استقلال تونس. واستقلّت البلاد في سنة ١٩٥٦، وكان بورقيبة أوّل رئيس وزراء للدولة الجديدة. وفي سنة ١٩٥٧ أصبح رئيساً للدولة. وفي سنة ١٩٧٥ أصبح "رئيساً مَدى الحياة".

تحسين وضع المرأة التونسيّة

أصدر بورقيبة عدداً من القوانين المتعلّقة بالزواج والطلاق هدفها تحسين وضع المرأة التونسيّة، منها منْع تعدُّد الزوجات والسماح للمرأة بالإجهاض.

حياة بورقيبة الشخصيّة

أثناء دراسته في فرنسا تزوّج بورقيبة امرأة فرنسيّة اسمها "ماتِلدا لورين". وفي ١٩٦١ طلّقها وتزوّج "وسيلة بن عمّار". كانت وسيلة من عائلة معروفة في تونس، وقد كان لها تأثير كبير في سياسات بورقيبة. ولكنّه طلّقها في سنة ١٩٨٦.

الإنقلاب العسكري

في شهر تشرين الثاني/نوفمبر قام زين الدين بن علي بانقلاب على بورقيبة وفرض عليه الإقامة الجبريّة في قصره في المنستير ومنعه من السفر أو الاتّصال بوسائل الإعلام. ويُقال إنّه حاول الانتحار عدّة مرّات في هذه الفترة.

وفاته

تُوُفّي الحبيب بورقيبة في ٦ نيسان/ابريل سنة ٢٠٠٠، وكان عمره ٩٧ سنة.

كلمات جديدة

حديث	modern
قاد-يقود	to lead
عام	year = سَنَة
كُلّيّة	college
قانون	law
عَودة	return = رُجوع
نَشاط	activity
سِياسي	political
جَريدة	newspaper
عَمَل	work
شارك-يُشارِك	to take part in, participate
جَديد	new

to demand		طالَب-يُطالِب
was exiled		نُفِي
fleeing		هُروب
arrest		اعتِقال
method		طَريقة (ج. طُرُق)
negotiations		مُفاوَضات
for the sake of, for the purpose of		مِن أجل
for life		مَدى الحياة
to issue		أصدر-يُصدِر
preventing		مَنْع
polygamy		تَعدُّد الزوجات
permitting		سَماح
abortion		إجهاض
woman	= مَرأة	امرأة
to divorce		طلّق-يُطلّق
influence		تأثير
to impose		فرَض-يفرِض
forced residence, house arrest		إقامة جبريّة
communicating		اتّصال
media		وَسائل إعلام
it is said		يُقال
to try		حاوَل-يُحاوِل
suicide		انتِحار

خمّن معاني: أوّل، عاد، فهرب، السلميّة، عدداً، القوانين، ومنَعه، وفاته.

أسئلة

اكتب صحّ أو خطأ.

١. حكم بورقيبة تونس من سنة ١٩٠٣ إلى سنة ١٩٥٧.
٢. كان بورقيبة أوّل رئيس دولة وأوّل رئيس وزراء في تونس.
٣. درس بورقيبة في تونس وفي فرنسا.
٤. أسّس بورقيبة جريدة وشارك في تأسيس حزب في تونس.
٥. هرب بورقيبة إلى القاهرة بعد الحرب العالميّة الثانية.
٦. استقلّت تونس عن فرنسا في سنة ١٩٥٤.
٧. القوانين التي أصدرها بورقيبة حسّنت وضع المرأة التونسيّة.
٨. ممنوع تعدّد الزوجات في تونس.
٩. تزوّج بورقيبة مرّتين وطلّق مرّة واحدة.

١٠. زين الدين بن علي قام بانقلاب على بورقيبة.

١١. حاول زين الدين بن علي الانتحار عدّة مرّات.

قواعد

1. Forms III and X

Two more forms that are quite common are III and X. Here they are along with the other verb forms that have been introduced, for reference.

Distinguishing feature	Example	Shape (past and present)	Form
The three root letters and accompanying short vowels. In hollow roots ا appears in the middle. In doubled roots, the second and third letters are combined.	عرف-يعرف، كان-يكون، وقع-يقع، بَقي-يَبقى، مَرّ-يمُرّ	فعل-يفعَل	I
شدّة on the second root letter	أسّس-يؤسِّس	فعّل-يُفعِّل	II
ا between first and second root letters.	ساعَد-يُساعِد	فاعَل-يُفاعِل	III
Insert أ before the first letter of the root in the past tense and place ضمّة on the present prefix	أصبَح-يُصبِح	أفعَل-يُفعِل	IV
شدّة on the second root letter and adding the prefix ت before the first root letter	تأسّس-يتأسّس	تفعّل-يَتَفَعَّل	V
Add ن before the first root letter and ا before the first root letter in the past tense.	انقَسَم-يَنقَسِم	انفَعَل-يَنفَعِل	VII
Insert ت between first and second letters of the root. Add ا before the first root letter in the past tense.	اشتهر-يشتهر	افتَعَل-يَفتَعِل	VIII
Add ست before the first root letter. Add ا before the first root letter in the past tense.	استمَرّ-يستمِرّ	استفعَل-يَستَفعِل	X

تمرين رقم ١: أكمل الجدول.

Fill in the empty cells in the table. All the verbs are taken from the reading passage of this lesson and belong to Forms I, II, V, VII, and VIII.

Form	Stem	Root	Translation	Verb
		ق-و-د		قاد
	ولد			وُلِد
				ودَرس
فعل، I				عاد
				وأسّس

فاعَل، III	شارَك			شارَك
				وأصبح
				يُطالب
	نَفى		he was exiled	نُفِي
				حاوَل
			so he fled	فَهَرَب
				سافَر
	استمرّ			واستمرّ
			she started	بدأت
		ق-ل-ل		واستقلّت
				أصدر
	تزوّج			تزوّج
				طلّقها
				وتزوّج
				ومَنَعه
	قال		and he is said	ويُقال
				تُوُفّي

The Arabic مَصدر (verbal noun)

It was mentioned in Lesson 17 that the thousands of Arabic verbs follow a surprisingly small number of patterns. You have learned the eight most common patterns I, II, III, IV, V, VII, VIII, and X.

Arabic nouns (including adjectives and adverbs) follow patterns too. There are more noun patterns than verb patterns. Only those common noun patterns that can play an important role in helping you develop your Arabic skills at this point will be introduced in this book. One of these common patterns is the مصدر. The English equivalent is known as the *gerund* or the *verbal noun*. Examples of the English verbal noun are words like *improving* in the sentence *Improving the situation of women was one of his achievements.*

The shape of the مصدر depends on the verb form. The مصدر of Form I follows a variety of sub-patterns. There are too many such sub-patterns to be of use to you at this stage.

The following table shows the derived verb forms we have studied so far and their مصدر shapes with examples.

Example	Shape of the مصدر	Verb Shape (past and present)	Form
تأسيس	تفعيل	فعّل-يُفعّل	II
مُساعَدة	مُفاعَلة	فاعَل-يُفاعِل	III
إجهاض	إفعال	أفعَل-يُفعِل	IV
تَعَدُّد	تَفَعُّل	تفعّل-يَتَفَعّل	V

Example	Shape of the مصدر	Verb Shape (past and present)	Form
اِنقِلاب	اِنفِعال	انفَعَل-يَنفَعِل	VII
احتِلال	اِفتِعال	افتَعَل-يَفتَعِل	VIII
اِستِعمار	اِستِفعال	استفعَل-يَستَفعِل	X

تمرين رقم ٢: جذور وعائلات

The following words belong to 13 families that share the same root. For example, the words أساسي, تأسّسَت and تأسيس all derive from the root أ– س – س. Group together the words that belong to each family, identify their root and give the general meaning of the root. Follow the example.

تأسيس، أساسي، تأسّست　　　أ-س-س founding, basic

جامع، اتّحاد، بُنيت، عِدّة، تأسيس، اتّحدت، اتّفاقيّة، الجامعة، أثناء، أساسي، مرور، استقلال، استقلّت، استمرّت، إقامة، أقلّيات، أملاك، باستثناء، بِناء، تأسّست، تحديد، تعدُّد، ثانوي، الجمعة، جميع، حُدود، العالم، عَدد، قامت، المتّحدة، متعلّم، مرّة، مستمِرّ، مَعالم، مُقاومة، مِلكيّة، مملكة، الموافِق.

تمرين رقم ٣

The following مصادر (plural of مصدر) are derived from verbs in Forms II, III, IV, VIII and X. Identify the verbs from which these مصادر are derived? The first two are given as examples.

	Stem	Root	
Derived from the Form III verb قاوَمَ	مقاومة	ق-و-م	مُقاوَمة
			تأسيس
	استقلال	ق-ل-ل	بالاستقلال
	اعتقال		اعتقاله
			مُفاوضات
			تحسين
		أ-ث-ر	تأثير
Derived from the Form IV verb أقام	إقامة	ق-و-م	الإقامة
		و-ص-ل	الاتّصال
			الإعلام
		ن-ح-ر	الانتحار

الدرس رقم ٢١

جلال طالباني

وُلد رئيس العراق السابق جلال طالباني في "روي سنجق" في منطقة أربيل في شمال العراق في سنة ١٩٣٤، وتُوفّي سنة ٢٠١٧. درس القانون في جامعة بغداد وتخرّج منها في سنة ١٩٥٩، وعمل مُحامياً لمدّة قصيرة.

نشاطه السياسي

بدأ طالباني عمله السياسي في سنّ مُبكّر، فقد انضمّ الى الحزب الديمقراطي الكردستاني في سنة ١٩٤٧ عندما كان عمره ١٣ سنة فقط. وبعد أربع سنوات من ذلك أصبح عضواً في اللجنة المَركزية للحزب. وفي سنة ١٩٦١، أصبح قائد "البشمرگا" وهي قوّات الحزب الديمقراطي الكردستاني.
وفي سنة ١٩٧٥ أسّس جمعية العُمّال الأكراد، ثم تحالف مع الحركة الديمقراطية الاجتماعية لتأسيس اتّحاد كردستان الوطني.

الحرب العراقيّة الايرانية

وأثناء الحرب العراقيّة الايرانية، التي استمرّت من ١٩٨٠ الى ١٩٨٨، تحالف اتّحاد كردستان الوطني مع الحزب الديمقراطي الكردستاني في مُحاربة حكومة صدام حسين. وتمكّنت قوّات الحزبين بمساعدة إيران من السيطرة على بعض المناطق الكردية في شمال العراق. ولكن الجيش العراقي استرجع تلك المناطق في سنة ١٩٨٨، فهرب طالباني الى سوريا.

انتخاب طالباني زعيماً في المناطق الكرديّة

بعد حرب الخليج الأولى في سنة ١٩٩١ دخلت قوّات من الولايات المتحدة واوروبا الغربيّة الى المناطق الكردية لحماية الأكراد من الجيش العراقي. وفي الانتخابات التي جرت في هذه المناطق في سنة ١٩٩٢ تمّ انتخاب جلال طالباني، رئيس اتّحاد كردستان الوطني، ومسعود برزاني، رئيس

DOI: 10.4324/9781003020455-21

الحزب الديمقراطي الكردستاني، زعيمين في المناطق الكرديّة. وفي سنة ٢٠٠٤ اتّحد الحزبان لتأسيس "تحالُف كردستان الوطني الديمقراطي".

انتخاب طالباني رئيساً للعراق

في الانتخابات العراقيّة التي جرت في كانون الثاني سنة ٢٠٠٥ حصل تَحالُف كردستان الوطني الديمُقراطي على ٧٥ مَقعداً من مَجموع ٢٧٥ في الجمعيّة الوطنيّة العراقيّة. وتَمّ انتخاب جلال طالباني رئيساً للعراق في شهر نيسان من نفس السنة.

كلمات جديدة

to work	عمِل-يعمَل
lawyer	مُحامي
period of time	مُدّة
age = عُمر	سِنّ
early	مُبَكِّر
to join	انضمّ-ينضَمّ
(political) party	حِزب
member	عُضو
committee	لَجنة
force	قُوّة (ج. قُوّات)
society, organization	جَمعيّة
alliance	تَحالُف
movement	حَرَكة
social	اجتِماعي
government	حُكومة
to be able to	تمكّن-يَتَمكّن
to flee	هَرَب-يهرُب
electing, election	انتِخاب
leader	زَعيم=قائِد
protection	حِماية
to take place	جَرى-يجري
two parties	حِزبان
seat	مَقعَد
The National Assembly	الجمعيّة الوطَنيّة

أسئلة

١. مَن هو جلال طالباني؟
٢. أين درس؟ وماذا؟

٣. كم كان عمر طالباني عندما انضمّ إلى الحزب الديمقراطي الكردستاني؟
٤. ماذا فعل طالباني في السنوات التالية: ١٩٥٩، ١٩٦١، ١٩٧٥؟
٥. ماذا حدث بين سنتي (=سنتين) ١٩٨٠ و ١٩٨٨؟
٦. متى هرب طالباني إلى سوريا؟
٧. من هو مسعود برزاني؟
٨. ماذا حدث في سنة ١٩٩٢؟
٩. ما هو مجموع (total) المقاعد التي حصل عليها تحالف كردستان الوطني الديمقراطي في الجمعيّة الوطنيّة العراقيّة؟
١٠. متى تمّ انتِخاب جلال طالباني رئيساً للعراق؟

خمّن معاني: المَركزية، أسّس، العمّال، مُحاربة، استرجع، مَجموع.

قواعد

1. Form VI

The last verb form to be introduced in this book is Form VI. Here it is with the rest of the verb forms.

Distinguishing feature	Example	Shape (past and present)	Form
The three root letters and accompanying short vowels. In hollow roots ا appears in the middle. In doubled roots, the second and third letters are combined.	عرف-يعرف، كان-يكون، وقع-يقع، بَقي-يَبقى، مَرّ-يمُرّ	فعل-يفعَل	I
شدّة on the second root letter	أسّس-يؤسّس	فعّل-يُفعّل	II
Add ا between first and second root letters.	ساعَد-يُساعِد	فاعَل-يُفاعِل	III
Insert أ before the first letter of the root in the past tense and place ضمّة on the present prefix	أصبَح-يُصبِح	أفعَل-يُفعِل	IV
شدّة on the second root letter and adding the prefix ت before the first root letter	تأسّس-يتأسّس	تفعّل-يَتَفعّل	V
Add ا between first and second root letters and the prefix ت before the first root letter.	تَحالَف-يَتَحالَف	تَفاعَل-يَتَفاعَل	VI
Add ن before the first root letter and ا before the first root letter in the past tense.	انقسَم-يَنقسِم	انفعَل-يَنفعِل	VII
Insert ت between first and second letters of the root. Add ا before the first root letter in the past tense.	اشتهر-يشتهر	افتَعَل-يَفتَعِل	VIII
Add ست before the first root letter. Add ا before the first root letter in the past tense.	استمَرّ-يستمِرّ	استفعَل-يَستَفعِل	X

The مصدر of Form VI follows the pattern تَفاعُل, as in the word تَحالُف.

2. تَمّ انتِخاب

The verb تَمّ, or a form of it, such as the present form يتمّ, is often used together with a مصدر as a substitute for a passive construction. The literal meaning of تمّ - يتمّ is "to be completed". So, the phrase تَمّ انتِخاب is translated as "the election was completed, done". The sentence تمّ انتخاب جلال طالباني can then be translated as *Jalal Talibani was elected.*

تمرين رقم ١: أكمل الجدول.

Fill in the empty cells in the table. All the verbs are taken from the reading passage of this lesson.

Form	Stem	Root	Translation	Verb
				وتُوفّي
				وتخرّج
				انضمّ
				استمرّت
				وتمكّنت
				استرجع
				تمّ
				اتّحد

تمرين رقم ٢

The following مصادر are derived from verbs in Forms II, III, VIII. For each مصدر identify the verb from which it is derived. Follow the example

	Stem	Root	
Derived from the Form VIII verb اِجتمع	اِجتِماع	ج-م-ع	الاجتماعية
		أ-س-س	لتأسيس
		و-ح-د	اتّحاد
			مُحاربة
			بمساعدة
		ن-خ-ب	انتخاب
	انتِخاب		الانتخابات

تمرين رقم ٣: كِتابة

اكتب فقرة من ٧٥ كلمة عن قائد سياسي عربي (رئيس أو ملك أو أمير أو سلطان).

Write a paragraph of about 75 words about an Arab political leader (president, king, prince, etc.)

الدرس رقم ٢٢

أم كلثوم

مقدّمة

أم كلثوم أشهر مغنّية في العالم العربي في القرن العشرين. اسمها الأصلي "فاطمة بنت الشيخ إبراهيم السيد البلتاجي"، ومن ألقابها "كوكب الشرق".
لا نعرف تاريخ ولادة أم كلثوم بشكل مُؤكّد، فقد قيل إنّها وُلدت في سنة ١٨٩٨، ولكنّ السجلّات المدنيّة تقول إنّها وُلدت في ٤ مايو/أيّار سنة ١٩٠٨ في قرية صغيرة في مُحافظة "الدقهليّة" في منطقة "الدلتا" في شمال مصر.
كانت عائلة أم كلثوم فقيرة. كان أبوها إمام ومُؤذّن مسجد القرية، وكانت أمّها ربّة بيت. كان لأمّ كلثوم أخ واحد اسمه خالد وأخت واحدة اسمها سيّدة. ولزيادة دَخل العائلة، كان الأب يُغنّي الأغاني الدينيّة في حفلات الزواج وفي المُناسَبات الخاصّة.

المدرسة

عندما كانت أم كلثوم بنتاً صغيرة درست في مدرسة القرية وتعلّمت القراءة والكتابة، وحفظت أجزاء من القرآن الكريم.

ملابس الأولاد

تعلّمت أم كلثوم الغِناء من أبيها. كانت تستمع له عندما كان يعلّم أخاها خالد حتى يُغَنّي معه. وبعد أن سمع أبوها صوتها القويّ الجميل طلب منها أن تغنّي معه عندما يمرَض أخوها. وكانت أم كلثوم تلبس ملابس الأولاد في هذه المناسبات.

DOI: 10.4324/9781003020455-22

العصر الذهبي

اشتهرت أم كلثوم في وقت قصير، فانتقلت العائلة الى القاهرة، مركز الحياة الفنّيّة في مصر. كان ذلك في سنة ١٩٢٣. وفي القاهرة درست الغناء والموسيقى مع عدد من الفنّانين المشهورين.
تُعتبر الأربعينات والخمسينات العصر الذهبي في حياة أم كلثوم الفنّيّة. وقد لحّن أغانيها أشهر الملحّنين المصريّين في ذلك الوقت مثل زكريّا أحمد وبيرم التونسي ورياض السنباطي.

أكبر جنازة في التاريخ

عندما تُوفّي الرئيس المصري جمال عبد الناصر في شهر أيلول/سبتمبر سنة ١٩٧٠، قيل إنّ جنازته كانت أكبر جنازة في التاريخ. وعندما تُوُفّيت أم كلثوم في شهر فبراير/شباط سنة ١٩٧٥ قيل إنّ جنازتها كانت أكبر من جنازة عبد الناصر، حَيْثُ حضرها أكثر من أربعة ملايين مصري.

أكثر من ٣٠٠ أغنية

سجّلت أم كلثوم أكثر من ٣٠٠ أغنية، من أشهرها "الأطلال"، "رقّ الحبيب"، "انتَ عُمري"، و"فكّروني".

كلمات جديدة

singer	مُغَنّي
original	أصلي
nickname	لَقَب (ج. ألقاب)
planet, star	كوكب
with certainty	بشكل مُؤكّد
it was said	قيل
record	سِجِلّ (ج. سجلاّت)
governorate, district	مُحافظة
imam, leader of a Muslim prayer	إمام
mu'azzin, caller to Muslim prayer	مُؤذّن
housewife	ربّة بيت
increase	زِيادة
income	دَخْل
to sing	غَنّى-يُغَنّي
religious	ديني
party, celebration	حَفلة (ج. حَفلات)
occasion	مُناسَبة (ج. مُناسَبات)

writing	كِتابة
to memorize	حفِظ-يَحفَظ
the Noble Qur'an	القرآن الكريم
clothes	مَلابِس
singing	غِناء
to listen (to)	استَمَع-يَستمع (ل، إلى)
voice	صَوْت
strong	قَوِيّ
beautiful	جَميل
to request, ask	طلب-يطلُب
to become sick	مَرِض-يمرَض
to move, relocate	انتقل-ينتَقِل
artistic	فَنّي
to set to music	لحّن-يُلَحِّن
funeral	جَنازة
where, when	حَيْثُ
to attend	حَضَر-يَحضُر
to record	سَجَّل

أسئلة

١. متى وأين وُلدت أم كلثوم؟
٢. ما هو اسمها الأصلي؟
٣. ماذا كان عمل أبيها؟
٤. ماذا كان الأب يفعل لزيادة دخل العائلة؟
٥. ماذا درست أم كلثوم في مدرسة القرية؟
٦. لِماذا كانت أم كلثوم تلبس ملابس الأولاد؟
٧. متى انتقلت أم كلثوم إلى القاهرة؟
٨. متى كان العصر الذهبي لأم كلثوم؟
٩. من هُم زكريّا أحمد وبيرم التونسي ورياض السنباطي؟
١٠. كم شخصاً (person) حضر جنازة أم كلثوم؟
١١. ما هي بعض أغاني أم كلثوم؟

خمّن معاني: الأغاني، الزواج، الخاصّة، يعلّم، الفنّانين، الملحّنين، أغنية.

قواعد

More on the Arabic case system

It was pointed out in Lesson 10 that فصحى has a case system for nouns and adjectives that is marked by certain endings like ون/ين and اً.

The rules of Arabic case assignment (called إعراب in Arabic) are numerous and can be quite intimidating to the learner. Typically, the bulk of Arabic language teaching in the Arab world is spent on the case system, while the number of Arabs who can use the system fluently for speaking purposes may be limited to a few thousand at the most, and the number of people who actually use the system for ordinary conversation may not exceed half a dozen. (This is out of a population of over 300 million people). The reason for the failure of the Arabs to master the case system is not that the system is too difficult or that the Arabs are bad language learners; rather, it is because the system is not used in ordinary conversation by any group of native speakers. People who use it in ordinary conversation sound funny and strange. While a full mastery of the system is not needed by every learner or Arabic speaker, it is essential for radio and TV announcers and by people giving formal, particularly political and religious, speeches.

Different degrees of mastery are required for different functions and purposes. Most Arabs with a high or middle school education master those aspects that they need in order to understand فصحى when they read it and listen to it and in order to write it. In this book, only those aspects of the case system which are believed to be clearly applicable and essential for reading, listening to, and writing فُصحى will be presented.

The three cases are indicated by certain endings, which vary according to the following factors (see the table below):

1. Is the noun or adjective definite or indefinite?
2. Does the noun or adjective have a dual or a sound plural ending?
3. Does the noun or adjective end in تاء مربوطة?

1. SINGULAR AND BROKEN PLURAL					
		Nominative مرفوع	Accusative منصوب	Genitive مجرور	
indefinite	masculine	طالبٌ	طالباً	طالبٍ	student, m.
	feminine	طالبةٌ	طالبةً	طالبةٍ	student, f.
definite	masculine	الطالبُ	الطالبَ	الطالبِ	the student, m.
	feminine	الطالبةُ	الطالبةَ	الطالبةِ	the student, f.
indefinite		طُلاّبٌ	طُلاّباً	طُلاّبٍ	students
definite		الطُلاّبُ	الطُلاّبَ	الطُلاّبِ	the students

2. DUAL (Cases are marked here by letters. So, they are not optional when you write.)				
		Nominative مرفوع	Accusative/Genitive منصوب ومجرور	
indefinite	masculine	طالبان	طالبَين	two students
	feminine	طالبتان	طالبتَين	
definite	masculine	الطالبان	الطالبَين	
	feminine	الطالبتان	الطالبتَين	

3. MASCULINE SOUND PLURAL (Cases are marked here by letters. So, they are not optional when you write.)			
	Nominative مرفوع	**Accusative/Genitive** منصوب ومجرور	
indefinite	مسافِرون	مسافِرين	travelers
definite	المسافِرون	المسافِرين	

The endings ـٌ ,ـً (or اً), and ـٍ are called *nunation. Nunation* is mutually exclusive with the definite article and with pronominal suffixes; if the noun or adjective has the definite article or ends in a pronoun suffix, then it cannot be *nunated.* Consequently, whereas الطالبُ and طالبُهم are acceptable, الطالبٌ and طالبٌهم are not.

What do you need to know about the case system?

As a listener

You need to remember that case assignment is a grammatical function and has no bearing on the meaning. In other words, طالباً, طالبٌ, and طالبٍ, all mean "student" (m.), and مسافِرون, and مسافِرين both mean "travelers" (m.).

As a reader

Two types of reading activities should be distinguished: *silent* reading and reading *aloud.*

Silent reading: what applies to you as a listener applies here, too.

Reading aloud: the situations where this skill is needed outside of the classroom environment are quite limited. First, there is a certain degree of optionality in the use of case endings in general. They are retained fully when reading the Qur'an, quoting poetry or old sayings, and delivering religious sermons. In less formal situations, pause forms (dropping of case endings) are generally used. However, even in such situations, where pause forms are used, case endings are obligatory in certain constructions, as will be shown below.

Obligatory use of case endings when reading aloud

When reading فصحى aloud one should be aware of case markings when a construction includes noun + possessive pronoun combinations and when a word is the first term of an إضافة construction. The case must be marked on the noun to which a possessive pronoun is attached and on the first part of الإضافة construction:

	With possessive pronouns	**First term of إضافة**
Nominative (subject, etc.)	تاريخُها	تاريخُ المدينة
Accusative (object of a verb, etc.)	تاريخَها	تاريخَ المدينة
Genitive (after a preposition, etc.)	تاريخِها	تاريخِ المدينة

At this stage in your Arabic career, you can expect the case endings to be provided for you, and all you have to do is read them. In fact, you are not alone in this practice; it is common even for highly educated Arabs, particularly political leaders, to ask an "expert" to provide case endings before delivering a speech or before making a presentation that requires the use of فصحى.

As a writer

When writing Arabic, the only aspects of the case system that are relevant for you are those that can be described as الإعراب بالحُروف (case marking with letters): a letter is added or changed to show whether a word is in the nominative, accusative, or genitive case. These include:

a. Masculine, singular and broken plural, indefinite nouns and adjectives in the *accusative* case as in طالباً, طُلّاباً, جَديداً.
b. Dual nouns and adjectives: ان for the nominative and ينَ for the accusative and genitive.
c. Sound masculine nouns and adjectives: ون for the nominative and ين for the accusative and genitive.

Some Basic Rules of Case Assignment

All of these rules will be elaborated on in subsequent lessons.

1. A noun or adjective is in the nominative case if it is
   a. the subject of a sentence,
   b. the predicate of a sentence,
   c. the subject of كان or one of its sisters (صار ، أصبح)
2. A noun or adjective is in the accusative case if it is
   a. the object of a verb,
   b. the predicate of كان or one of its sisters (صار ، أصبح)
3. A noun or adjective is in the genitive case if is the object of a preposition.

الأسماء الخمسة

One area of Arabic grammar that is central to the إعراب rules involves a set of nouns called الأسماء الخمسة "the five nouns". These nouns are distinguished by having two letters at the root level. Only two of them will be discussed here because the other three are not commonly used. These two nouns are أب and أخ. A vowel, و ,ا, or ي is added to these two words when a pronoun is attached to them. The choice of و ,ا, or ي depends on the function of the word in the sentence: whether the word is the subject of the sentence, the object of the verb, or the object of a preposition.

تمرين

With reference to the basic set of rules just outlined, can you tell which function each of the three letters (و ,ا, or ي) is associated with?

أ. كان أبوها* إمام ومُؤذّن مسجد القرية.
ب. تعلّمت أم كلثوم الغِناء من أبيها*.
ت. كانت تستمع له عندما كان يعلّم أخاها* خالد حتى يُغَنّي معه.
ث. وبعد أن سمع أبوها* صوتها القويّ الجميل طلب منها أن تغنّي معه عندما يمرَض أخوها*.

الدرس رقم ٢٣

فيروز

مقدّمة

"فيروز" مغنّية لبنانيّة مشهورة، وهي أشهر مغنّيّة في بلاد الشام ومن أشهر المغنّين العرب في العصر الحديث. "فيروز" هو اسمها الفنّي؛ اسمها الحقيقي هو "نهاد رزق وديع حدّاد".
وُلِدت فيروز في الحادي والعشرين من تشرين الثاني/نوفمبر عام ١٩٣٥ في حَيّ "زقاق البلاط" في بيروت لعائلة سريانية كاثوليكية فقيرة. أصل والدها من مدينة "ماردين" في جنوب شرق تركيّا، ووالدتها لبنانية مسيحيّة اسمها "ليزا البستاني".

محمّد فليفل والمعهد الموسيقي اللبناني

درست نِهاد في مدرسة "سان جوزف" للبنات، وكانت طالبة جيّدة. وعندما كان عمرها ١١ سنة، غنّت في حفلة المدرسة، وسمعها "محمّد فليفل"، الذي كان أستاذاً في المعهد الموسيقي اللبناني، والذي كان يبحث في مدارس الأولاد والبنات عن مَواهب جديدة للغناء في الإذاعة اللبنانيّة. عندما سمع غناء نهاد أعجبه صوتها كثيراً، وأرادها أن تغنّي في الإذاعة، فرفض أبوها، ولكن محمّد فليفل قال له إنّ بنته ستغنّي الأغاني الوطنيّة فقط، وإنّه سيدفع تكاليف تعليمها في المعهد الموسيقي، فوافق أبو نهاد، ولكنّه طلب أن يذهب أخوها جوزف معها عندما تذهب الى المعهد.
درَسَت نهاد في المعهد الموسيقي أربع سنوات، وكانت طالبة ممتازة. وبدأت عملها في الإذاعة اللبنانيّة في سنة ١٩٤٩.
أوّل أغنية خاصّة لفيروز كانت من ألحان حليم الرومي وكلِمات ميشيل عَوَض. عند التحضير للأغنية في نيسان/أبريل سنة ١٩٥٠، اقترَح حليم الرومي أن تُغيّر نهاد اسمها الى "شهرزاد" أو "فيروز"، فاختارَت اسم "فيروز".

DOI: 10.4324/9781003020455-23

فيروز وعاصي الرحباني

بعد ذلك قدّم حليم الرومي فيروز لعاصي الرَحباني، الذي كان شرطيًا ومُلَحِّناً، فلَحّن لفيروز أغنية حَزينة اسمها "عتاب، غنّتها في تشرين الثاني/نوفمبر سنة ١٩٥٢. بعد أغنية عتاب صارت فيروز مُغنّية مشهورة في العالم العربي. ثمّ انضمّ منصور الرحباني الى أخيه عاصي وفيروز وشكّل الثلاثة الثُلاثي الرحباني".

زواج فيروز

في سنة ١٩٥٤ عَرَض عاصي على فيروز فكرة الزواج، فوافقت. وكانت قد رَفَضت مرّات عديدة قبل ذلك. تزوّج عاصي وفيروز في كانون الثاني/يناير عام ١٩٥٥، وأنجبا ابنين وبنتين، الابنان هما زياد وهالي، والبنتان هُما ليال وريما.
سجّلت فيروز أكثر من ٨٠٠ أغنية، ولا زالت تغنّي حتى في سنّ الثمانين.

كلمات جديدة

حَقيقي	real
سِرياني	Syriac
والِد	father = أب
مَعهد	institute
جيّد	good = كويّس
أستاذ	teacher
بَحَث-يبحَث (عن)	to look for = فتّش-يُفتّش (على)
مَوهِبة (ج. مَواهب)	talent
إذاعة	broadcasting station
أعجَب-يُعجِب	to please
رفَض-يَرفُض	to refuse
دَفَع-يَدفع	to pay
تَكلِفة (ج. تكاليف)	cost
وافَق-يُوافِق	to agree
تَحضير	preparation
اقتَرَح	to suggest
غَيَّر-يغيِّر	to change
اختار-يختار	to choose
قدّم-يُقَدِّم	to introduce
شُرطي	policeman
حَزين	sad
شكّل-يُشَكِّل	to form
عَرَض-يَعرِض	to propose
فِكرة	idea
لا زال	(is) still

اكتب صح أو خطأ.

١. اسم أخت فيروز "نهاد حدّاد".
٢. كانت عائلة فيروز فقيرة.
٣. وُلدت فيروز في جنوب تركيّا.
٤. أحبّ محمّد فليفل صوت فيروز كثيراً.
٥. محمّد فليفل كان مدير مدرسة فيروز.
٦. في البداية رفض أبو فيروز أن تغنّي ابنته في الإذاعة اللبنانيّة.
٧. طلب أبو فيروز أن يغنّي أخو فيروز "جوزف" الأغاني الوطنيّة.
٨. عندما بدأت فيروز العمل في الإذاعة اللبنانيّة كان عمرها ١٤ سنة.
٩. تغيّر اسم نهاد إلى فيروز في سنة ١٩٥٠.
١٠. عاصي الرحباني وحليم الرومي مُلحّنان (two composers) لبنانيّان.
١١. يتكوّن (consists of) الثلاثي الرحباني من عاصي الرحباني ومنصور الرحباني وحليم الرومي.
١٢. تزوّجت فيروز عاصي الرحباني.
١٣. توقّفت فيروز عن الغناء بعد زواجها.

خمِّن معنى: الفنّي، الحادي والعشرين، ووالدتها، الموسيقي، للبنات، غنّت، خاصّة، ألحان، وكلِمات، الثُلاثي، فوافقت، عديدة.

The dual

Arabic nouns can be singular, dual, or plural, as in مدرسة (singular), مدرستان (nominative)/مدرستين (accusative and genitive) (dual), and مدارِس (plural). In the Arabic dialects, the dual is found mainly in nouns; فصحى, on the other hand, the dual is found in adjectives, verbs, and pronouns, in addition to nouns. So, the verb أنجبا translates as "they, dual, had (children)", ابنين/ابنان "two sons", بنتين/بنتان "two daughters", and هُما "they, dual". Dual verbs, pronouns, and adjectives will be pointed out as they appear in the reading selections.

تمرين رقم ٣: املأ الفراغات

Use the following words to fill in the blanks in the passage below. Then compare your answers to the reading passage of this lesson.

أن، إنّ، الذي، عندما، فقط، والذي، وعندما، ولكن، ولكنّه

درست نِهاد في مدرسة "سان جوزف" للبنات، وكانت طالبة جيّدة. .... كان عمرها ١١ سنة، غنّت في حفلة المدرسة، وسمعها "محمّد فليفل"، .... كان أستاذاً في المعهد الموسيقي اللبناني، .... كان يبحث في مدارس الأولاد والبنات عن مَواهب جديدة للغناء في الإذاعة اللبنانيّة. عندما سمع غناء نهاد أعجبه صوتها كثيراً، وأرادها .... تغنّي في الإذاعة، فرفض أبوها، .... محمّد فليفل قال له .... بنته ستغنّي الأغاني الوطنيّة ....، وإنّه سيدفع تكاليف تعليمها في المعهد الموسيقي، فوافق أبو نهاد، .... طلب أن يذهب أخوها جوزف معها .... تذهب الى المعهد.

تمرين رقم ٢: (إعراب)

a. With reference to the grammar discussion in Lesson 22, indicate the case of each of the following words found in the reading passage about فيروز (nominative مرفوع, accusative منصوب, genitive مجرور).

أستاذاً، كثيراً، أبو ها، أخوها، شرطيّا، ومُلَحِّناً، أخيه، إبنين، وبنتين، الابنان، والبنتان.

b. Now study the sentences below in which these words occur and indicate why each one is assigned the case it has using the following categories:

1. Predicate of كان and its sisters (اسم كان وأخواتها)
2. Adverb of manner (ظَرف)
3. Subject of a verb (فاعِل)
4. Subject of a sentence (مُبتدأ)
5. Object of a verb (مفعول به)
6. Joined to another word with the same case assignment (معطوف)

أ. وسمعها ''محمّد فليفل''، الذي كان أستاذاً في المعهد الموسيقي اللبناني.

ب. عندما سمع غناء نهاد أعجبه صوتها كثيراً.

ت. ولكنّه طلب أن يذهب أخوها جوزف معها.

ث. كان (عاصي) شرطيّا ومُلَحِّناً.

ج. تزوّج عاصي وفيروز في كانون الثاني/يناير عام ١٩٥٥، وأنجبا إبنين وبنتين، الإبنان هما زياد وهالي، والبنتان هُما ليال وريما.

الدرس رقم ٢٤

الموسيقى الجزائريّة، الشاب خالد

هناك عِدّة أنواع من الموسيقى في الجزائر: "الأندلسية" و "القبائلية" و "القناوي" و "الشعبي" و"الراي" وال "راب" وال "ريجي". ويستعمل الجزائريّون عدّة لغات في أغانيهم كالعربيّة الفصحى واللهجة العربيّة الجزائريّة واللهجات الأمازيغيّة بالإضافة إلى اللغة الفرنسيّة.

موسيقى الراي

موسيقى الراي من أشهر أنواع الموسيقى في الجزائر. وقد ظهر هذا النوع من الموسيقى في العشرينيّات من القرن العشرين في مدينة وهران، التي تقع في شمال غرب الجزائر على ساحل البحر الأبيض المتوسّط.

كانت وهران تُعرف في ذلك الوقت ب "باريس الصغيرة" لأنّها كانت مُلتقى لثقافات مختلفة كالعربيّة والإفريقيّة والأوروبيّة، وازدهرت فيها الموسيقى والنوادي الليليّة، وتطوّر فيها نوع جديد من الموسيقى والأغاني سُمّي بموسيقى "الراي"، تغنّيه النساء. ويُركّز هذا النوع من الموسيقى على مشاكل الناس اليوميّة، ويستخدم اللهجة الجزائرية. وكلمة "راي" هي نفس كلمة "رأي" في الفصحى، فالمغنّي يعبّر من خلال هذه الموسيقى عن رأيه ومشاعره الداخلية. وموسيقى الراي مزيج من موسيقى شمال إفريقيا والشرق الأوسط والموسيقى الغربيّة.

من أشهر المغنّين لهذا النوع من الموسيقى "الشاب خالد" و "الشاب مامي."

الشاب خالد

اسمه الحقيقي خالد حاجّ إبراهيم، وهو شاعر وملحّن وعازف جزائري مشهور. ويُعتبر أشهر مُطرِب جزائري. وُلد في مدينة وهران في شهر شباط سنة ١٩٦٠.

بدأ الشابّ خالد الغناء والعزف عندما كان عمره ١٠ سنوات فقط. وقد سجّل أغنيته الأولى "طريق الليسيه" عندما كان عمره ١٤ سنة.

DOI: 10.4324/9781003020455-24

لعب الشاب خالد دوراً هامّاً في انتشار موسيقى الراي في الثمانينيّات والتسعينيّات من القرن العشرين، وارتبطت أغانيه بروح الشباب والسعادة والحرّيّة الجنسيّة. لذلك أصدر المتطرّفون الإسلاميّون في الجزائر فتوى بقتله، فهاجر إلى فرنسا في سنة ١٩٨٨، ولم يرجع إلى الجزائر لمدّة طويلة.

في فرنسا عمل مع عدد من المُطربين والموسيقيّين من شمال إفريقيا والشرق الأوسط والهند والولايات المتّحدة. ومن أشهر ’’ألبوماته‘‘ ’’كنزة‘‘، ’’يا راي‘‘، Liberté و C’est la vie.

كلمات جديدة

type, kind	نَوع (ج. أنواع)
to use	استعمَل-يَستعمل
language	لُغة (ج. لُغات)
dialect	لَهجة (ج. لَهجات)
to appear	ظهر-يَظهَر
is known	تُعرف
meeting place	مُلتقى
to flourish	ازدهر-يَزدَهِر
club	نادي (ج. نَوادي)
development	تَطوّر
women	نِساء
problem	مُشكِلة (ج. مَشاكل)
to use = استعمل-يستعمل	استَخدَم-يَستخدم
to express	عَبَّر-يُعبّر
through	مِن خِلال
feeling	شُعور (ج. مَشاعِر)
internal	داخِلي
mixture	مَزيج
musician, musical instrument player	عازِف
singer = مُغنّي	مُطرِب
way	طَريق
to play a role	لَعِب-يَلعَب دوراً
to be connected (with)	ارتَبَط-يَرتَبِط (ب)
spirit	روح
youth	شَباب
happiness	سَعادة
sexual	جِنسي
extremist	مُتَطرِّف (ج. مُتطرِّفون)
fatwa (a religious ruling)	فَتوى

killing	قَتْل
(did, was) not	لَم
long	طويل
the United States	الولايات المُتّحدة

أسئلة

١. اكتب ثلاثة أنواع من الموسيقى الجزائريّة.
٢. ما هي اللغات التي يستعملها الجزائريّون في أغانيهم؟
٣. متى ظهرت موسيقى الراي؟ أين؟
٤. ما هي وهران؟ لماذا كانت تُعرف ب "باريس الصغيرة"؟
٥. مَن كان يغنّي موسيقى الراي في البداية؟
٦. موسيقى الراي مزيج من أنواع مختلفة من الموسيقى، ما هي هذه الأنواع؟
٧. مَن هو الشاب خالد؟
٨. بماذا ارتبطت أغاني الشاب خالد؟
٩. لماذا هاجر الشاب خالد إلى فرنسا؟
١٠. هل سمعتَ بالشاب خالد؟ ما هي بعض الأغاني التي تعرفها من غنائه؟

خمّن معاني: لِثقافات، الليليّة، سُمّي، ويُركّز، والشرق الأوسط، والعزف، انتشار، والهند.

تمارين

تمرين رقم ١: سبب الإعراب

For each of the following sentences,

1. Translate the sentence into English.
2. For the words marked with an asterisk "*", indicate the case and the reason for the case assignment. The first one is given as an example.

أ. يستعمل الجزائريّون* عدّة لغات في أغانيهم.
ب. لعب الشاب خالد دوراً* هامّاً* في انتشار موسيقى الراي.
ت. أصدر المتطرّفون* الإسلاميّون* في الجزائر فتوى بقتله.
ث. في فرنسا عمل مع عدد من المُطربين* والموسيقيّين*.

The Algerians use a number of languages in their songs.	يستعمل الجزائريّون* عدّة لغات في أغانيهم.
الجزائريّون is in the nominative case because it is the subject of the verb يستعمل.	

قواعد

The comparative/superlative (أفعل)

The word أشهر is the comparative and superlative form of مشهور. The English equivalent is more or most famous. Only the context determines which meaning is intended. When used in the comparative sense (more than), the adjective is generally followed by the preposition مِن, which is translated as *than*. When the adjective is followed directly by a noun it has the superlative meaning (most). When it is preceded by مِن and followed directly by a noun it is translated as "of the most" + adjective or "among the most" + adjective.

تمرين رقم ٢

Now translate the following sentences taken from the reading passages of the last three lessons.

أ. موسيقى الراي من أشهر أنواع الموسيقى في الجزائر.

ب. من أشهر المغنّين لهذا النوع من الموسيقى "الشاب خالد" و "الشاب مامي".

ت. يُعتبر الشاب خالد أشهر مُطرِب جزائري.

ث. من أشهر "ألبوماته" "كنزة"، "يا راي"، Liberté و C'est la vie.

ج. أم كلثوم أشهر مغنّية في العالم العربي في القرن العشرين.

ح. وقد لحّن أغانيها أشهر الملحّنين المصريّين في ذلك الوقت.

خ. قيل إنّ جنازة جمال عبد الناصر كانت أكبر جنازة في التاريخ.

د. قيل إنّ جنازة أم كلثوم كانت أكبر من جنازة عبد الناصر، حَيْثُ حضرها أكثر من أربعة ملايين مصري.

ذ. فيروز أشهر مغنّيّة في بلاد الشام ومن أشهر المغنّين العرب في العصر الحديث.

ر. سجّلت فيروز أكثر من ٨٠٠ أغنية.

تمرين رقم ٣: كِتابة

اكتب فقرة من ١٠٠ كلمة عن مغنّيك المفضّل أو عن مغنّي مشهور.

Write a paragraph of about 100 words about your favorite singer or a famous one.

الدرس رقم ٢٥

نِزار قبّانـي

مقدّمة

نِزار قبّاني من أشهر الشعراء العرب في العصر الحديث، وشاعر سوريا الأوّل. وُلِد في حيّ "الشحم" في دمشق القديمة في ٢١ اذار/مارس سنة ١٩٢٣. درَس الحُقوق في جامعة دمشق، التي كانت تُعرف في ذلك الوقت ب"الجامعة السوريّة"، وتخرّج في سنة ١٩٤٤. وبعد تخرُّجه، عَمِل دبلوماسيّاً، وتَنقّل بين مصر وتركيّا وبريطانيا وإسبانيا والصين. وفي سنة ١٩٦٦ ترَك العمل الدبلوماسي وأسّس داراً للنَشر في بيروت، وتَفَرّغ لكتابة الشِعر. نشَر أكثر من أربعين مجموعة شِعريّة ونَثريّة. كان أوّلها "قالت لي السمراء" في سنة ١٩٤٤.

عائلة ثُوّار

عندما كان نِزار ولداً صغيراً، سُجن أبوه لأنّه شارَك في مقاومة الاحتلال الفرنسي لسوريا. ولم يكُن أبو نزار "الثوري" الوحيد في العائلة، فقَبل ذلك أراد جَدّه "أبو خليل القبّاني" "أن يفتح مسرَحاً في دمشق، فغَضِب رِجال الدين فيها، وأخبروا الحكومة العُثمانيّة، فأغلقت مَسرحه، وسافر الى مصر لأنّها كانت أكثر انفتاحاً على الفنّ، وعاش فيها حتّى مات. عِندما نشر نزار قصيدة "خبز وحشيش وقمر" سنة ١٩٥٤، غضب رجال الدين في دمشق مِثلما غضبوا من جَدّه أبو خليل.
بعد هَزيمة الدول العربيّة في حرب ١٩٦٧ بدأ نزار قبّاني يركّز على شِعر المُقاوَمة والنَقْد السياسي والاجتماعي.

زواج نزار

تزوّج نزار مرّتين، الزوجة الأولى كانت سوريّة اسمها "زهراء"، والثانية عراقيّة اسمها "بلقيس".

DOI: 10.4324/9781003020455-25

كانت زهراء تغار كثيراً من كلّ شيء يفعله زوجها، حتى أصبحت حياته "جحيماً" كما يقول. ومن شعره في ذلك:

انا في الجحيم وانت لا تدرين ماذا يعتريني...
حمقاء انت، الم تري قلبي قد تجمع في عيوني ....
ان كان حبك ان اعيش على هُرائك، اكرهيني...

...

انتهت قهوتنا، وانتهت قِصّتنا...
وانتَهى الحُبّ الذي كنت اسمّيه عَنيفا ..
عندما كان سخيفا..
وضَعيفا...

المآسي في حياة نزار قبّاني

تعرّض نزار قبّاني لعدد من المآسي في حياته الشخصيّة التي تركت أثراً عميقاً في نفسه، وظهر ذلك بوضوح في شعره. المأساة الأولى كانت انتِحار أخته "وِصال"، التي أحبّت رجلاً وكانت تريد أن تتزوّجه فمنعتها عائلتها من الزواج منه، فانتحرت.
والمأساة الثانية كانت وفاة ابنه "توفيق" بنوبة قلبيّة وهو يدرس الطبّ في القاهرة. كتب نزار قصيدة بعنوان "الأمير الخرافي توفيق قبّاني" يقول في بدايتها:

الى الامير الدمشقي توفيق قباني،
مُكَسّرة كجفون أبيك هي الكلمات..
ومَقصوصة، كجناح أبيك، هي المفردات
فكيف يغنّي المُغني؟
وقد ملأ الدمع كل الدواه..
وماذا سأكتب يا بني؟
وموتك ألغى جميع اللغات..

والمأساة الثالثة كانت أثناء الحرب الأهليّة اللبنانيّة عندما قُتلت زوجته الثانية "بلقيس" في تفجير في السفارة العراقيّة في بيروت، حيث كانت تعمل.

ومن شعره بعد مقتل بلقيس:

شُكْراً لَكُمْ
شُكْراً لَكُمْ
فحبيبتي قُتِلَتْ وصارَ بوسْعِكُم
أن تشربوا كأساً على قبرِ الشهيدة

وقصيدتي اغتيلت ..
وهَلْ من أُمَّةٍ في الأرضِ ..
-إلّا نحنُ - تغتالُ القصيدة؟

.....

قتلوكِ يا بلقيسُ ..
أيَّةُ أُمَّةٍ عربيةٍ ..
تلكَ التي
تغتالُ أصواتَ البلابِلْ؟

...

بلقيسُ
لا تتغيَّبِي عنّي
فإنَّ الشمسَ بعدكِ
لا تُضيءُ على السواحِلْ . .
سأقول في التحقيق :
إنَّ اللصَّ أصبحَ يرتدي ثوبَ المُقاتِلْ
وأقول في التحقيق :
إنَّ القائدَ الموهوبَ أصبحَ كالمُقَاوِلْ ..

...

بيروتُ .. تقتُلُ كلَّ يومٍ واحداً مِنَّا ..
وتبحثُ كلَّ يومٍ عن ضحيَّةْ
والموتُ .. في فِنْجَانِ قَهْوَتِنَا ..
وفي مفتاح شِقَّتِنَا ..
وفي أزهارِ شُرْفَتِنَا ..
وفي وَرَقِ الجرائدِ ..
والحروفِ الأبجديَّةْ ...
ها نحنُ .. يا بلقيسُ ..
ندخُلُ مرةً أُخرى لعصرِ الجاهليَّةْ ..
ها نحنُ ندخُلُ في التَوَحُّشِ ..
والتخلّفِ .. والبشاعةِ .. والوَضَاعةِ ..
ندخُلُ مرةً أُخرى .. عُصُورَ البربريَّةْ ..
حيثُ الكتابةُ رِحْلَةٌ
بينِ الشَّظيّةِ .. والشَّظيَّةْ
حيثُ اغتيالُ فراشةٍ في حقلِهَا ..
صارَ القضيَّةْ ..
بلقيسُ ..

مذبوحونَ حتى العَظْم ..
والأولادُ لا يدرونَ ما يجري ..
ولا أدري أنا .. ماذا أقُولْ؟
هل تقرعينَ البابَ بعد دقائقٍ؟
هل تخلعينَ المعطفَ الشَّتَوِيَّ؟
هل تأتينَ باسمةً ..
وناضرةً ..
ومُشْرِقَةً كأزهارِ الحُقُولْ؟

بلقيسُ ..
إنَّ زُرُوعَكِ الخضراءَ ..
ما زالتْ على الحيطانِ باكيةً ..
وَوَجْهَكِ لم يزلْ مُتَنَقِّلًا ..
بينَ المرايا والستائرْ
...

بلقيسُ ..
مطعونونَ .. مطعونونَ في الأعماقِ ..
والأحداقُ يسكنُها الذُهُولْ
بلقيسُ ..
كيف أخذتِ أيَّامي .. وأحلامي ..
وألغيتِ الحدائقَ والفُصُولْ ..
يا زوجتي ..
وحبيبتي .. وقصيدتي .. وضياءَ عيني ..
قد كنتِ عصفوري الجميلَ ..
فكيف هربتِ يا بلقيسُ منّي ؟..

بلقيسُ ..
إنَّ الحُزْنَ يثقُبُنِي ..
وبيروتُ التي قَتَلَتْكِ .. لا تدري جريمتَها
وبيروتُ التي عَشِقَتْكِ ..
تجهلُ أنّها قَتَلَتْ عشيقتَها ..
وأطفأتِ القَمَرْ ..

بلقيسُ ..
يا بلقيسُ ..
يا بلقيسُ

كلُّ غمامةٍ تبكي عليكِ ..
فَمَنْ تُرى يبكي عليَّا ..
بلقيسُ .. كيف رَحَلْتِ صامتةً
ولم تَضَعي يديْكِ .. على يَدَيَّا؟

بعد مقتل بلقيس، غادر نزار لبنان، وتنقّل بين باريس وجنيف، ثمّ استقرّ في لندن، واستمرّ في كتابة الشعر. ومن قصائده في هذه الفترة قصيدة بعنوان "متى يعلنون وفاة العرب؟"

النهاية

توفي نزار في لندن في ٣٠ نيسان/أبريل سنة ١٩٩٨ نتيجة نوبة قلبية، وأوصى قبل وفاته أن يدفن في دمشق.
أرسل الرئيس السوري حافظ الأسد طائرة خاصّة لنقل جثمانه من لندن، وشيّعه الدمشقيّون في جنازة ضخمة بعد الصلاة عليه في المسجد الأموي.

كلمات جديدة

law = قانون	حُقوق
to graduate	تَخرّج-يتخرّج
diplomat	دِبلوماسي
to move, relocate	تَنقّل-يَتَنقّل
China	الصين
to leave (something)	تَرَك-يَترُك
publishing house	دار نَشر
to devote one's time	تَفَرّغ-يَتفرّغ
prose	نَثري
revolutionary	ثائر (ج. ثُوّار)
he was jailed	سُجن
was not = ما كان	لَم يَكُن
grandfather	جَدّ
theater	مَسْرح
to be angry	غَضِب-يَغضَب
man	رَجُل (ج. رِجال)
to inform	أخبَر-يُخبِر
to close	أغلَق-يُغلِق
to travel	سافَر-يُسافِر
openness	انفِتاح
poem	قَصيدة
bread, hashish and a moon	خُبز وحشيش وقمر

like, as	مِثلَما
criticism	نَقد
to be jealous	غار-يَغار
Hell	جَحيم
tragedy	مَأساة (ج. مَآسي)
to be exposed to, suffer	تَعَرّض-يَتَعرَّض
influence	أثر
deep	عَميق
clearly	بوضوح
to love	أحبّ-يُحِبّ
to prevent	مَنَع-يَمنَع
heart attack	نوبة قلبيّة
medicine	طِبّ
explosion	تَفجير
embassy	سَفارة
to leave, depart	غادَر-يُغادِر
to settle	استقرّ-يَستَقِرّ
title	عُنوان
to be buried	يُدفن
body	جُثمان
was taken to his resting place	شَيّع-يُشيّع
huge	ضَخم
prayer	صَلاة

أسئلة

١. ماذا حدث في السنوات التالية، حسب النصّ (according to the text): ١٩٢٣، ١٩٤٤، ١٩٦٦؟
٢. حسب النصّ، مَن هُم الثوّار في عائلة نزار قبّاني؟ ماذا فعلوا؟
٣. مَن غضب من نزار قبّاني ومن جدّه أبو خليل القبّاني؟
٤. كم مرّة تزوّج نزار قبّاني؟ ما اسم زوجاته؟
٥. لخّص (summarize) الثلاث مآسي التي تعرّض لها نزار قبّاني.
٦. أين استقرّ نزار بعد مُغادرة بيروت؟
٧. أين دُفن نزار؟ أين كانت الصلاة عليه؟
٨. خمّن مَعاني: تُعرف، الشِعر، نشَر، مجموعة، يركّز، فمنعتها، فانتحرت، وفاة، لنقل.

تمرين رقم ١: أكمل الجدول.

Fill in the empty cells in the table. All the verbs are taken from the reading passage of this lesson.

Form	Stem	Root	Translation	Verb
فعل، I	عرف	ع-ر-ف	is known	تُعرف
			and he graduated	وتخرّج
				وتَنقّل
				وأسّس
تفعّل، V				وتَفَرّغ
				شارَك
		غ-ض-ب		فغَضِب
				وأخبروا
أفعل، IV				فأغلقت
				وسافر
				تزوّج
		غ-ي-ر		تغار
				أصبحت
				تعرّض
	أحبّ			أحبّت
				تريد
				فمنعتها
				غادر
				استقرّ
				واستمرّ
		و-ص-ي		وأوصى
				يُدفن
				أرسل
			and he escorted him (to his burial place)	وشيّعه

تمرين رقم ٢

The following مصادر are derived from verbs in Forms II, III, V, VII, and VIII. For each مصدر identify the verb from which it is derived. Follow the example

	Stem	Root	
Derived from the Form VIII verb انتحر	انتِحار	ن-ح-ر	انتِحار
			تَخرُّجه
			مُقاومة
			الاحتلال

	Root	Stem	
انفتاحاً			
انتِحار			
توفيق			
تفجير			

تمرين رقم ٣: ما سبب الإعراب؟

All the words marked with an asterisk are in the accusative case (منصوب), except two, one in the nominative and the other in the genitive case. Indicate for each word whether it is , مرفوع منصوب or مجرور, and which of the following is the reason for its case assignment:

1. Accusative of specification (تمييز)
2. Object of a verb
3. Object of a preposition
4. Predicate of كان and its sisters
5. Adjective agreeing in case
6. Adverb of manner

أ. بعد تخرُّجه، عَمِل دبلوماسيّاً*.
ب. ترَك العمل الدبلوماسي وأسّس داراً* للنَشر في بيروت.
ت. نشَر أكثر من أربعين* مجموعة شِعريّة ونَثريّة.
ث. عندما كان نِزار ولداً* صغيراً*...
ج. سُجن أبوه* لأنّه شارَك في مقاومة الاحتلال الفرنسي لسوريا.
ح. أراد جَدّه "أبو خليل القبّاني" "أن يفتح مسرَحاً* في دمشق.
خ. سافر الى مصر لأنّها كانت أكثر انفتاحاً* على الفنّ.
د. كانت زهراء تغار كثيراً* من كلّ شيء يفعله زوجها.
ذ. حتى أصبحت حياته "جحيماً"*.
ر. أحبّت أخته "وِصال" رجلاً* وكانت تريد أن تتزوّجه.
ز. شيّعه الدمشقيّون* في جنازة ضخمة.

الدرس رقم ٢٦

محمود درويش

مقدّمة

محمود درويش أشهر شاعر فلسطيني. وُلد في قرية "البروة" شرق مدينة عكّا في شمال فلسطين سنة ١٩٤٢. وفي ليلة من ليالي سنة ١٩٤٨ هجم الجيش الإسرائيلي على القرية، فهربت عائلة محمود درويش الى لبنان. وفي لبنان بقِيَت العائلة سنة تعيش على مساعدة الأمم المتحدة. وفي سنة ١٩٤٩ رجع محمود درويش مع عائلته الى القرية، ولكنهم لم يجدوها لأنّ الجيش الإسرائيلي كان قد دمّرها حتى لا يرجع سكّانها إليها. فسكنت العائلة في قرية "دير الأسد" في منطقة الجليل. قال محمود درويش إنّه كان لاجئاً في لبنان وصار لاجئاً في بلده.

بدايات شعره

تلقّى محمود درويش تعليمه الابتدائي في قرية "دير الأسد" وتعليمه الثانوي في "كُفر ياسيف". بدأ اهتمامه بالشعر وهو صغير، وأثناء دراسته الثانويّة نشر شعره في الصُحف المحلّيّة فأحبّه القُرّاء الفلسطينيون كثيراً. نشر أوّل ديوان شعر عندما كان عمره ١٩ سنة، وكان عنوان الديوان "عصافير بلا أجنحة".

عمله

بعد إنهاء دراسته الثانويّة عمل محمود درويش صحفياً في حيفا، وحرّر مَجلة "الاتحاد"، وهي مَجلّة الحزب الشيوعي الإسرائيلي "رَكاح"، ومجلّة "الغد". ثمّ عمل رئيس تحرير مجلّة "الجديد"، وقد أثّرت تِلك المجلّات تأثيراً كبيراً في الحركة الأدبيّة الفلسطينيّة في إسرائيل.

DOI: 10.4324/9781003020455-26

مشاكله مع الحكومة ومُغادرة البِلاد

سبّب الشعر لمحمود درويش مَشاكل كثيرة مع الحكومة الإسرائيلية. وفي سنة ١٩٧٠، وأثناء زيارته لأوروبا الشرقيّة، قرّر البَقاء خارج البلاد، فسافر الى مصر. ولكنّه غادر مصر بعد وقت قصير الى لبنان وانضمّ الى منظّمة التحرير الفلسطينيّة وعمل مسؤولاً عن مركز الدراسات الفلسطينيّة وأصدر مجلّة "الكرمل".

مُغادرة لُبنان

وبعد الغزو الاسرائيلي للبنان في سنة ١٩٨٢ سافر مع قيادة منظّمة التحرير الفلسطينيّة الى تونس، واستمرّ في عمله مع المنظّمة وفي كتابة الشعر والنثر.

العودة الى رام الله

بعد توقيع اتّفاقيّة "اوسلو" بين اسرائيل ومنظّمة التحرير الفلسطينيّة في سنة ١٩٩٣، عاد محمود درويش الى رام الله واستمرّ في إصدار مجلّة الكرمل.

مؤلّفاته

نشر محمود درويش أكثر من خمسة وعشرين كتاباً، أكثرها مجموعات شعريّة، وحصل على عدد من الجوائز، منها جائزة "لوتس" وجائزة "لينين للسلام"، وتُرجمت أعماله الى لغات كثيرة.

وفاته

تُوفّي محمود درويش أثناء عمليّة جراحيّة للقلب في مستشفى في مدينة "هيوستون" الأمريكيّة في شهر آب سنة ٢٠٠٨.

كلمات جديدة

the United Nations	الأمم المُتّحِدة
to find	وَجَد-يَجِد
to destroy	دَمّر-يُدَمّر
refugee	لاجئ
to receive	تلقّى-يَتَلَقّى
elementary	ابتِدائي
interest	اهتِمام
newspaper	صَحيفة (ج. صُحُف)
local	مَحَلّي
reader	قارئ (ج. قُرّاء)
poetry collection	ديوان
Birds without Wings	عَصافير بِلا أجنِحة
to edit	حَرّر-يُحَرّر

magazine	مَجَلّة
the Communist Party	الحِزب الشُيوعي
literary	أَدَبي
to cause	سَبّب-يُسَبِّب
remaining, staying	بَقاء
the Palestine Liberation Organization	مُنظَّمة التحرير الفلسطينيّة
in charge	مَسؤول
invasion	غَزْو
leadership	قِيادة
signing	تَوقيع
authored work	مُؤلَّف
prize, award	جائِزة
was translated	تُرجِم
operation	عَمَليّة
surgical	جِراحي
hospital	مُستَشفى

أسئلة

١.   اكتب صحّ أو خطأ:

٢.   وُلد محمود درويش في مدينة عكّا في فلسطين.

٣.   عاش محمود درويش وعائلته لمدّة سنة في لبنان.

٤.   ساعدت الأمم المتّحدة عائلة محمود درويش.

٥.   رجع محمود درويش إلى قريته وعاش في بيت العائلة في فلسطين.

٦.   دمّر الجيش الإسرائيلي بيت عائلة محمود درويش.

٧.   نشر محمود درويش أوّل ديوان شعري عندما كان عمره ١٩ سنة.

٨.   حرّر محمود درويش مجلّة الحزب الشيوعي الإسرائيلي.

٩.   كانت علاقات محمود درويش مع الحكومة الإسرائيليّة جيّدة.

١٠. عمل محمود درويش مع منظّمة التحرير الفلسطينيّة.

١١. بقي محمود درويش في بيروت بعد الغزو الإسرائيلي للبنان في سنة ١٩٨٢.

١٢. رجع محمود درويش إلى فلسطين بعد اتّفاقيّة أوسلو.

١٣. حسب النصّ، حصل محمود درويش على جائزتين.

١٤. توفّي محمود درويش في الولايات المتّحدة.

خمّن معاني: ليالي، صحفياً، تحرير، ومُغادرة، لأوروبا، الدراسات، والنشر، إصدار، أعماله.

Moods of the Arabic verb (basic facts)

While Arabic nouns, adjectives, and adverbs have different "cases" marked by certain endings, Arabic present tense verbs have "moods" marked by the presence or absence of certain endings or other certain changes. Both the case and mood systems are known in Arabic as إعراب: the case system is referred to as إعراب الأسماء and the mood system as إعراب الأفعال.

In this book, only a few basic facts about the mood system that will help in developing your reading and writing skills will be introduced. Just as we focused on الإعراب بالحروف when we discussed the case system, we will focus here on الإعراب بالحروف in the mood system, i.e. those aspects of the system that result in a change in the spelling of the verb.

The Arabic present tense verb has four moods: *declarative*, *subjunctive*, *jussive*, and *imperative*. The imperative will not be introduced here because of its rare occurrence in the book.

1. Declarative (مرفوع): this is the unmarked or default mood of present tense verbs.
   i. In singular verbs it is marked by a ضمّة (ُ) at the end of the verb: أعملُ.
   ii. In plural verbs, it is marked by the presence of the suffix ون, as in يتكلّمون, يزرعون, etc.
2. Subjunctive (منصوب): this is the mood found after the following particles: أن "to, that"; لِ, كي, لكي, and حتّى "in order to"; لن "will not".
   i. In singular verbs it is marked by a فتحة (َ) at the end of the verb: أن أعملَ.
   ii. In plural verbs, it is marked by the dropping of the ن of the suffix ون and its replacement by ا as in يحصلون → أن يحصلوا.
3. Jussive (مجزوم): this form of the verb is mainly found after the negative particle لَم (did not, was not).
   i. In the singular, it is marked by a سكون (ْ) at the end of the verb: لم أعملْ, or the deletion of the second root vowel in verbs based on hollow roots: يكون → لم يكُن.
   ii. In the plural, it is marked by the dropping of the suffix ن and its replacement by ا: يحصلون → لم يحصلوا.

Note that the final ا of plural verbs in the subjunctive and jussive is deleted when a suffix is added to the verb: يجدون → يجدوا → يجدوها.

تمرين رقم ١

For the verbs marked by a star "*", all of which are found in the reading passages of this book, indicate what mood each of them is in and the reason for the mood assignment. The first one is given as an example.

كلّهم يتكلّمون* اللغة العربيّة.

يتكلّمون: Declarative because there are no subjunctive or jussive particles before it.

أ. أكثر الناس في اليمن يشتغلون* بالزراعة.

ب. كان ممنوعاً على أهل البرطعتين الشرقيّة والغربيّة أن يلتقوا* أو يزوروا* أو يتّصلوا* ببعضهم البعض.

ت. فيجب أن يحصلوا* على تصريح من الحاكم العسكري.
ث. . لم يكُن* أبو نزار "الثوري" الوحيد في العائلة.
ج. رجع محمود درويش مع عائلته الى القرية، ولكنهم لم يجدوها*.

Reading Arabic poetry

One of the main in Arabic where knowledge of the case and mood systems (إعراب) is essential is in reading poetry. When reading or speaking فصحى, one generally has the option of using what is called "pause forms" (سُكون): dropping short vowels at the ends of words. This option is not available when reciting poetry since dropping short vowels would affect the structure of syllables and consequently break the meter of a poem.

تمرين رقم ٢

In the following poem by محمود درويش, the short vowels that mark case and mood assignment are written in all cases where they should be included for the correct reading of the poem. Read the poem making sure you pronounce all the case and mood markers. With reference to the discussion of the case system in Lesson 22 and the mood system in this lesson, can you explain the various case assignments marked by the short vowels at the ends nouns and verbs? For example, وتاسعُهم: تاسع is in the nominative case (مرفوع) because it is the subject of the sentence. Remember that case and mood endings mark the ends of words before the addition of pronoun suffixes.

سجّل!
أنا عربي
ورقمُ بطاقتي خمسون ألف
وأطفالي ثمانية
وتاسعُهم سيأتي بعد صيف!
فهل تغضب؟
سجّل!
أنا عربي
وأعملُ مع رفاقِ الكدحِ في محجر
وأطفالي ثمانية
أسلُّ لهم رغيفَ الخبز
والأثوابَ والدفتر
من الصخر
ولا أتوسّلُ الصدقاتِ من بابِك
ولا أصغر
أمامَ بلاطِ أعتابِك
فهل تغضب؟

سجّل!
أنا عربي
أنا اسمٌ بلا لقب
صبورٌ في بلادٍ كلُّ ما فيها
يعيشُ بفورةِ الغضب
جذوري
قبلَ ميلادِ الزمانِ رست
وقبلَ تفتّحِ الحِقَب
وقبلَ السروِ والزيتون
وقبلَ ترعرعِ العشب
أبي من أسرةِ المحراث
لا من سادةٍ نجب
وجدي كان فلاحاً
بلا حسبٍ ولا نسب!
وبيتي، كوخُ ناطور
من الأعوادِ والقصب
فهل ترضيكَ منزلتي؟
أنا اسمٌ بلا لقب!
سجّل!
أنا عربي
ولونُ الشعرِ فحمي
ولونُ العينينِ بنّيّ
وميزاتي:
على رأسي عقالٌ فوق كوفيّة
وكفّي صلبةٌ كالصخر
تخمشُ مَن يلامسُها
وأطيبُ ما أحبُّ من الطعام
الزيتَ والزعتر
وعنواني:
أنا من قريةٍ عزلاءَ مَنسيّة
شوارعُها بلا أسماء
وكلُّ رجالِها ... في الحقلِ والمَحجر
فهل تغضب؟
سجّل!
أنا عربي
سلبتَ كُرومَ أجدادي

وأرضاً كنتُ أفلحُها
أنا وجميعُ أولادي
ولم تتركْ لنا.. ولكلِّ أحفادي
سِوى هذي الصخور
فهل ستأخذُها
حكومتُكم كما قيل
إذن سجّل
برأسِ الصفحةِ الأولى
أنا لا أكرهُ الناس
ولا أسطو على أحد
ولكنّي اذا ما جعت
آكلُ لحمَ مُغتَصِبِي
حَذارِ، حذارِ، من جوعي
ومن غضبي.

تمرين رقم ٣: كِتابة
اكتب فقرة من ١٠٠ كلمة عن شاعرك المفضّل أو عن شاعر مشهور.

Write a paragraph of about 100 words about your favorite poet or a famous one.

الدرس رقم ٢٧

مذكّرات أمل بشير سنوي

الجزء الأوّل

أوّلًا أعرّف عن نفسي. اسمي أمل بشير سنوي. أنا طالبة في جامعة "مشيغان" في "آن آربر".
أبي بشير من أصل عربي وأمّي سارة أمريكيّة. وُلِد أبي في فلسطين ودرس في الأردن وعمل في المملكة العربيّة السعوديّة والكويت قبل أن يُهاجر إلى الولايات المتّحدة. ووُلدت أمّي في مدينة "لوس أنجلس" في ولاية كاليفورنيا، وسكنت وعملت في مدينة "دنفر" في ولاية "كولورادو" قبل أن تتعرّف على أبي.
عندي أخ اسمه رامي وأخت اسمها مايا. تسكن العائلة الآن في مدينة "ديترويت". أبي مهندس في شركة لصناعة قِطع السيّارات، وأمّي تعمل في شركة تأمين.
في جامعة "مشيغان" أدرس التاريخ ودراسات الشرق الأوسط. أريد أن أدرس الحقوق بعد التخرّج والعمل سنة أو سنتين.
أفهم العربيّة جيّداً، لأنّ أبي كان يكلّمني أنا ومايا ورامي بالعربيّة. كُنّا دائماً نردّ بالإنجليزيّة، ولكنّنا كنّا نفهم ما يقول.
عندما بدأت دراستي في جامعة مشيغان كانت معرفتي بالفصحى ضعيفة، لذلك قرّرت أن أدرس اللغة العربيّة في الجامعة. وفي الصيف درست في البرنامج الصيفي لكلّيّة "مدلبري" المعروفة. ثمّ حصلت على منحة للدراسة في برنامج "كاسا" في القاهرة. تحسّنت لغتي العربيّة كثيراً. فرحتُ كثيراً بذلك وفرح أبي أكثر منّي.
في الصيف الماضي وخلال عطلة الصيف قرّرت أن أزور أقارب أبي في الأردن وفلسطين. سافرت إلى الأردن ومن هناك إلى فلسطين. قبل أن أسافر طلب منّي أبي أن أكتب مذكّراتي أثناء زيارتي، ووعدتُه أن أفعل ذلك. وها هي مذكّراتي بين يديك عزيزي القارئ. أرجو أن تجدها مُمتعة ومُفيدة.

DOI: 10.4324/9781003020455-27

كلمات جديدة

at first, firstly	أولًا
to introduce	عَرّف-يُعرِّف
piece, part	قِطعة (ج. قِطع)
insurance company	شركة تأمين
to understand	فَهِم-يَفهَم
well	جَيّداً
to speak (to)	كَلَّم-يُكَلّم
to answer	رَدّ-يَرُدّ
what, the thing that	ما
weak	ضعيف
program	بَرنامَج
scholarship	مِنحة
to improve	تَحسَّن-يَتَحَسَّن
to be happy	فَرِح-يَفرَح
vacation	عُطلة
relative	قَريب (ج. أقارب)
diary, memoirs	مُذكّرات
to promise	وَعَد-يَعِد
to do	فَعَل-يَفعَل
here it is, here they are	ها هِيَ
hand	يَد (ج. يَدَين)
dear	عزيزي
to hope (for)	رَجا-يَرجو
interesting, enjoyable	مُمتِع
useful, beneficial	مُفيد

خمّن معاني: لصناعة، معرفتي، الصيفي، القارئ.

أسئلة

1. أكمل الجدول التالي.

الاسم: أمل بشير سنوي
اسم الأب:
اسم الأم:

اسم الأخ:
اسم الأخت:
مكان الإقامة (residence):
الجامعة:
التخصُّص (specialization):

2. ماذا يعمل أبو أمل؟
3. ماذا تعمل أمّها؟
4. ماذا تريد أمل أن تدرس بعد التخرّج من الجامعة؟
5. لماذا كانت أمل تفهم اللغة العربيّة جيّداً ولكن لم تتكلّم جيّداً؟
6. كيف حسّنت (improved) أمل لغتها العربيّة؟
7. ماذا فعلت أمل في الصيف الماضي؟
8. ماذا طلب أبوها منها؟

قواعد

Person/subject markers (full paradigm)

The past tense is indicated by a set of suffixes and the present tense is indicated by a set of prefixes and, in a few cases, suffixes, with the same function. Different affixes, i.e. prefixes and suffixes, are associated with different persons: first (I, we), second (you), and third (he, she, they).

In الدرس رقم ١١ you learned that certain suffixes and prefixes are attached to verbs to indicate the person who did the action of the verb, as in بدأت "she started" and يبدأون "they start". In that lesson only the verb conjugations of third person pronouns هو ,هي, and هم were introduced. Following is a sample conjugation with the eight commonly used Arabic person/subject markers:

The past tense

The past tense has certain endings that indicate the person or doer of the verb. The following table shows these endings as they appear on the verb سكن "to live" in the eight persons found in the texts of this book:

Present	Past	
يَفهَم	فَهِم	he (هو)
تَفهَم	فَهِمَت	she (هي)
يَفهَمون/يفهموا	فَهِموا	they (هُم)
تَفهَم	فَهِمتَ	you, m.s. (انتَ)
تفهَمين/تفهَمي	فَهِمتِ	you, f.s. (انتِ)
تَفهَمون/تَفهَموا	فَهِمتُم	you, p.m. (أنتُم)
أفهَم	فَهِمتُ	I (أنا)
نَفهَم	فَهِمنا	we (نَحنُ)

f.=feminine
m.=masculine

تمارين

تمرين رقم ١

The following are most of the verbs found in the reading passage of this lesson. For each verb, give a full English translation and identify the stem, i.e. the third person masculine singular. Follow the examples.

الصيغة المجرّدة	الترجمة	
عَرّف	I introduce	أعرّف
درس	and he studies	ودرس
	he emigrates	يُهاجر
	and she lived	وسكنت
		وعملت
		تتعرّف
		تسكن
	she works	تعمل
		أدرُس
		أريد
		أفهم
	he speaks to me	يكلّمني
	we were	كُنّا
رَدّ		نَردّ
		نَفهم
		يَقول
		بدأتُ
		كانَت
		قرّرتُ
		حصلتُ
	she improved	تحسّنت
		فرحتُ
	and he was happy	وفرح
		أزور
		سافرتُ
		أسافر
		طلب

أكتب		
ووعدتُه		
أفعل		
أرجو		
تَجدها	you, m.s., find her	

تمرين رقم ٢: أكمل الجدول التالي عن نفسك.

الاسم:
اسم الأب:
اسم الأم:
اسم الأخ:
اسم الأخت:
مكان الإقامة:
الجامعة:
التخصُّص:

تمرين رقم ٣: املأ الفراغات (Fill in the blank spaces)

Use the following words to fill in the blanks in the passage below. Then compare your answers to the reading passage of this lesson.

بالعربيّة، جيّداً، الشرق الأوسط، الصيف، الصيفي، ضعيفة، العربيّة، فلسطين، القارئ، يقول

في جامعة "مشيغان" أدرس التاريخ ودراسات .... أريد أن أدرس الحقوق بعد التخرّج والعمل سنة أو سنتين.

أفهم العربيّة ....، لأنّ أبي كان يكلّمني أنا ومايا ورامي .... كُنّا دائماً نردّ بالإنجليزيّة، ولكنّنا كنّا نفهم ما ....

عندما بدأت دراستي في جامعة مشيغان كانت معرفتي بالفصحى ....، لذلك قرّرت أن أدرس اللغة العربيّة في الجامعة. وفي الصيف درست في البرنامج ....لكلّيّة "مدلبري" المعروفة. ثمّ حصلت على منحة للدراسة في برنامج "كاسا" في القاهرة. تحسّنت لغتي ....كثيراً. فرحتُ كثيراً بذلك وفرح أبي أكثر منّي.

في الصيف الماضي وخلال عطلة ....قرّرت أن أزور أقارب أبي في الأردن وفلسطين. سافرت إلى الأردن ومن هناك إلى .... قبل أن أسافر طلب منّي أبي أن أكتب مذكّراتي أثناء زيارتي، ووعدتُه أن أفعل ذلك. وها هي مذكّراتي بين يديك عزيزي .... أرجو أن تجدها مُمتعة ومُفيدة.

الدرس رقم ٢٨

مذكّرات أمل بشير سنوي

الجزء الثاني (الثلاثاء ٦/٥)

وصلتُ مطار عمّان أمس الساعة الرابعة بعد الظهر. كنت خائفة كثيراً لعدّة أسباب. أوّلا، هذه أوّل مرّة رجعت إلى الأردن بعد وقت طويل-حوالي عشر سنوات. ثانياً، أنا أفهم العربيّة ولكنّي لا أفهم كلّ شيء أسمعه، خصوصاً لهجة بلاد الشام (الأردن وفلسطين وسوريا ولبنان) لأنّني ركّزت في دراستي على الفصحى واللهجة المصريّة. أخيراً، أنا لا أعرف أقاربي جيّداً. أعرف بعض الأسماء، ولكن آخِر مرّة رأيتهم كانت قبل عشر سنوات. كنت بنتاً صغيرة، كان عمري ١٢ سنة فقط. أذكر بعض الأسماء: جدّتي جميلة وأعمامي محمّد ويعقوب وماهر، وبنات عمّي زين وأسماء ومَها، ولكنّهم بالتأكيد تغيّروا خلال عشر سنوات. عشر سنوات مدّة طويلة، وخصوصاً في حياة الأولاد والبنات. وأعرف أيضاً أنّ عدد أبناء وبَنات أعمامي وعمّاتي زاد كثيراً خلال تلك الفترة.

في المطار استقبلني عمّي ماهر وبناته أسماء ومها. زوجة عمّي وأولاده الآخرين بقوا في البيت. قال عمّي إنّهم كانوا يريدون أن يجيئوا للمطار ولكن السيّارة صغيرة لا تتّسع لأكثر من خمسة أشخاص. وبقيت زوجة عمّي في البيت لتحضير الأكل طبعاً.

وصلنا البيت وكنت تعبانة كثيراً، فقد أخذت الرحلة من نيويورك إلى عمّان أكثر من ١٧ ساعة لأنّ الطائرة توقّفت في مطار أمستردام بهولندا. كنت أريد أن أنام، ولكن ... أوّلاً جاء العصير، بعد العصير جاء الشاي، بعد الشاي جاءت المقلوبة، بعد المقلوبة جاء عمّي يعقوب وزوجته وأولاده الخمسة. كان يجب عليّ أن أسلّم عليهم وأجلس معهم وأقول لهم نفس الكلام الذي قلته لعمّي ماهر وزوجته وأولاده، عن أبي وأمّي وأخي وأختي وعن رحلتي وعن الحياة في أمريكا.

بقيت عائلة عمّي يعقوب إلى الساعة الحادية عشرة والنصف. شعرت بالارتياح عندما غادروا، وقلت في نفسي الآن سأنام. ثمّ سألتني زوجة عمّي ماهر إذا كنت بحاجة إلى شيء للأكل أو

DOI: 10.4324/9781003020455-28

الشرب. قلت لها إنّ الشيء الوحيد الذي أحتاجه هو النوم. كنت تعبانة جدّاً من السفر، وعندما دخلت غرفة أسماء حوالي الساعة الثانية عشرة لأنام، كانت نائمة. كنت أريد أن أقرأ، لأنّني تعوّدت أن أقرأ قبل النوم، ولكن خِفتُ أن أزعج أسماء، لذلك نمت بدون قراءة. لم يكُن ذلك صعباً، فقد نمتُ بسرعة بسبب التعب والنُعاس.

كلمات جديدة

خائف	afraid
سَبَب (ج. أسباب)	reason
رَكّز-يُرَكّز	to focus
اِسم (ج. أسماء)	name
آخِر	last
رأى-يَرى	to see = شاف-يشوف
عُمر	age
ذَكَر-يذكُر	to remember
جَدَّة	grandmother
عَمّ (ج. أعمام)	uncle
بالتأكيد	certainly
تغيّر-يَتَغيّر	to change
زاد-يَزيد	to increase
استقبل-يَستقبِل	to receive, meet
آخَر (ج. آخَرين)	other
جاء-يجيء	to come
اِتّسَع-يَتّسِع	to accommodate, be big enough
تَعبان	tired
رِحلة	trip
تَوقّف-يَتَوَقّف	to stop
عَصير	juice
مَقلوبة	*maqlouba*, name of a dish (with meat and rice)
سَلَّم-يُسلِّم	to greet
جَلَس-يَجلِس	to sit
كَلام	words, talk
إلى	to
نِصف	half = نُصّ
شَعَر-يَشعُر	to feel
اِرتِياح	rest
نام-يَنام	to sleep

to ask	سأل-يسأل
in need of	بحاجة
only	وَحيد
sleep	نَوم
room	غُرفة
to be accustomed (to)	تَعوّد-يَتَعوَّد (على)
to be afraid	خاف-يَخاف
I was afraid, I feared	خِفت
to disturb	أزعج-يُزعِج
without	بدون
quickly	بسُرعة
because of	بِسبَب
sleepiness	نُعاس

أسئلة

١. مَن الأشخاص التالية أسماؤهم: جميلة، ماهر، يعقوب، زين، مَها؟
٢. لماذا كانت أمل خائفة؟
٣. مَن استقبل أمل في المطار؟ ومَن لم يستقبلها؟ لِماذا؟
٤. لماذا لم تتمكّن أمل من النوم رغم (despite) أنّها كانت تعبانة من السفر؟
٥. خمّن معاني: بقوا، أشخاص، أحتاجه، نائمة، التعب.

قواعد

Attached pronouns (possessive, subject, object)

You learned in Lessons 9 and 12 that pronoun suffixes are attached to nouns, verbs, prepositions, and conjunctions. These pronouns have different meanings depending on the type of word they are attached to.

1. When attached to nouns, these indicate possession: اسم "name" + ه (he/him/his) → اسمُه "his name",
2. When attached to verbs they represent the object of the verb: وعدتُ "I promised" + ه (he/him/his) → وعدتُه "I promised him",
3. When attached to prepositions they stand for the object of the preposition: مَع "with" + ه (he/him/his) → معه "with him",
4. When attached to conjunctions like لكن "but" and لأنّ "because", they stand for the subject of a following verb: لِأنّ "because"+ ه (he/him/his) → لأنّه "because he".

تمرين رقم ١

The following table shows the full set of possessive/object pronoun as they appear on the noun اِسم "name", the preposition مَع "with", the conjunction لِأَنَّ "because", and the verb وعد "he promised".

وعَد Object of a Verb	لِأَنَّ Subject of a Following Verb or an Equational Sentence	مَع Object of a Preposition	اِسم Possessive	
وعَدَه	لِأَنَّه	مَعهُ	اِسمُه	هو (ه)
وعَدَها	لِأَنَّها	مَعها	اِسمها	هي (ها)
وعَدَهُم	لِأَنَّهُم	مَعهُم	اِسمهُم	هُم (هُم)
وعَدَكَ	لِأَنَّكَ	مَعكَ	اِسمكَ	أنتَ (كَ)
وعَدَكِ	لِأَنَّكِ	مَعكِ	اِسمكِ	أنتِ (كِ)
وعدَكُم	لِأَنَّكُم	مَعكُم	اِسمكُم	أنتُم (كُم)
وعَدَني	لِأَنّي	مَعي	اِسمي	أنا (نا)
وعدَنا	لِأَنّا	مَعنا	اِسمنا	نحنُ (ني)

Note that:

1. The object pronoun for *me* is ني not just ي, as in the possessive,
2. If the noun ends in التاء المربوطة, التّاء المربوطة is turned into a regular ت, when a possessive suffix is added: دِراسة "study" + ي "my" → دراستي "my study".

تمرين رقم ٢: ترجم إلى الإنجليزيَّة.

Translate the following words into English. They are all taken from the reading selections of this and the previous lessons and all include pronoun suffixes. Make sure you include the pronoun in your translation. Follow the examples.

his name	اسمه
	اسمها
he speaks to me	يكلّمني
(and) but we	ولكنّنا
my study	دراستي
	مَعرفتي
	لُغتي
	مِنّي
	مُذكّراتي
	زيارتي
	ووعدتُه

your hands	يديك
	عزيزي
	تجدها
	ولكنّي
	لأنّني
	أقاربي
	رأيتهم
	عُمري
	جدّتي
	وأعمامي
	ولكنّهم
	وعمّاتي
	استقبلني
	وأولاده
	معهم
	سألتني
	أحتاجه

أغنية: شاي كلّه سكّر

(كلمات منذر يونس، ألحان محمّد حمّاد، غناء رائد الخزاعلة)

A large kitchen	مطبخ كبير
In a small house	في بيت صغير،
Twenty five	خمسة وعشرين،
Sitting on the floor	على الأرض قاعدين،
Eating	بياكلوا،
Drinking	بيشربوا،
Quietly.	ساكتين.
My father and my mother	أبوي وأمّي،
My maternal uncle and my paternal uncle	خالي وعمّي،
And my grandmother,	وجدّتي،
My mother's mother	أمّ أمّي،
My brother and sister,	أخوي وأختي،
And my whole family,	وكل عائلتي.
Eating cheese	بياكلوا جبنة،
Bread and *labani,*	وخبز ولبنة،

Salad and olives,	سلطة وزيتون،
Rice with cumin,	ورزّ بكمّون،
Olive oil and za'tar,	وزيت وزعتر،
Roasted chicken,	وجاج محمّر،
And they drink tea,	وبيشربوا شاي،
Full of sugar.	كلّه سكّر.

تمرين رقم ٣: كتابة

اكتب فقرة من ١٠٠ كلمة عن رحلة سافرت فيها إلى بلد عربي أو رحلة لزيارة أقاربك. كيف سافرت؟ متى؟ مَن استقبلك؟ ماذا فعلت في أوّل يوم أو أوّل أسبوع، الخ.؟

الدرس رقم ٢٩

مذكّرات أمل بشير سنوي

الجزء الثالث (الثلاثاء ٦/٥)

ما هذا الصوت؟ صوت رجل يصرخ في منتصف الليل! استيقظت من النوم خائفة، ثمّ نظرت إلى الساعة في موبايلي - الثالثة والنصف في الليل. استمرّ الصوت أكثر من نصف ساعة. كان يتوقّف ثم يبدأ مرّة ثانية. لم أستطع النوم بعد ذلك لمدّة طويلة، رغم النعاس والتعب. ولكن أخيراً غلبني النعاس ونمت.

استيقظت على صوت الأولاد و "قرقعة" الصُحون، ثمّ أخذت "دوشاً" ولبست ملابسي، وذهبت إلى المطبخ.

ما هذا الفطور؟ تعوّدتُ في أمريكا أن آكل فطوراً بسيطاً: "سيريَل" مع حليب أو قطعة صغيرة من الخبز مع قهوة أو عصير برتقال أو حليب. في العادة أصحو من النوم متأخّرة، وليس عندي وقت لتحضير فطور كبير. كذلك، لا أجوع كثيراً في الصباح. وفي نهاية الأسبوع كان فطوري أكبر قليلاً من أيّام الأسبوع الأخرى. كنت آكل الفطور مع أبي وأمّي وأخي وأختي. أحياناً كنّا نأكل البيض أو "بان كيكس" أو "وافلز". لكن هنا في بيت عمّي ليس الفطور بسيطاً أبداً. أعتقد أنّ زوجة عمّي قضت أكثر من ساعة أو ساعتين في تحضيره: بيض مسلوق، جبن مقلي، بطاطا مقليّة، بندورة مقليّة، زيت زيتون، زعتر، مُرَبّى، وشاي. أكل ممتاز ومُشَهّي. أكلت أكثر ممّا كنت آكل في بيتنا بكثير. سألتُ عن الصوت المُزعج الذي أيقظني في الليل، فضحك عمّي ضحكة كبيرة، وقال هذا صوت الأذان. ألَا يصلّون في أمريكا؟ أليسَ هناك مساجد يؤذّنون فيها في أوقات الصلاة؟ قلتُ له هذه أوّل مرّة سمعتُ فيها ذلك الصوت. ولا أذكر أنّني سمعته في زيارتي الأولى قبل عشر سنوات. وقال إنّه يصحو من النوم عند الأذان ويذهب للمسجد للصلاة، ثمّ ينام حتى وقت الفطور. قلت إنّ ذلك سيكون مشكلة، فالنوم في آخر الليل مهمّ جداً بالنسبة لي، وعندما أصحو من الصعب أن أنام مرّة ثانية. فاستغرب عمّي هذا الكلام وحاول أن يُقنعني أنْ أصحو عند الأذان وأصلّي صلاة الفجر ثمّ أنام، ففي رأيه، وحسب ما يقول المؤذّن، "الصلاة خيرٌ من النوم".

DOI: 10.4324/9781003020455-29

كلمات جديدة

sound, voice, noise	صوت (ج. أصوات)
to scream, yell, shout	صرَخ – يَصرَخ
middle = وسط	مُنتصف
to wake up	استيقظ-يَستيقِظ
to be able to	استَطاع-يَستَطيع
to look	نَظَر-يَنظُر
tiredness, fatigue	تَعَب
to overcome	غَلَب-يَغلِب
din, clatter, noise	قَرقَعة
dishes	صَحن (ج. صُحون)
to get dressed	لَبِس-يَلبِس
breakfast	فُطور
milk	حَليب
oranges	بُرتُقال
usually	في العادة
to wake up = استيقظ-يستيقظ	صَحا-يَصحو
late	مُتَأخّر
to be hungry	جاع-يَجوع
week	أُسبوع
little = شويّة	قَليل
sometimes	أحياناً
to be	كان-يَكون
eggs	بَيض
at all	أبداً
to believe	اِعتَقَد-يَعتَقِد
to spend (time)	قَضى-يَقضي
boiled	مسلوق
cheese	جِبن
fried	مقلي
tomatoes	بَندورة
oil	زيت
za'tar (a thyme-based mix usually eaten at breakfast)	زَعتر
jam	مُرَبّى
delicious	مُشهّي

of what, from what, than what	مِن ما =	ممّا
to wake (someone) up		أيقَظ ـ يوقِظ
to laugh		ضَحِك ـ يَضحَك
Muslim call to prayer		أذان
doesn't he, don't they?	(أ+لا) = هَل لا؟	ألا؟
doesn't he, don't they? (See Negation below.)	(أ+ليس) = هَل ليس؟	أليسَ
will be (See grammar note below.)		سيكون
for me, in relation to me		بالنسبة لي
to be astonished		استغرب – يستغرب
to convince		أقنع – يُقنع
dawn		فَجر
opinion		رَأي
according to		حسب ما
prayer is better than sleep		الصلاة خيرٌ من النوم

خمّن معاني: ملابسي، المُزعِج، ضحكة، يؤذّنون، المؤذّن.

أسئلة

١. لماذا استيقظت أمل في الليل؟ ولماذا لم تستطع أمل النوم لمدّة طويلة؟

٢. قارن (compare) بين الفطور في بيت عمّ أمل والفطور في بيتها في أمريكا.

٣. ماذا كان الصوت الذي سمعته أمل في الليل؟

٤. في رأيك، لماذا ضحك عمّ أمل؟

٥. لماذا سيكون الأذان مشكلة بالنسبة لأمل؟

٦. ماذا يفعل عم أمل في الصباح؟

قواعد

سيكون

In colloquial Arabic, future time is expressed by using the word رايح (going to) or a form of it (حَ, رَح, etc.) before the present tense form of the verb:

رايح (رَح، حَ) أسكُن في بيت الطلاّب. I am going to live in the student dorm.

In فُصحى, the particle سوف or its abbreviated form سَ is used with the present tense verb:

ذلك سيكون (س+يكون) مشكلة. That will be a problem.

Negation

In general, the system of negation in عامّيّة distinguishes between two categories of words: verbs and non-verbal elements. Verbs are negated by ما and non-verbal elements are negated by مش, as shown in the following examples:

كُنت	ما كُنت
باعرف	ما باعرف
فُطور بسيط	فُطور مش بسيط

The negation system of فُصحى is more complicated: it distinguishes among different verb tenses and uses ليس, the فُصحى equivalent of مش, with its 13 shapes depending on its subject.

Following is a summary of the negation system of فُصحى:

Past tense verbs are negated in one of two ways:

a. By using the negative particle ما before the verb in its past tense form, like عامّيّة:

كان ← ما كان

b. By using لم followed by the present form of the verb:

سافر ← لم يُسافِر

Note that this type of negation is similar to negation of past tense verbs in English. Compare the change from "wrote" to "write" in:

"he *wrote*", but "he didn't *write*".

Note also that if a verb derived from a hollow root, the vowel that represents the middle root letter is deleted:

يكون ← لم يكُن
يستطيع ← لم يستطع

Present tense verbs are negated with لا:

أجوع ← لا أجوع

Verbs with a future reference are negated by using the present tense verb preceded by لَن:

يكون ← لن يكون

Nouns, adjectives, adverbs, and prepositional phrases are negated by ليس:

الأكراد مسلمون ولكن ليسوا عرباً.
والدولة العثمانيّة كانت دولة إسلاميّة، ولكنّها ليست عربيّة.

تمرين رقم ١: ترجم إلى الإنجليزيّة.

١.   أنا أفهم العربيّة ولكنّي لا أتكلّمها جيّداً. ثانياً أنا لا أعرف أقاربي.

٢.   ولكن السيّارة صغيرة لا تتّسع لأكثر من خمسة أشخاص.

٣.   الساعة الثالثة والنصف، ليست منتصف الليل.

٤.   لم يكُن ذلك صعباً.

٥.   لم أستطع النوم بعد ذلك، رغم النعاس والتعب.

٦.   وليس عندي وقت لتحضير فطور كبير.

٧.   كذلك، لا أكون جائعة في الصباح.

٨.   لكن هنا في بيت عمّي ليس الفطور بسيطاً أبداً.

تمرين رقم ٢: للمناقشة والكتابة

١.   ما رأيك في ردّ فعل (reaction) أمل على الأذان؟ هل توافقها أم تختلف معها؟

٢.   ما رأيك في الذي قاله عمّ أمل عن الأذان والصلاة؟ هل توافقه أم تختلف معه؟

٣.   قارن بين الفطور الذي تأكله والفطور الذي أكلته أمل في بيت عمّها.

الدرس رقم ٣٠

مذكّرات أمل بشير سنوي

الجزء الرابع (الأربعاء ٦/٦)

ذهب عمّي إلى العمل في الصباح، بعد الفطور بوقت قصير، وذهب ابنه فادي إلى العمل بعده بقليل. يعمل فادي في "مكّة مول". تأخذه الرحلة من البيت إلى مكان عمله حوالي ساعة لأنّه لا يملك سيّارة ويجب أن يركب الباص أو سيّارات السرفيس. لذلك يخرج من البيت مبكّراً مثل أبيه. وذهب الآخرون، مها وأسماء وأحمد، إلى المدرسة، وبقيت في البيت مع زوجة عمّي.

كانت مشغولة في المطبخ، وسألتها إذا كانت تحتاج المساعدة فقالت، "لا". وجلست وحدي أقرأ رسائل "الإيميل" وأتصفّح "فيسبوك". بعد قليل جاءت ابنة عمّي زين.

عُمر زين ٢٢ سنة، أي نفس عمري. ولكنّها متزوّجة. تسكن هي وزوجها في شقّة قريبة من بيت أبيها وأمّها، وتزور أمّها صباح كلّ يوم تقريباً بعد أن يذهب زوجها إلى العمل. تجلس مع أمّها وتُساعدها في أعمال البيت وتتحدّثان في أمور العائلة.

حوالي الساعة الحادية عشرة قبل الظهر قلت لزوجة عمّي إنّني أريد الخروج والذهاب إلى وسط عمّان. سألتني زوجة عمّي: "ليش بدّك تروحي لوسط البلد؟ شو بدّك تعملي هناك؟" قلت لها إنّني أريد أن أمشي في شوارعها وأتفرّج على الأسواق وربّما آكل الغداء في مطعم هناك. تفاجأت زوجة عمّي وشعرتُ أنّها غضبت منّي، لا أعرف لماذا. ثمّ قالت: "لأ، وليش تاكلي في مطعم؟ بتتغدّي هون."

جهّزتُ نفسي للخروج، ولكن قبل أن أخرج رنّ جرس التلفون. عمّي ماهر يريد أن يكلّمني. سألني كيف حالي وإذا كنتُ قد ارتحتُ من السفر. ثمّ قال: "سمعت انّك بدّك تروحي لوسط البلد. صحيح؟" فقلت له صحيح. فقال إنّها فكرة ليست جيّدة أبداً، بنت أمريكيّة تمشي وحدها في شوارع وأسواق عمّان؟ لا. وطلب منّي أن أبقى في البيت وسنناقش الموضوع عندما يرجع بعد الظهر.

DOI: 10.4324/9781003020455-30

كلمات جديدة

to own	مَلَك-يَملِك
to ride	رَكِب-يَركَب
service car	سيّارة سرفيس
to go out	خرَج-يَخرُج
by myself	وحدي
letter, message	رِسالة (ج. رسائِل)
to browse	تصّفح – يتصفّح
about, approximately	تقريباً
to speak	تَحدّث-يَتَحدَّث
matter, affair	أمر (ج. أمور)
before noon	قبل الظُهر
that I	إنّني
leaving	خروج
downtown	وَسَط البلد
street	شارِع (ج. شَوارِع)
to view, look at	تَفرّج-يَتَفرَّج
market	سوق (ج. أسواق)
lunch	غَداء
restaurant	مَطعم
to be surprised	تفاجأ – يتفاجأ
to feel	شَعَر-يَشعُر
why	لِماذا
to have lunch	تَغَدّى-يتغَدّى
here = هُنا	هون
to get ready	جهّز - يجهز
to ring	رَنّ-يَرِنّ
bell	جَرس
how I am doing (lit. how my condition is)	كيف حالي
to rest	ارتاح-يَرتاح
true, correct	صحيح
discuss	ناقش-يُناقِش
topic, subject	موضوع

خمّن مَعاني: الآخرون، جاءت، متزوّجة، أعمال، والذهاب.

أسئلة

١. ماذا فعل كلّ من التالية أسماؤهم في الصباح: أمل، عمّ أمل، فادي، مها، أسماء، زوجة عمّ أمل؟
٢. كم عُمر زين؟ أين تسكن؟ ماذا تفعل في الصباح؟
٣. لماذا تريد أمل أن تذهب إلى وسط عمّان؟

تمرين رقم ١ : كلّ عبارة في العمود أ لها تكملة في العمود ب. اربط كلّ عبارة بتكملتها، كما في المثال (example).

مِثال :
أرادت أمل أن تذهب إلى وسط عمّان.

أ	ب
~~أرادت أمل~~	لأنّه لا يملك سيّارة
تتحدّث زين مع أمّها	في شقّة قريبة من بيت أبيها وأمّها
تسكن زين	في أمور العائلة
زوجة عمّ أمل	~~أن تذهب إلى وسط عمّان~~
شعرت أمل	أنّ زوجة عمّها غضبت منها
يخرج فادي من البيت مبكّراً	لا يريد أن تذهب أمل إلى وسط عمّان
عمّ أمل	أخبرت زوجها أنّ أمل تريد أن تذهب إلى وسط عمّان

قواعد

مثل أبيه

You learned in Lesson 22 that a vowel is added to the words أب and أخ when a possessive pronoun is attached to them. The vowel can be و ,ا, or ي, depending on the function of the word in the sentence. With reference to the set of rules laid out in that lesson, can you tell what case the word أبيه has and why it is assigned that case?

More on verb stems and forms

Verb stems were briefly introduced in Lesson 12 and verb forms were covered in Lesson 17–21. A verb stem was defined as the simplest form of the verb, the هو form of the verb in the past tense. To get to the verb stem, remove all affixes, including conjunctions, subject markers, and object pronouns. The simplest way to recognize a verb form is to take the following steps:

1. Identify the root of the verb and match its three letters to the skeleton ف-ع-ل,
2. Identify its stem,
3. Ask yourself "what elements were added to the root letters and where were they added" and add these letters to the ف-ع-ل skeleton.
4. Match the result with the verb form table.

تمرين رقم ٢ : املأ الفراغات في الجدول التالي.

Study the cells that have been filled in in the following table and then fill in the empty ones. Make sure that in the "translation" column, you translate the verb and *all* affixes attached to it. It is a good way of seeing what has been added to the stem.

الفعل	الترجمة	الجذر	الصيغة المجرّدة	الوزن
وذهب	and he went	ذ-ه-ب	ذهب	فعل، I
تأخذه	she takes him			
يملك				
يخرج				
وبقيت		ب-ق-ي		
كانت		ك-و-ن	كان	
تحتاج				افتعل، VIII
وأتصفّح			تَصفّح	
جاءت				
تسكن				
وتزور				
يذهب				
تجلس				
وتُساعدها				
وتتحدّثان				
قُلت				
أريد				
سألتني				
أمشي				
وأتفرّج				
آكل				
تفاجأت				
وشعرتُ				
غضبت				
أعرف				
قالت				
جهّزتُ			جَهّز	
أخرج				
رنّ		ر-ن-ن		
يريد				
يكلّمني				
سألني				
ارتحتُ			ارتاح	
فقلت				
تمشي				

				وطلب
				أبقى
				وسنناقش
				يرجع

تمرين رقم ٣

The following words belong to 25 families that share the same root. For example, the words آخرين ,أخرى ,آخِر, and متأخّر all belong to the same family that derives from the root أ-خ-ر with the general meaning "late".

Group together the words that belong to each family, identify their root and give the general meaning of the root. Follow the example.

آخِر، آخَرين، أخرى، مُتَأخّر   أ-خ-ر   late, other

آخِر، آخَرين، ابتِدائي، اتّصال، أثر، أحرار، إخراج، أخرى، أذان، إذْن، أعرِّف، أعمال، أقارب، إمام، أمّة، الأمم، انتِخاب، بِداية، تأثير، تأميم، تُعتبَر، تُعرف، تقريباً، التقى، تلقّى، جِهات، حارّ، حُرّيّة، حُكّام، حكم ، حُكومة، خائف، الخارج، خروج، خِفت، ذُكور، سيكون، العادة، عَبر، عَمَل، عُملة، عَمَليّة، عَودة، غِناء، غير، قُرّاء، القرآن، قُرب، مُؤذّن، مِئذنة، مُتَأخّر، مُذكّرات، مَعروف، مُغَنّي، مُكوّنات، مُلتقى، مُمكن، مُنتَخَب، مَوْلِد ، الميلادي، والِد، وغيرها، وِلادة، وُلد، يتخرّج، يتّصل، يَتَعوّد، يَتَغيّر، يَتَمكّن، يتَوَجّهون، يُحَرِّر، يَخاف، يَخرُج، يذكُر، يَستعملون، يَصِل، يُعبّر، يَعرف، يعمَل، يَغار، يُغَنّي، يغيِّر، يَقرأ، يَكُن، يَكون.

تمرين رقم ٤

تصوّر نفسك في مكان أمل. اكتب ثمّ مثّل حوارين مع طالب آخر/طالبة أخرى واحد يأخذ دور أمل والثاني دور زوجة عمّها ثمّ دور عمّها ماهر.

Imagine yourself in Amal's situation. Write and then act out two short dialogues with one or more students in which one of you is Amal and the other is Amal's uncle and Amal's uncle's wife.

الدرس رقم ٣١

مذكّرات أمل بشير سنوي

الجزء الخامس (الأربعاء ٦/٦)

لم أكن أريد أن يغضب عمّي منّي، لذلك بقيت في البيت، وشربت الكثير من الشاي والعصير، وأكلت الغداء مع زوجة عمّي وزين.
وبعد أن ذهبت زوجة عمّي وزين للمطبخ لتحضير الغداء لبقيّة أفراد العائلة، قرأت وكتبت «إيميلات» كثيرة وتصفّحت "فيسبوك"، ونمتُ ساعة أو ساعتين، لا أذكر.
خلال أقلّ من ساعة تحوّل بيت عمّي من مكان هادئ، فيه القليل من الصوت والحركة، إلى مكان مملوء بالناس والحركة والأصوات. فقد رجعت أسماء ومهى وأحمد الساعة الثانية والنصف، ورجع عمّي الساعة الثالثة، ورجع فادي الساعة الثالثة والنصف. وقبل أن يأكلوا ويستريحوا قليلاً جاءت زوجة عمّي يعقوب وأربعة من أولادها، بمن فيهم التوأمين الصغيرين آدم وأنَس، وارتفعت الأصوات، وامتلأ المطبخ بالحركة صوت قرقعة الصحون وصَبّ العصير والشاي.
(الجمعة ٦/٨)
أخيراً خرجتُ من البيت وذهبتُ إلى وسط البلد. ذهبَت معي أسماء. شكرتُ الله لأنّها كانت معي، فهي تعرف عمّان جيّداً وتعرف نِظام السير فيها معرفة جيّدة أيضاً. ركبنا الباص أوّلاً، ثمّ أخذنا تاكسي إلى وسط البلد.
كان وسط البلد مزدحماً، فقد كان يوم الجمعة، ويوم الجمعة يخرج الناس للأسواق والمساجد للصلاة بأعداد كبيرة. الأصوات في كلّ مكان ومن كلّ ناحية: أبواق السيّارات، أصوات البائعين، صوت الأذان في وقت واحد. ولكن وسط البلد جميل جدّاً في رأيي، بأصواته وألوانه وروائحه وفوضى السير فيه.
أكلنا الغداء في مطعم هاشم، حمّص وفول وفلافل وشاي بالنعناع. أطيَب حمّص وفول أكلته في حياتي. بعد ذلك شربنا عصير فواكه. كان أطيب عصير فواكه شربته منذ وقت طويل.
حاولتُ أن أدفع ثمن الغداء والعصير، ولكن أسماء رَفَضَت، وقالت: "مش ممكن، والله أبوي بيذبحني إذا خلّيتك تدفعي."

DOI: 10.4324/9781003020455-31

كلمات جديدة

to be transformed	تحوّل – يتحوّل
calm, quiet	هادئ
filled	مملوء
to rest	استراح- يستريح = ارتاح-يرتاح
including	بِمَن فيهم
twin	توأم
to rise	ارتفع - يرتفع
to pour	صَبّ – يصبّ
traffic	سَير
also	أيضاً = كَمان
crowded	مزدحم
Friday	الجمعة
side	ناحية (ج. نواحي)
(car) horn	بوق (ج. أبواق)
seller	بائع (ج. بائِعين)
color	لون (ج. ألوان)
smell	رائحة (ج. روائح)
chaos	فَوضى
mint	نَعنَع
tastier, tastiest	أطيَب
price	ثَمَن
to slaughter	ذبح - يذبح
to let	خَلّى-يخلّي

خمّن معاني: أقلّ، جاءت، وامتلأ، شكرتُ

أسئلة

١.   ماذا فعلت أمل في البيت؟
٢.   إلى ماذا تحوّل بيت عمّ أمل؟ لماذا؟
٣.   كم ولداً جاء مع زوجة يعقوب ؟
٤.   بماذا امتلأ البيت؟
٥.   لماذا شكرت أمل الله لأنَّ أسماء كانت معها؟
٦.   كيف وصفت (described) أمل وسط البلد؟
٧.   أين أكلت أمل الغداء؟ ماذا أكلت وشربت؟
٨.   مَن دفع ثمن الغداء والعصير؟ لماذا؟

Different functions of the ميم prefix

The prefix م in Arabic may have one of several functions in a word. Among these functions are:

1 Indicating a place, as in مطبخ "place of cooking"
2 Participle, as in مملوء "filled"

The م with these functions should be distinguished from م that is part of the root as in مَرّة "time".

تمرين رقم ١

Give a full English translation of the following words, and then for each of them: identify the three-letter roots, the stem (الصيغة المجرّدة), and indicate which of the three functions the initial م has in the word: *participle, place, part of the root*. Some of the words are given as examples.

Function of ميم	الصيغة المجرّدة	الجذر	الترجمة	
Participle	مسلوق	س-ل-ق	boiled	مَسلوق
	مُشَهّي			ومُشَهّي
				المُزعج
				المُؤذّن
				مَشغولة
				متزوّجة
				مَطعم
				ماهِر
				للمطبخ
		م-ه-ي	and Maha	ومَهى
		ز-ح-م		مُزدحماً
				والمساجد

تمرين رقم ٢: املأ الفراغات

Use the following words to fill in the blanks in the passage below. Then compare your answers to the reading passage of this lesson.

أكُن، تحوّل، ذهبَت، رجعَت، قرأث، وارتفعَت، وأكلث، وامتلأ، ورجع، وشربث، ونمث، يأكلوا، يغضب

لم .... أريد أن .... عمّي منّي، لذلك بقيت في البيت، .... الكثير من الشاي والعصير، .... الغداء مع زوجة عمّي وزين.
وبعد أن .... زوجة عمّي وزين للمطبخ لتحضير الغداء لبقيّة أفراد العائلة، .... وكتبت "إيميلات" كثيرة وتصفّحت "فيسبوك"، .... ساعة أو ساعتين، لا أذكر.

خلال أقلّ من ساعة .... بيت عمّي من مكان هادئ، فيه القليل من الصوت والحركة، إلى مكان مملوء بالناس والحركة والأصوات. فقد .... أسماء ومهى وأحمد الساعة الثانية والنصف، .... عمّي الساعة الثالثة، ورجع فادي الساعة الثالثة والنصف. وقبل أن .... ويستريحوا قليلًا جاءت زوجة عمّي يعقوب وأربعة من أولادها، .... الأصوات، .... المطبخ بالحركة وصوت الصحون وصَبّ العصير والشاي.

تمرين رقم ٣ (كتابة): اكتب عن واحد من الموضوعين التاليين (Write about one of the following two topics):

أ.   وجبة (meal) أكلتها في مطعم عربي. مع مَن ذهبت؟ أين أكلت؟ ماذا أكلت؟ كيف كان الطعام؟ مَن دَفع الحِساب (bill)، الخ.

ب. سوق عربي أو وسط مدينة عربيّة زرتها: الناس، السيّارات، الأصوات، الروائح، الازدحام، الخ.

الدرس رقم ٣٢

مذكّرات أمل بشير سنوي

الجزء السادس (الجمعة ٦/٨)

عندما ربطتُ حزام الأمان في التاكسي، قال السائق: "أكيد انتِ ساكنة برّة. الناس هون ما بيربطوا حزام الأمان." ثمّ سألني أين أسكن ولماذا أنا في الأردن. قلت له إنّني أمريكيّة من أصل فلسطيني وأنّ أهلي يسكنون في أمريكا، وأنّ لي أقارب هنا في الأردن. شعرتُ أنّه غضب منّي، ولم أعرف السبب. ثمّ سألني: "انتِ أمريكيّة ولّا عربيّة؟" قلت له إنّني أمريكيّة وعربيّة. فقال: "لا، مش ممكن، لازم تختاري، أمريكيّة أو عربيّة." كانت هذه أوّل مرّة أسمع هذا السؤال. بدأت أفكّر، هل أنا أمريكيّة أم عربيّة؟ في أمريكا عندما قُلت إنّني عربيّة أمريكيّة أو فلسطينيّة أمريكيّة، لم يطلب منّي أحد أن أختار بين الإثنين.

أعرف طبعاً أنّني إذا قُلت أنا أمريكيّة ممكن أن يغضب السائق منّي أكثر من قبل. فماذا أقول؟ عربيّة؟ فلسطينيّة؟ لا أعرف. فكّرت قليلًا ثمّ قلت له: "سؤال ممتاز جدّاً، في حياتي ما فكّرت فيه. لمّا أركب معك المرّة الجاية بيكون عندي جواب جاهز إن شاء الله."

تاكسي آخر. وسائق آخر. ومشكلة أخرى.

"ممنوع التدخين!" مكتوبة بحروف كبيرة على لافتة مُعلّقة أمام السائق. أخرج عُلبة السجاير وسألنا أنا وأسماء إذا كنّا ندخّن. قلنا له، "لأ، شكراً". لا أعرف عن أسماء ولكنّي لا أحبّ التدخين أبداً. سألت السائق كيف يدخّن وهناك لافتة تقول "ممنوع التدخين". ضحك وقال إنّ هذه ليست سيّارته وأنّ صاحب السيّارة وضع اللافتة التي تقول "ممنوع التدخين"، وهو ليس مسؤولًا عنها. قلت له إنّ التدخين مُضِرّ للصحّة ويُضايقني، وطلبت منه أن يتوقّف، فغضب وقال إنّ الحياة في الأردن صعبة، وإنّ التدخين هو الشيء الوحيد الذي يستمتع به. كان شاباً في العشرينات من عمره. فشعرتُ بالذنب وحزنت كثيراً عندما قال ذلك، ثمّ قلت له إنّني آسفة، ولا أمانع إذا كان يُريد التدخين. فشكرني كثيراً وقال إنّه سينتظر حتى أصل إلى بيت عَمّي وسيدخّن بعد ذلك.

DOI: 10.4324/9781003020455-32

كلمات جديدة

ربَط-يربِط	to tie, fasten
حِزام الأمان	safety belt
سائق (ج. سائقين)	driver
أكيد	certainly
ساكِن	living
برّة	= في الخارج abroad
ناس	people
جاي	coming, next
جَواب	answer, response
جاهِز	ready
تَدخين	smoking
مَكتوب	written
حرف (ج. حروف)	letter
لافتة (ج. لافتات)	sign
مُعلّق	hanging
أمام	in front of
علبة سجاير	cigarette packet
وضع - يضع	to put
مُضِرّ	harmful
صِحّة	health
ضايَق – يُضايِق	to bother
صَعب	difficult
استمتع - يستمتع	to enjoy
شَعَر-يَشعُر بالذنب	to feel guilty
حزن-يحزن	to be sad
آسِف	sorry
مانع-يُمانع	to mind, object to
انتظر - ينتظر	to wait

خمّن معاني: أسكن، السبب، ندخّن.

أسئلة

١. لماذا اعتقد سائق التاكسي أن أمل ليست من الأردن؟
٢. لماذا لم تقُل أمل إنّها أمريكيّة؟
٣. ماذ كان جواب أمل على سؤال السائق في النهاية؟

٤. ماذا كان مكتوباً على اللافتة أمام السائق؟
٥. هل تُدخّن أمل؟
٦. ماذا كان جواب السائق عندما سألته كيف يدخّن وهناك لافتة تقول "ممنوع التدخين"؟
٧. لماذا غضب السائق؟
٨. لماذا شعرت أمل بالذنب؟
٩. ماذا فعل السائق في النهاية؟ هل دخّن أم (or) لم يدخّن؟

تمرين رقم ١ : مَثِّل (act out)
الحوار بين أمل وسائق التاكسي الذين سألها إذا كانت عربيّة أو أمريكيّة.
الحوار بين أمل وصاحب التاكسي عن التدخين.

قواعد

اسم الفاعل واسم المفعول والمصدر

The Active Participle, the Passive Participle and the Verbal Noun

You learned in Lesson 20 that an Arabic common noun pattern is the مصدر (verbal noun) pattern and that the shape of the مصدر depends on the form of the verb it is derived from. Here is the table of the مصدر patterns introduced in that lesson and in Lesson 21 for convenience:

	Shape of the مصدر	Verb Shape (past and present)	Form
تأسيس	تفعيل	فعّل-يُفعّل	II
مُساعَدة	مُفاعَلة	فاعَل-يُفاعِل	III
إجهاض	فعال	أفعَل-يُفعِل	IV
تَعَدُّد	تَفَعُّل	تفعّل-يَتَفَعَّل	V
تَحالُف	تَفاعُل	تفاعَل-يَتَفاعَل	VI
اِنقِلاب	اِنفِعال	انفَعَل-يَنفَعِل	VII
احتِلال	اِفتِعال	افتَعَل-يَفتَعِل	VIII
اِستِعمار	اِستِفعال	استفعَل-يَستَفعِل	X

There are two other noun types that are derived regularly from verbs following specific patterns. These are اسم الفاعِل (the active participle) and اسم المفعول (the passive participle). The active participle generally refers to the doer of an action and the passive participle to the recipient or result of the action, as the following examples show (note the difference in the diacritic):

اسم المفعول	اسم الفاعل	الفعل
مُوَظَّف	مُوَظِّف	وَظّف
employee	Employer	he employed

In the discussion of the مصدر in Lesson 20 it was pointed out that the مصدر of Form I verbs follows a variety of sub-patterns, which are too many to be of use to you at this stage. But the active and passive participles of this Form follow regular patterns and will thus be included in the following table. Note that only those commonly occurring participles are included. The others, marked by an "x", have not been encountered in the readings so far.

Common Active and Passive Participle Patterns

اسم مفعول **Passive Participle**		اسم فاعل **Active Participle**		الوزن **Verb Form**
divided مَقسوم	مفعول	ruler حاكِم	فاعِل	I
employee مُوَظَّف	مُفَعَّل	founder مُؤسِّس	مُفعِّل	II
x	x	lawyer مُحامي	مُفاعِل	III
x	x	Muslim مُسلِم	مُفعِل	IV
x	x	extremist مُتطرِّف	مُتفعِّل	V
hill مُرتَفَع	مُفتَعَل	moderate مُعتَدِل	مُفتعِل	VIII
x	x	continuous مُستَمِرّ	مُستفعِل	X

تمرين رقم ٢

The following participles belong to the patterns in the above table. For each one, give an English translation, identify the stem (الصيغة المجرّدة) and indicate which pattern it belongs to. Follow the example.

الوزن	الصيغة المجرّدة	الترجمة	
Active Participle of Form I (فاعِل)	سائق	the driver	السائق
			مُمكِن
			جاهِز
	مُشكِل(ة)		ومُشكِلة
			مَمنوع
			مَكتوبة
			مُعلّقة
			صاحِب
			مَسؤولًا

Extra credit			
			مُضِرّ
			آسفة

تمرين رقم ٣: مُراجعة أوزان الفعل واسم الفاعل واسم المفعول والمصدر

The following passage (the reading passage of Lesson 29) includes a number of verbs (أفعال), active participles (أسماء الفاعل), passive participles (أسماء المفعول), and مصادر (verbal nouns). Divide those marked with an asterisk (*) into two groups: Group A includes the verbs and group B includes the nouns (active and passive participles and verbal nouns).

For the verbs, list the root, the stem, and the form using فعل and the form number.

For the nouns, list the root, the stem, and indicate whether the word is an active participle, passive participle, or verbal noun and the form of the verb from which it is derived. Follow the examples.

Examples:

ما هذا الصوت؟ صوت رجل يصرخ* في منتصف* الليل! استيقظت* من النوم خائفة*

Group A: Verbs

الوزن والرقم	الصيغة المجرّدة	الجذر	
فعل، I	صرخ	ص - ر - خ	يَصرَخ
استفعل، X	استيقظ	ي-ق-ظ	استيقظتُ

Group B: Nouns

الاشتقاق (derivation)	الصيغة المجرّدة	الجذر	
passive participle of Form VIII	مُنتَصَف	ن - ص - ف	مُنتَصَف
active participle of Form I	خائف	خ - و - ف	خائفة

ما هذا الصوت؟ صوت رجل يصرخ* في منتصف* الليل! استيقظت* من النوم خائفة*، ثمّ نظرتُ* إلى الساعة في موبايلي ـ الثالثة والنصف في الليل. استمرّ* الصوت أكثر من نصف ساعة. كان يتوقّف* ثم يبدأ* مرّة ثانية. لم أستطع* النوم بعد ذلك لمدّة طويلة، رغم النُعاس والتعب. ولكن أخيراً غلبني* النُعاس ونمت.

استيقظت* على صوت الأولاد و "قرقعة" الصُحون، ثمّ أخذت "دوش" ولبست* ملابسي، وذهبت إلى المطبخ.

ما هذا الفطور؟ تعوّدتُ* في أمريكا أن آكل فطوراً بسيطاً: "سيريَل" مع حليب أو قطعة صغيرة من الخبز مع قهوة أو عصير برتقال أو حليب. في العادة أصحو* من النوم متأخِّرة*، وليس عندي وقت لتحضير* فطور كبير. كذلك، لا أجوع* كثيراً في الصباح. وفي نهاية الأسبوع كان فطوري أكبر قليلًا من أيّام الأسبوع الأخرى. كنت آكل الفطور مع أبي وأمّي وأخي وأختي. أحياناً كنّا نأكل* البيض

أو "بان كيكس" أو "وافلز". لكن هنا في بيت عمّي ليس الفطور بسيطاً أبداً. أعتقد* أنّ زوجة عمّي قضت* أكثر من ساعة أو ساعتين في تحضيره*: بيض مسلوق*، جبن مقلي، بطاطا مقليّة، بندورة مقليّة، زيت زيتون، زعتر، مُرَبّى، وشاي. أكل ممتاز* ومُشَهّي*. أكلت أكثر ممّا كنت آكل في بيتنا بكثير.

سألتُ عن الصوت المُزعج* الذي أيقظني* في الليل، فضحك* عمّي ضحكة كبيرة، وقال هذا صوت الأذان. ألَا يُصلّون* في أمريكا؟ أليسَ هناك مساجد يؤذّنون* فيها في أوقات الصلاة؟ قلتُ له هذه أوّل مرّة سمعتُ فيها ذلك الصوت. ولا أذكر أنّني سمعته في زيارتي الأولى قبل عشر سنوات. وقال إنّه يصحو من النوم عند الأذان ويذهب للمسجد للصلاة، ثمّ ينام حتى وقت الفطور. قلتُ* إنّ ذلك سيكون مشكلة*، فالنوم في آخر الليل مهمّ* جدّاً بالنسبة لي، وعندما أصحو من الصعب أن أنام مرّة ثانية. فاستغرب* عمّي هذا الكلام وحاول* أن يُقنعني* أنْ أصحو عند الأذان وأصلّي* صلاة الفجر ثمّ أنام، ففي رأيه، وحسب ما يَقول المؤذّن*، "الصلاة خيرٌ من النوم".

تمرين رقم ٤ (كتابة): اكتب فقرة من حوالي ١٠٠ كلمة عن واحد من المواضيع التالية:

أ. تجربة (experience) أمل وواحد من السائقين.

ب. تصوّر نفسك في مكان أمل وسألك شخص غريب هل أنت عربي أو أمريكي؟ كيف تُجيب (answer) على سؤاله، ولماذا؟

الدرس رقم ٣٣

مذكّرات أمل بشير سنوي

الجزء السابع (الإثنين ٦/١١)

هل هذا ممكن؟ امرأة تسوق سيّارة تاكسي؟ رأيتها بعيني اليوم في شارع من شوارع عمّان الغربيّة. امرأة تلبس الحِجاب وتسوق تاكسي ومعها راكب.

طبعاً عادي جِدّاً أن تَرى امرأة تسوق سيّارة خاصّة، ولكن كانت هذه أوّل مرّة رأيتُ فيها امرأة تسوق سيّارة تاكسي في الأردن.

كُنتُ أفكّر أن سواقة التاكسي هي للرجال فقط. عندما تمشي في شوارع عمّان، ترى أنّ الرِجال يُديرون كلّ شيء تقريباً: الدكاكين، المَقاهي، المَطاعم، المكتَبات، وحتّى المكاتب، فأكثر الموظّفين والعاملين رِجال.

وكثيراً ما ترى شباباً يَمشون في مجموعات في حارات المدينة، أو يلعبون كرة القدم في الشوارع الجانبيّة، أو رجالاً يجلسون أمام الدكاكين والبيوت، ولكن نادراً ما ترى البنات أو النساء. حتى الآن لا أدري ما هو السبب في ذلك. عندما سألت عمّي يعقوب عن ذلك، قال: "طبعاً، هذه العادة في المجتمع العربي، عيب البنت تطلَع تتمشّى في الشوارع."

مضى أسبوع تقريباً على وصولي للأردن. الآن أعرف أكثر أولاد وبنات أعمامي. وأقضي وقتاً طويلًا معهم. أكثرهم يحبّ أن يجلس معي ويسألني عن الحياة في أمريكا. هل هي مثل الأردن؟ ماذا يلبس الناس هناك؟ ماذا يتكلّمون؟ هل الناس مثل ما نرى في الأفلام والمسلسلات التلفزيونيّة وعلى يوتيوب؟ هل كلّ أمريكي يملك السلاح؟ أسئلة كثيرة، لم أتمكّن من الإجابة على الكثير منها.

لاحظت فرقاً بين الكبار والصغار في موقفهم من أمريكا. أكثر الصغار يسألون عن أمريكا ويحبّون السفر إليها. أمّا الكبار فيتحدّثون عنها وكأنّها عَدوّ خطير. يتحدّثون كيف أنّها بلاد كُفّار وأنّها تساعد إسرائيل وتستعمل ال "فيتو" في الأمم المتّحدة ضدّ العرب والمسلمين، وأنّها مَسؤولة عن الحرب في العراق وأفغانستان وسوريا واليمن.

يوم الجمعة القادم سأسافر إلى فلسطين لزيارة أعمامي وعمّاتي وجدّي وجدّتي الذين يعيشون هناك.

DOI: 10.4324/9781003020455-33

كلمات جديدة

yes/no question particle	هل
woman	امرأة (ج. نساء)
eye	عَين (ج. عينين)
Hijab, veil, head scarf	حِجاب
passenger	راكب
normal	عادي
private	خاصّ
that	أنّ
to manage (run things)	أدار – يُدير
shop	دُكّان (ج. دَكاكين)
coffee house	مَقهى (ج. مَقاهي)
library, bookshop	مَكتَبة (ج. مَكتَبات)
even	حَتّى
office	مَكتَب (ج. مَكاتب)
employee	مُوظَّف (ج. مُوظّفين)
group	مَجموعة (ج. مَجموعات)
neighborhood = حَيّ (ج. أحياء)	حارة (ج. حارات)
to play	لَعِب (ج. يَلعب)
football, soccer	كُرة القدم
side	جانِبي
rarely	نادراً ما
shameful	عَيب
to go out	طلَع-يَطلَع
to pass	مضى – يمضي
arrival	وُصول
film, movie	فِلم (ج. أفلام)
series	مسلسل (ج. مُسَلسَلات)
weapon	سلاح
question	سُؤال (ج. أسئِلة)
answering	إجابة
to notice	لاحَظ-يُلاحِظ
difference	فَرق (ج. فُروق)
position, attitude	مَوقِف
as if	كَأنّ
dangerous	خطير
unbeliever, infidel	كافِر (ج. كُفّار)
next, coming	قادِم

خمّن معاني: تسوق، شوارع، أفكّر، سواقة، والعاملين، والبيوت، الكبار، والصغار، لزيارة.

أسئلة

القسم الأوّل: أكمل الجمل التالية حسب النصّ.

١. رأت أمل اليوم بعينها ....
٢. كانت أمل تفكّر أنّ ....
٣. في الأردن الرجال ....
٤. لا ترى في شوارع عمّان أو حارات المدينة ....
٥. عندما سألت أمل عمّها أجاب (replied) ....
٦. أكثر أولاد وبنات أعمام أمل يسألون ....
٧. أمّا الكبار ف ....
٨. في نظر الكبار، أمريكا مسؤولة عن ....

القسم الثاني: اكتب صحّ أو خطأ حسب ما جاء في النصّ.

١. هذه أوّل مرّة رأت أمل امرأة تسوق سيّارة تاكسي.
٢. في الأردن الرجال فقط يسوقون سيّارات خاصّة.
٣. الأولاد يلعبون كرة القدم في بعض شوارع عمّان.
٤. وصلت أمل إلى عمّان قبل أسبوع تقريباً.
٥. أمل تعرف أكثر أولاد وبنات أعمامها.
٦. أكثر أولاد وبنات أعمام أمل لا يحبّون أن يجلسوا معها.
٧. لاحظت أمل فرقاً بين الكبار والصغار في موقفهم من أمريكا.
٨. أكثر الصغار يسألون عن أمريكا ويحبّون السفر إليها.
٩. الكبار يعتقدون أنّ أمريكا عدوّ خطير.

تمارين

تمرين رقم ١

طريقة الاشتقاق Method of derivation	الصيغة المجرّدة	الترجمة	اسم الفاعل أو اسم المفعول
passive participle of the Form II verb وَظَّف	مُوَظَّف	the employees	الموظَّفين
active participle of the Form I verb عمل	عامِل	and the workers	والعامِلين
			مَجموعات
			المُجتمَع
			والمُسلمين
			مَسؤولة
			القادِم
Extra credit			
			المُتّحِدة

The different functions of ما

You learned in Lesson 29 that the particle ما is used to negate verbs in both فصحى and عامّية.
ما has a number of other uses, some of which you have already seen:

1 As a question word meaning "what":

ما هي نسبة الأمازيغ إلى عدد السكّان في الجزائر؟

2 In statements, with the meaning of "what":

حتى الآن لا أدري ما السبب في ذلك.

3 After certain words like كثيراً, نادراً (and قبل and بعد, مثل):

كثيراً ما ترى شباباً يَمشون في مجموعات في حارات المدينة.
هل الناس مثل ما نرى في الأفلام والمسلسلات التلفزيونيّة.

In such cases ما is simply a filler and has no meaning of its own.

Conjugation of verbs based on defective roots

It was mentioned in the discussion of root types and verb conjugations that verbs behave in different ways depending on their root structure and that only sound roots are regular in that the three letters do not change or delete when suffixes or prefixes are attached to form verbs and nouns. The other four root types, which are generally known as "defective" because they have a vowel in one of the three root positions, behave in ways that are often difficult to predict.

The following table, which should serve as a reference, includes the conjugation of sample verbs based on the four types of defective roots. The sample verbs are وقع-يقع, كان-يكون, قضى-يقضي and مَرّ-يمُرّ.

مَرّ-يمُرّ	قضى-يقضي	كان-يكون	وقع-يقَع	هو
مَرّت-تَمُرّ	قَضت-تقضي	كانَت-تكون	وَقَعَت-تَقَع	هي
مَرّوا-يمُرّون/يَمُرّوا	قَضوا-يقضون/يقضوا	كانوا-يكونون/يكونوا	وقعوا-يقعون/يقعوا	هم
مَرَرتَ-تَمُرّ	قضيتَ-تقضي	كُنتَ-تكون	وَقَعتَ-تَقَع	انتَ
مَرَرتِ-تَمُرّين/تَمُرّي	قضيتِ-تقضين/تقضي	كُنتِ-تكونين/تكوني	وقَعتِ-تقعين/تقعي	انتِ
مَرَرتُم-تَمُرّون/تَمُرّوا	قضيتُم-تقضون/تقضوا	كُنتم-تكونون/تكونوا	وقَعتُم-تقعون/تقعوا	انتُم
مَرَرتُ-أمُرّ	قضيتُ-أقضي	كُنتُ-أكون	وقَعتُ-أقع	أنا
مَرَرنا-نَمُرّ	قضينا-نقضي	كُنّا-نكون	وقَعنا-نقع	نَحنُ

Notes

1 Note that the هُم, أنتِ, and أنتُم present tense conjugations have two forms. This depends on the mood of the verb. Refer to Lesson 26 if you have forgotten the rules of mood assignment.

2 In spoken Arabic verbs based on doubled roots pattern with verbs based on lame roots: instead of breaking the doubled consonant as is done in فصحى in the second and first person conjugations, the doubling is maintained and an ي (long ē, similar to that in the third position of lame roots) is added before the suffix. This is shown in the following table. Compare the two verbs shown in the table with their فصحى counterparts in the table above.

Doubled	Lame
مَرّ-يمُرّ	قضى-يقضي
مَرَّت-تمُرّ	قَضت-تقضي
مَرّوا-يَمُرّوا	قَضوا-يقضوا
مَرّيت-تَمُرّ	قضيت-تقضي
مَرّيتِ-تمُرّي	قضيتِ-تقضي
مَرّيتوا-تمُرّوا	قضيتوا-تقضوا
مَرّيت-أمُرّ	قضيت-أقضي
مَرَينا-نَمُرّ	قضينا-نقضي

3 The commonly used verb رأى-يرى, which is based on the root ر-أ-ي, is conjugated differently from the other lame roots because the middle أ in it is treated as a weak letter and is thus deleted in certain conjugations. Here is the full conjugation of the verb in the past and present tenses:

رأى-يَرى	هو
رَأت-تَرى	هي
رَأوا-يَرَون/يَرَوا	هم
رأيتَ-تَرى	انتَ
رأيتِ-ترَيْن-تَرَي	انتِ
رأيتُم-تَرَوْن-تَرَوا	انتُم
رأيتُ-أرى	أنا
رأينا-نَرى	نَحنُ

تمرين رقم ٢ : كلمات متقاطعة

أفقي

١. اسم مفعول ”انتخب“
٢. مصدر ”ازدهر“
٣. مصدر ”حسّن“
٥. اسم فاعل ”غنّى“؛ اسم فاعل ”ارتفع“
٧. اسم فاعل ”أدار“؛ مصدر ”دخّن“
٩. اسم فاعل ”كفر“
١٠. الوزن الثالث (Form III) من الجذر ”ط-ل-ب“

عمودي

١. اسم مفعول الفعل ”احترم“
٢. الوزن الثالث من الجذر ”غ-د-ر“
٣. مصدر ”حسّن“
٤. اسم فاعل ”ركب“
٥. اسم فاعل ”بَنى“
٦. اسم فاعل ”اختلف“
٧. مصدر ”دمّر“
٨. الوزن الخامس (Form V) من الجذر ”ء-خ-ر“
٩. اسم فاعل الوزن الأوّل من الجذر ”هـ-م-م“
١٠. الوزن الثامن (Form VIII) من الجذر ”ع-ن-ي“

	١	٢	٣	٤	٥	٦	٧	٨	٩	١٠
١	م	ن	ت	خ	ب					
٢										
٣										
٤										
٥										
٦										
٧										
٨										
٩										
١٠										

تمرين رقم ٣: كتابة

اكتب فقرة من حوالي ١٠٠ كلمة عن واحد من الموضوعين:

١. قارن بين موقف الصغار وموقف الكبار في الأردن من أمريكا.

٢. علّق (comment) على قول ماهر عمّ أمل: "طبعاً، هذه العادة في المجتمع العربي، عيب البنت تطلَع تتمشّى في الشوارع."

الدرس رقم ٣٤

مذكّرات أمل بشير سنوي

الجزء الثامن (الجمعة ٦/١٥)

جنود. بَنادِق. حواجِز. سُكوت. خَوف.
على الجانب الأردني من الحدود أصوات الناس والأولاد ودُخان السجاير والشاي والقهوة تملأ المكان. على الجانب الإسرائيلي: سكوت وخوف.
ركبت في باص نَظيف مُكيَّف مع سوّاح من أوروبا وأمريكا وكندا حتى أقطع الحدود، وركبت زوجة عمّي ماهر في باص آخر مَملوء بالفلسطينيّين. لم أركب مع الفلسطينيين لأنّني أمريكيّة، ومعي جواز سفر أمريكي. الفلسطينيّون يركبون في باص والآخرون يركبون في باص آخر.
لم يتوقّف باص السوّاح عند نقطة الحُدود الإسرائيليّة، ورأيت عدداً من الباصات الفلسطينيّة المتوقّفة وركّابها واقفون بجانبها. كلّهم خائفون، صامِتون. ويُراقبهم شابّ إسرائيلي بملابس مَدَنيّة يحمل بُندقيّة م-١٦، البندقيّة الأمريكيّة المشهورة. لا يلبس لِباساً عَسكريّاً، بَل "تي-شيرت" وبنطلون "جينز". ذكّرني بطلّاب الجامعات الأمريكيّة، الطلّاب الذين أجلس معهم في نفس الصَفّ أو على نفس الطاولة في مقهى "ستاربكس". ولكن عندما رأيتُه هكذا مع بندقيّته، يَستعدّ لإطلاق النار في أيّة لحظة، شعرتُ أنّه يَعيش في عالم وأنا أعيش في عالم آخر.
أخيراً وصلنا المُخَيَّم، بعد الكثير من الحواجِز والبنادق والجنود. تغيّر المخيّم كثيراً، فعندما زُرتُه قبل عشر سنوات كانت أكثر بيوته مدمّرة، وشوارعه مملوءة بالحفر، فقد دمّرته الدبّابات والجرّافات الإسرائيليّة خلال الانتفاضة الثانية ضِدّ الاحتلال. أمّا الآن، فلا نرى آثار الدمار، والشوارع نظيفة وليس فيها حفر، والسوق مملوء بالناس والأصوات والحركة وروائح المأكولات. بيوت المخيّم صغيرة ومزدحمة وشوارعه أيضاً ضيّقة ومزدحمة، ولكن تجد فيه كلّ شيء. وممّا أدهشني أنّ أكثر الذين رأيتهم في المخيّم يحملون "موبايلات" حديثة وأنّ خدمات الانترنت فيه أفضل من خدمات الانترنت في الكثير من مناطق عَمّان.

DOI: 10.4324/9781003020455-34

كلمات جديدة

جُندي (ج. جنود)	soldier
بندقيّة (ج. بَنادِق)	gun
حاجز (ج. حواجِز)	checkpoint
سُكوت	silence
خَوف	fear
نَظيف	clean
مُكيَّف	air conditioned
سائح (ج. سوّاح)	tourist
قطع – يقطع	to cross
نقطة (ج. نقاط)	point
صامت	silent
راقب – يراقب	to watch, observe
بَل	but = لكِن
بنطَلون	pants, trousers
ذكّر – يذكّر	to remind
صَفّ	class
هكَذا	this way
اِستَعَدّ-يَستعدّ	to be ready
إطلاق النار	shooting
أيّة لَحظة	any minute
مُخَيَّم	camp
مُدَمّر	destroyed
حُفرة (ج. حُفَر)	hole, pit
دَبّابة (ج. دبّابات)	(military) tank
جَرّافة (ج. جَرّافات)	bulldozer
أثَر (ج. آثار)	trace, effect, remnant
ضَيّق	narrow
أدهش-يُدهِش	to surprise, astonish
خِدمة (ج. خَدَمات)	service
أفضَل	better = أحسَن

أسئلة

القسم الأوّل

١. كيف وصفت (described) أمل المكان على الجانب الأردني من الحدود؟
٢. كيف وصفت الجانب الاسرائيلي؟

٣.   في أي باص ركبت أمل؟ لماذا؟

٤.   ماذا كان يلبس الشاب الاسرائيلي؟

٥.   كيف بيوت المخيّم وشوارعه؟

٦.   ماذا أدهش أمل؟

القسم الثاني: وافق بين كل واحدة من العبارات في العمود (أ) بما يناسبها في العمود (ب).

Combine each of the phrases in Column أ with the most appropriate ending in Column ب to form complete statements about the passage.

ب	أ
في باص نظيف مُكيَّف.	خدمات الإنترنت في المخيّم
والأولاد ودخان السجاير والشاي والقهوة تملأ المكان.	ركبت أمل
في باص آخر مملوء بالفلسطينيّين.	زارت أمل المخيّم
عند نقطة الحُدود الإسرائيليّة.	لم تركب
أحسن من خدمات الإنترنت في بعض مناطق عمّان	على الجانب الأردني من الحدود أصوات الناس
أمل مع الفلسطينيين لأنّها أمريكيّة.	ركبت زوجة ماهر
قبل عشر سنوات.	لم يتوقّف باص السوّاح

خمّن مَعنى: المتوقّفة، زُرتُه، دمّرته، الدمار، المأكولات، ومزدحمة.

قواعد: مُتَّحدة، مُزدحمة

We read in Lesson 19 how the initial و of assimilated roots is assimilated to ت in Form VIII, as shown in the verb اتّصل, which is based on the root و-ص-ل:

و-ص-ل ← اوتصل (Form VIII) افتعل ← اتّصل

The same thing happens in the verb اتّحد "to become united", which is based on the assimilated root و-ح-د.

Another type of assimilation takes place in the verb ازدحم "to be crowded", which is derived from the root ز-ح-م.

Root   ز-ح-م
Form VIII   (افتعل) ازتحم

Assimilation: ت is changed into د because it occurs next to ز. (If you have taken a course in linguistics you will recognize that this type of assimilation is called "voicing" assimilation. ت is changed into its "voiced" counterpart د because it is adjacent to voiced ز.)

The change of root و and ي to همزة

Active and passive participles and verbal nouns derived from hollow and lame roots often have a hamza appear where the و or ي would be expected. Examples that you have already seen are: الشتاء "winter" from ش-ت-و, إملاء "dictation" from ملي, بِناء "building" from ب-ن-ي, and قائد "leader" from ق-و-د.

تمرين رقم ١

For the following words, all taken from the reading selections of the previous lessons, write down the meaning and the root. Some are given as examples.

الجذر	المعنى	الكلمة
ن-ه-ي	finishing	إنهاء
ب-ي-ع	seller	بائع
		البقاء
		ثائر
		جائزة
		خائف
		دائماً
		رائحة
		سائق
		طائرة
ع-ي-ل	family	عائلة
		الغداء
		الغناء
		قائد
		نائمة

تمرين رقم ٢

The words in the first column of the following table (under the heading الكلمة) include five active participles (اسم فاعل), six passive participles (اسم مفعول), and two verbal nouns (مصدر). Keeping that in mind, fill in the empty cells in the table.

طريقة الاشتقاق **Method of derivation**	الصيغة المجرّدة	الترجمة	الكلمة
passive participle of the Form II verb كيّف	مُكيَّف	air conditioned	مُكيَّف
			مَملوء
			المُتوقّفة
			واقِفون
			خائفون
active participle of the Form I verb صمت	صامِت	silent	صامِتون
			المَشهورة
			المُخَيَّم
			مُدمَّرة

مصدر of the Form VIII verb انتفض	انتِفاض(ة)	the Uprising	الانتِفاضة
			الاحتِلال
			المأكولات
			ومُزدحمة

🔊 أغنية: القائد والقرصان

(كلمات: منذر يونس، غِناء: جواد إياد قبها)

Said the Commander to the Pirate,	قال القائد للقرصان،
You've fallen into my hands, you devil,	وقعت بايدي يا شيطان.
Your actions cannot go on,	شغلك هذا ما بيصير،
Stealing, robbing – terrible injustice	سلب ونهب وظلم كبير.
You hit, you run, like a crazy one,	تضرب، تهرب كالمجنون،
There is no mercy and no law,	ما فيه رحمة ولا قانون.
With prison for life, or execution,	بسجن مأبّد أو إعدام،
We bring an end to the robbing and crime.	بننهي السرقة والإجرام.
He answered like a drunken man	ردّ وصوته كالسكران،
Patience for one moment, my Lord,	صبرك لحظة يا سلطان!
My cursed hunger forced me,	جوعي جبرني هالملعون،
To steal and eat whatever I can.	أسرق، آكل مهما يكون.
But you my Lord,	لكن انت يا مولاي،
Eat cake and drink tea,	بتاكل كيك بتشرب شاي.
You steal, you burn, you're not afraid,	تسرق تحرق ما بتخاف،
You destroy, you kill in the thousands.	تهدم، تقتل بالآلاف.
You are the leader and the hero,	انتو الزعماء والأبطال،
We are the cowards, the lowly ones,	احنا الجبناء والأنذال.
You are the princes and the pure ones,	انتو الأمراء والأبرار،
We are the killers and the evil ones.	احنا القتلة والأشرار!

تمرين رقم ٣: اكتب فقرة من حوالى ١٠٠ كلمة حول (around, about) واحدة أو أكثر من النقاط (points) التالية. قارِن (compare) بين:

أ.   الجانب الأردني والجانب الإسرائيلي من الحدود.
ب. باص السوّاح الأجانب (foreign) وباص الفلسطينيّين.
ت. المخيّم في الزيارة الأولى والزيارة الثانية.
أو   علّق (comment) على عبارة: "شعرتُ أنّه يَعيش في عالم وأنا أعيش في عالم آخر."

الدرس رقم ٣٥

مذكّرات أمل بشير سنوي

الجزء التاسع (الأحد ٦/١٧)

وجدتُ أنّ طريقة حياة أعمامي وعمّاتي وجدّي وجدّتي في المخيّم لا تختلف أبداً عن طريقة حياة عمّي ماهر ويعقوب في عمّان. فبعد الاستقبال والسلام جاء العصير ثمّ الشاي ثمّ المقلوبة مع دجاج ثمّ شاي مرّة أخرى.

ولكن عدد أقاربي في المخيّم أكبر من عدد أقاربي في عمّان بكثير، وجاءوا كلّهم للسلام عليّ والسؤال عن أبي. امتلأ بيت عمّي محمّد بالضيوف وانشغلت زوجته وبناته بعمل الشاي والقهوة وتحضير العصير والفواكه. شعرتُ بالذنب، فأشغال زوجة عمّي وبناتها كثيرة، وكنت أنا السبب في زيادة تلك الأشغال. ذهبت إلى المطبخ وسألت زوجة عمّي إن كانت بحاجة للمساعدة فقالت: "لأ، مش معقول، انتِ ضيفة، والناس جايين يسلّموا عليكِ. روحي اقعدي مع الضيوف." كان عليّ الجلوس في غرفة الضيوف واستقبال الزوّار. بصراحة كنتُ أفضّل البقاء في المطبخ ومساعدة زوجة عمّي وبناتها على الجلوس مع الضيوف الذين لا أعرف أكثرهم. ولكن، ماذا أفعل؟ هذه فلسطين، وليست أمريكا.

كنتُ أتوقّع ذلك. فقد طلبت جدّتي منّي أن أجلس بجانبها، فجلست. سألتني عن دراستي ومتى أنتهي منها، قلت لها، بعد سنة تقريباً. ثمّ سألتني ماذا أخطّط أن أفعل بعد التخرّج. قُلت لها إنّني أريد العمل سنة أو سنتين وبعد ذلك أدرس الحقوق. لم تتوقّف عن السؤال طبعاً، فقالت:

-طيّب قدّيش عمرِك هسّة؟

-٢١ سنة.

-سنة حتى تتخرّجي، وسنتين شغل، وكم سنة بتاخذ دراسة الحقوق؟

-ثلاث سنوات.

-يعني ٢١، وسنة حتّى تتخرّجي وسنتين شغل وثلاث سنين دراسة حقوق، يعني لمّا تخلّصي دراسة الحقوق بيكون عمرِك ٢٧ سنة. طيّب، وما بدّك تتجوّزي؟

DOI: 10.4324/9781003020455-35

-بدري على الزواج. باتزوّج لمّا أتخرّج.
سكتَت، ولكنّي كنت متأكّدة أنّها لم تحبّ جوابي أبداً وأنّها ستتكلّم مع أبي في الموضوع.

كلمات جديدة

ضيف (ج. ضُيوف)	guest
ذَنب	guilt
شُغل (ج. أشغال)	عمَل (ج. أعمال) = work
عَلَيّ	on me (I had to)
توقّع – يتوقّع	to expect
خطّط – يخطّط	to plan
هَسّة	هَلّأ=الآن = now
بَدري	مُبكِّر = early
سَكَت-يسكُت	to be quiet
مُتأكّد	certain

أسئلة

اكتب صحّ أو خطأ أو غير مذكور (not mentioned).

١. لا تختلف حياة أعمام وعمّات أمل في عمّان عن حياة جدّها وجدتّها في المخيّم.
٢. بعد الاستقبال والسلام جاء الشراب والطعام (=الأكل).
٣. مُحمّد عم أمل لم يكن في البيت، كان في العمل.
٤. أمل ساعدت زوجة عمّها في المطبخ.
٥. أمل تخطّط (plans) أن تدرس الحقوق.
٦. أمل سألت زوجة عمّها إذا كانت تريد المُساعدة.
٧. جَدّ أمل كان نائماً في غرفته.
٨. جلست أمل بجانب جدّتها.
٩. كان يجب على أمل الجلوس واستقبال الزوّار في غرفة الضيوف.
١٠. جدّة أمل فخورة (proud) لأنّ أمل ستدرس الحقوق.
١١. جدّة أمل سألتها أسئلة كثيرة.
١٢. خمّن معاني: الاستقبال، زيادة، الجلوس، الزوّار، أفضّل.

قواعد

How knowledge of roots, verb forms, and noun patterns helps you learn Arabic

Predicting pronunciation

If you recognize the pattern of a word, whether it is a verb or a noun, you can make good predictions about its pronunciation, since all words of the same pattern share the same structure.

For example, if you see the word يستمتع for the first time, you can predict that it is pronounced يَستَمتِع (*yastamti'*) based on your knowledge of similar words that you have already seen and knowing that it follows the same pattern, Form X, words like يستعمل, يستخدم, etc. Predicting the correct pronunciation is important in a language like Arabic where short vowels and other diacritics are not included in most written texts.

Predicting meaning

Knowledge of word patterns is helpful in predicting the meanings of unfamiliar words of which you already know a relative. For instance, if you know the word استقبل "he met, received" and see or hear the word استقبال for the first time, you can predict that its meaning will most likely be "receiving" or "reception" and غرفة استقبال most likely means "a reception room" since استقبال is the مصدر of the Form X verb استقبل.

Dictionary use

Most Arabic dictionaries are arranged by root, and all words derived from the same root are listed under that root. For example, مساعدة would be listed under س not م, because it is based on the root س-ع-د and will be listed under it. In addition, the different verb forms appear under their respective numbers in many bi-lingual dictionaries written for foreign learners of Arabic. So, under the root س-ع-د the roman number III stands for the verb ساعد. (More about dictionary use in the next lesson.)

تمرين رقم ١

The words in Column ت are related to those in Column أ. Based on the meanings given in Column ب, make predictions about the meanings of the words in Column ث. Then compare your answers to the meanings of these words in a dictionary.

ث	ت	ب	أ
	مُستَمِرّ	he continued	استمرّ
	مُحيط	she/it surrounds	تُحيط
	مُرتَفِع	height	ارتِفاع
	مَمنوع	he prevents	يَمنَع
	انقَلَب	military coup	انقِلاب
	انسِحاب	he withdrew	انسَحَب
	تأييد	supporter	مُؤيِّد
	صادَر	confiscation	مُصادَرة
	انتِظار	he waits	ينتَظِر
	مُدخِّن	smoking	تدخين
	تجهيز	I prepare	أجَهِّز
	أزعاج	I disturb	أزعج
	مُضايَقة	he bothered	ضايَق

	إقناع	she convinces	تُقنِع
	تفاجآت	surprise	مُفاجَأة
	استِخدام	they use	يَستخدِمون

تمرين رقم ٢: املأ الفراغات

Use the following words to fill in the blanks in the passage below. Then compare your answers to the reading passage of this lesson.

وكُنتُ، وجاءوا، وانشغلَت، كان، كانَت، قُلت، شعرتُ، سألتني، ذهبتُ، جاء،
تختلف، تتوقّف، أنتَهي، امتلأ، أفعل، أفضّل، أعرف، أجلس

وجدتُ أنّ طريقة حياة أعمامي وعمّاتي وجدّي وجدّتي في المخيّم لا .... أبداً عن طريقة حياة عمّي ماهر ويعقوب في عمّان. فبعد الاستقبال والسلام .... العصير ثمّ الشاي ثمّ المقلوبة مع دجاج ثمّ شاي مرّة أخرى.
ولكن عدد أقاربي في المخيّم أكبر من عدد أقاربي في عمّان بكثير، .... كلّهم للسلام عليّ والسؤال عن أبي. .... بيت عمّي محمّد بالضيوف .... زوجته وبناته بعمل الشاي والقهوة وتحضير العصير والفواكه. .... بالذنب، فأشغال زوجة عمّي وبناتها كثيرة، .... أنا السبب في زيادة تلك الأشغال. .... إلى المطبخ وسألت زوجة عمّي إن .... بحاجة للمساعدة فقالت: "لأ، مش معقول، انتِ ضيفة، والناس جايين يسلّموا عليكِ. روحي اقعدي مع الضيوف." .... عليّ الجلوس في غرفة الضيوف واستقبال الزوّار. بصراحة كنتُ .... البقاء في المطبخ ومساعدة زوجة عمّي وبناتها على الجلوس مع الضيوف الذين لا .... أكثرهم. ولكن، ماذا ....؟ هذه فلسطين، وليست أمريكا.
طلبَت جدّتي منّي أن .... بجانبها، فجلست. سألتني عن دراستي ومتى .... منها، قلت لها، بعد سنة تقريباً. ثمّ .... ماذا أخطّط أن أفعل بعد التخرّج. .... لها إنّني أريد العمل سنة أو سنتين وبعد ذلك أدرس الحقوق. لم .... عن السؤال طبعاً.

تمرين رقم ٣: كتابة

اكتب فقرة من حوالي ١٠٠ كلمة حول (around, about) واحدة أو أكثر من النقاط (points) التالية:

أ. الفرق والتشابه بين حياة أقارب أمل في المخيّم وفي عمّان.
ب. في رأيك، هل كان يجب على أمل مساعدة زوجة عمّها في المطبخ بدل الجلوس مع الضيوف؟ ماذا تفعل لو كنت في مكانها؟
ت. أسئلة جدّة أمل عن حياتها ومستقبلها.

أو علّق على عبارة "شعرتُ بالذنب، فأشغال زوجة عمّي وبناتها كثيرة، وكنت أنا السبب في زيادة تلك الأشغال."

الدرس رقم ٣٦

مذكّرات أمل بشير سنوي

الجزء العاشر (الثلاثاء ٦/٢٦)

أرجو أن لا تكونوا قد فهمتم ممّا كتبته في مذكّراتي أنّني انتقد الثقافة العربيّة لأنّها تركّز على الأكل والشرب كثيراً. الحقيقة أنّ هناك جانب من الأكل والشرب أتمنّى لو كان موجوداً في بيتنا في أمريكا.

بقيت في المخيّم عشرة أيّام، أكلت الغداء في بيت مختلِف كلّ يوم. كان وقت الغداء فرصة لِلقاء جدّي وجدّتي وأعمامي وعمّاتي وأولادهم وبناتهم. طبعاً لم يجتمعوا كلّهم في كلّ غداء، ولكن كان هناك الكثير منهم: خمسة عشر أو عشرين شخصاً أحياناً، تتراوح أعمارهم بين السَنة أو السنتين والثمانين سنة. وكان الجوّ مثل جوّ عيد الميلاد أو عيد الشكر في أمريكا: أكل كثير وشُرب وحديث وحركة وحياة، وكأنّهم عائلة واحدة كبيرة، ولكلّ فرد فيها دَور. الكبار يصرخون على الصغار ولكن يعتنون بهم في نفس الوقت، والصغار يشكون ولكنّهم يساعدون الكبار، ولا يشعر أحد بالوحدة كما يحدث عند الكبار في أمريكا، الذين يعيشون في بيوت المُسنّين بعيداً عن أولادهم وأحفادهم لا يرونهم إلاّ مرّة أو مرّتين في السنة، في عيد الشكر أو عيد الميلاد.

من الأشياء الإيجابيّة التي لاحظتها أثناء زيارتي للأردن وفلسطين هي أنّ الناس بطبيعتهم يُحافظون على البيئة. في الولايات المتّحدة وأوروبا هناك منّظمات كثيرة تدعو للمُحافظة على البيئة، وتُحاول الحكومات فرض قوانين من أجل تدوير المصنوعات وتقليل استهلاك الموارد الطبيعيّة والمَوادّ التي تُضِرّ بالبيئة. قوانين كثيرة ولكن المشكلة مستمرّة وفي ازدياد في كثير من الدول.

ولكن العائلات العربيّة، كما رأيتُ في الأردن وفلسطين، تحافظ على البيئة دون أن تفرض الحكومات عليها القوانين. فالناس يشترون حاجتهم ولا يرمون شيئاً، حتى أكياس البلاستيك التي يضعون فيها مشترياتهم يستعملونها عدّة مرّات. والطعام المتبقّي بعد الوجبات يحتفظون به ويأكلونه في الوجبات اللاحقة.

DOI: 10.4324/9781003020455-36

كلمات جديدة

to criticize	انتقد – ينتقد
truth	حقيقة
to meet, gather	اجتمَع-يَجتَمِع
to range	تراوح – يتراوح
atmosphere	جوّ
Thanksgiving	عيد الشكر
conversation	حَديث
to take care of	اعتنى – يعتني
to complain	شَكى-يَشكو
elderly	مُسِنّ (ج. مُسنّين)
grandchildren	حفيد (ج. أحفاد)
positive	إيجابي
nature	طبيعة
to preserve, protect	حافَظ-يُحافظ
environment	بيئة
organization	مُنظّمة (ج. مُنّظمات)
to call (for)	دَعا-يَدعو (إلى)
imposing	فَرْض
recycling	تَدوير
reducing	تَقليل
consumption	استِهلاك
resource	مَورِد (ج. مَوارِد)
material	مادّة (ج. مَوادّ)
to harm	أضَرّ-يُضِرّ
to buy	اِشتَرى-يَشتَري
to throw away	رَمى-يَرمي
bag	كيس (ج. أكياس)
groceries, things bought	مُشتَريات
remainder	مُتَبقّي
meal	وَجبة (ج. وَجبات)
next, following	لاحِق

خمّن معاني: جانب، مُختلِف، فُرصة، للقاء، أعمارهم، للحفاظ، المصنوعات، الطبيعيّة، مُستمرّة، ازدِياد، يَحتفظون.

أسئلة

اكتب صح أو خطأ أو غير مذكور في النصّ.

١. انتقدت أمل الثقافة العربيّة.
٢. تعتقد أمل أنّ هناك أشياء في الثقافة العربيّة أفضل من الثقافة الأمريكيّة.
٣. ذكرت أمل عيد الميلاد وعيد الشكر في أمريكا.
٤. أحياناً يجتمع على الغداء عشرون شخصاً.
٥. يأكل الناس حلوى (sweets) كثيرة في المخيّم كما يأكل الأمريكيّون في عيد الشكر وعيد الميلاد.
٦. في بيوت أقارب أمل الكبار يأكلون في مكان والصغار يأكلون في مكان آخر.
٧. الكبار لا يصرخون على الصغار في أمريكا.
٨. في العائلات العربيّة الكبار يعتنون بالصغار والصغار يساعدون الكبار.
٩. الكبار في أمريكا يشعرون بالوحدة.
١٠. الحكومات العربيّة تفرض القوانين لتدوير المصنوعات.
١١. العائلات العربيّة تحافظ على البيئة بدون فرض قوانين.
١٢. لا يحبّ العرب أن يأكلوا الطعام الذي يتبقّى بعد الوجبات.

Looking up words in the dictionary

The overwhelming majority of words in Arabic are derived from three-letter roots. There are three main exceptions to this generalization: four-letter roots; "function" words (prepositions, conjunctions, pronouns, demonstratives, and many adverbials); and foreign borrowings. Four-letter roots constitute a small minority. Two of the most common such roots that you are likely to encounter are هـ-ن-د-س (مهندِس، هندسة) and ت-ر-ج-م (ترجم، مُترجم، ترجمة).

Function words and foreign borrowings are generally arranged alphabetically: مِن, حيث, التي, عندما; and أمريكا, تلفون, etc.

Words derived from three- and four-letter roots are arranged alphabetically by root. So, the words معروف, يعرف, and التعرّف are listed under the root ع-ر-ف, and the words هندسة and مهندس would be listed under the root هـ-ن-د-س.

In the following paragraphs the focus will be on looking up words derived from three-letter roots since they constitute the majority.

As was just pointed out, verb and noun stems derived from the same root are listed under it. While the root is the three-or four-letter combination associated with a specific meaning, the stems represent the actual words derived from that root without the affixes representing grammatical functions such as tense, number, gender, definiteness, and case. You may recall that for verbs the stem is the form equivalent to English *he-past tense*. So, the stem of يتكلّمون "they speak" is تكلّم "he spoke". For nouns and adjectives, the stem is the singular, indefinite, masculine form. So, the stem of وأولادهم "and their children" is ولد "child" and the stem of المُسنّين "the elderly (people)" is مُسِنّ "an elderly (person)".

In nouns where التاء المربوطة is not a mark of feminineness, as in فُرصة "opportunity" and طبيعة "nature", التاء المربوطة is considered part of the stem.

A few words taken from the reading selection of this lesson will be used to illustrate the process of looking up words in a monolingual or bilingual Arabic dictionary.

يُحافِظون، للحِفاظ، تُحافِظ، يحتفظون

The first step in identifying the root and stem of this word is to remove affixes (prefixes and suffixes), like prepositions, the definite article, التاء المربوطة, person and tense markers, and plural marking. Judging by the way the look and the way they are used in the text, you should be able to tell that three of these words are verbs and one is a noun. The verbs are: احتفَظ, حافظ, and حافَظ. The noun is حِفاظ. Furthermore, you should be able to tell that احتفظ belongs to Form VIII and the two occurrences of حافَظ belong to Form III. So, under the root ح-ف-ظ you will find roman numeral III with the following meaning in Wehr:

> to preserve, keep up, maintain, uphold, sustain; to supervise, control, watch; to watch out, take care, be heedful, be mindful, look, attend, pay attention; to keep, follow, observe, bear in mind, comply, conform; to protect, guard, defend.

Under roman numeral VIII, you will find:

> to maintain, uphold; to keep up, maintain, retain; to take care, take over custody, protect, guard; to defend (against encroachment), hold, maintain; to preserve, sustain, continue, keep up; to hold, possess; to put away, hold, have in safekeeping, take care; to keep, retain; to keep for, appropriate, reserve for, take complete possession

Under roman numeral X: to ask (someone) to guard or protect; to entrust, commit

حِفاظ, being a noun, is glossed as follows:

> حفاظ *ḥifāẓ* defense, protection, guarding (esp. of cherished, sacred things); preservation, maintenance; keeping, upholding (of loyalty), adherence (to a commitment)

Words like يحتفظون, تُحافظ, للحفاظ, and يُحافظون are easier to deal with than words like الإيجابيّة, which is derived from a defective root. With such roots you will have to keep an eye for changes in the defective letter, which may appear as ي ,و ,ا, or همزة, or may disappear altogether.

Let's take the following words as examples, لِقاء, عائلة, ميلاد, الإيجابيّة, المتبقّي, يشترون, and يرمون, all of which derived from defective roots. You should be able to tell that the first five words are nouns and the last two are verbs.

The nouns لِقاء, عائلة, ميلاد, الإيجابيّة, and المتبقّي

The first thing that you should be able to do is remove the ال of الإيجابيّة and المتبقّي. If you are sure that التاء المربوطة is used as a feminine marker, you can remove that too. If not, you can keep it; the dictionary definition will make it clear. Now you have the words ميلاد, إيجابيّة, لِقاء, عائلة, and متبقّي.

The next step is identifying the roots of these words. You should be able to rule out التاء المربوطة and the initial م since التاء المربوطة is never a root letter and the initial م is often used as prefix in deriving place nouns, participles and verbal nouns. At this point we have لِقاء, عائل, يلاد, إيجابي, and تبقّي.

We can be sure at this point that each of these five words has at least two letters, as follows:

لِقاء: ل-ق

عائل: ع-ل

ميلاد: ل-د

إيجابي: ج-ب
تبقّي: ب-ق

Any of the remaining elements may have been changed or added. This is where you have to use your knowledge of other related words and word structure. This knowledge grows along with your mastery of the language. If you know the verb التقى-يلتقي, you will be able to relate it to لقاء and recognize the root as those elements that are shared by all derivatives of that root. The same goes for بقي-يبقى and بقيّة. With التقى-يلتقي-لقاء, you will be able to conclude that the root is most likely ل-ق-ي and with بقي-يبقى-بقيّة it is most likely ب-ق-ي.

With عائل, since the first and third root letters are known, the middle one has to be either و or ي.

With يلاد the third root letter can be the one before the ل or the one after it. In this case, you may have to try both possibilities: و/ي-ل-د or ل-و/ي-د. Knowing that there is a root و-ل-د of which you already recognize some derivatives like ولد and ولادة can help guide you to the right answer: ولد.

A similar process to that you used to get to و-ل-د is needed for إيجابي, and will lead you to a choice between two possible roots: و/ي-ج-ب or ج-و/ي-ب.

The verbs يشترون, and يرمون

From your knowledge of verb conjugations, you should be able to conclude that the ي-ون affixes are added to form the present third person plural. So, we are left with شتر and رم. شتر is a perfectly logical root, but if you look it up you will find that the meaning given does not make sense in the context of the reading passage.

Two clues that can help you find the correct answer are:

a. the possibility that a root letter has been deleted,
b. the ت after a first root letter may have been added to create a Form VIII verb.

The ت in يشترون is indeed added to the root ش-ر-ي to create the verb يشتري and the final ي is deleted when the suffix ون is added.

With رم, it is clear that the third root letter has been deleted. You will have to try two possibilities: و/ي-ر-م and ر-م-و/ي . You will find that the root ر-م-ي fits the context and should be the one chosen.

تمرين رقم ١

Identify the three-letter roots of the following words and then look them up in an Arabic dictionary (monolingual or bilingual).

المعنى	الجذر	الكلمة
		أرجو
		مذكّراتي
	ن-ق-د	انتقد
I wish		أتمنّى
		يجتمعوا
		تتراوح

يعتنون		
يعيشون		
يرونهم		
بطبيعتهم		
المتّحدة		
منظّمات		
وتُحاول		
تدوير		
وتقليل		
مستمرّة		
رأيتُ		
مشترياتهم		
يستعملونها		
ويأكلونه		
اللاحقة		

تمرين رقم ٢: كتابة

اكتب فقرة من حوالي ١٠٠ كلمة تجيب فيها على واحد أو أكثر من الأسئلة التالية:

١. بعد قراءة مذكّرات أمل، أيّهما (which of the two) أفضل في رأيك، طريقة الحياة العربيّة أم الأمريكيّة؟

٢. في رأيك، هل تصوير (portraying) أمل للعائلات العربيّة والأمريكيّة صحيح أو غير صحيح؟

٣. ما رأيك في علاقة الصغار بالكبار في الثقافة العربيّة والثقافة الأمريكيّة؟

الدرس رقم ٣٧

مذكّرات أمل بشير سنوي

الجزء الحادي عشر (الثلاثاء ٦/٢٦)

ومن أهمّ الفروق التي لاحظتها بين المجتمع الأمريكي والمجتمع الأردني/الفلسطيني هو كيفيّة استعمال الماء. فمن المعروف أنّ كمّيّات الماء في الأردن وفلسطين والشرق الأوسط بشكل عام قليلة جِدّاً مقارنة بكمّيّات الماء في مناطق أخرى من العالم كأوروبا وأمريكا، فالأمطار قليلة والبحيرات والأنهار قليلة أيضاً. وفي كثير من البلاد العربيّة يصل الماء إلى البيوت مرّة أو مرّتين في الأسبوع فقط.

في بيت عمّي ماهر كان الماء يصل مرّة واحدة في الأسبوع، مساء يوم الأربعاء. كانت زوجة عمّي تسهر حتى تسمع صوت الماء في الأنابيب، ثم تقوم وتملأ الخزّان الموجود على سطح البيت. يجب أن يكفي هذا الخزّان العائلة لمدّة أسبوع، للشرب والطبخ والغسيل. وكان فعلاً يكفي لمدّة أسبوع وكان البيت دائماً نظيفاً.

عشرون يوماً. عشرون يوماً دامت زيارتي لأقاربي في الأردن وفلسطين. تذكّرت الأسماء والوجوه التي كنتُ قد نسيتها قبل سفري إلى هناك. وتعرّفتُ على أسماء ووجوه جديدة.

الحياة صعبة جدّاً هناك، وخصوصاً بسبب الأوضاع الاقتصاديّة والسياسيّة والاحتلال الإسرائيلي لأراضي فلسطين، فالوظائف قليلة والاقتصاد ضعيف، وفي فلسطين لا يسمح الجيش الإسرائيلي للناس بحرّيّة السفر والعمل وحتى بناء البيوت في كثير من المناطق.

ولكن عندما تجلس وتتحدّث مع الناس تشعر بدِفء لا تشعُر به في أمريكا. ولا يشعر الإنسان بالوحدة أبداً، الصغير والكبير. وعندما يحتاج شخص للمساعدة، يقف أهل الحيّ كلّهم لمساعدته. هذا شيء جيّد، ولكن في نفس الوقت شعرتُ أنّ وقتي ليس مِلكي، بل مِلك الآخرين. وإذا حاولتُ أن أجلس وحدي لأقرأ كتاباً مثلاً، وجدتُ شخصاً أو شخصين أو أكثر يجلسون معي ويتكلّمون في أمور لا تهمّني أبداً. ولكن هكذا هي حياة العائلات، يفقد الفرْد جزءاً من حُرّيته الشخصيّة مُقابل دِفء الجماعة ومُساعَدتها وحِمايتها.

DOI: 10.4324/9781003020455-37

كلمات جديدة

society	مُجتَمَع
manner	كَيفِيّة
use	استِعمال
water	ماء
how (the manner in which) water is used	كيفيّة استعمال الماء
in general	بِشَكل عام
(in) comparison	مُقارَنة
quantity	كَمّيّة (ج. كمّيّات)
rain	مَطَر (ج. أمطار)
lake	بُحيرة (ج. بُحَيرات)
to stay up at night	سَهِر-يَسهَر
pipe	أُنبوب (ج. أنابيب)
to get up	قام-يَقوم
storage tank	خَزّان
roof	سَطح
to be sufficient	كَفى-يَكفي
washing	غَسيل
face	وجه (ج. وجوه)
to forget	نسي – ينسى
situation	وَضع (ج. أوضاع)
economic	اِقتِصادي
job	وَظيفة (ج. وَظائف)
to allow	سَمَح-يَسمح
warmth	دِفء
loneliness	وَحدة
to stand	وَقَف-يَقِف
possession, one's own	مِلك
to take an interest in	همّ- يهمّ
in exchange for	مُقابل
group	جَماعة

خمّن معاني: والأنهار، وتملأ، سفري، والاقتصاد، الشخصيّة.

أسئلة

اكتب صحّ أو خطأ أو غير مذكور.

١. الماء كثير في أمريكا وأوروبا وقليل في الشرق الأوسط.

٢. نهر النيل أطول نهر في العالم.
٣. لا ينزل على البلاد العربيّة مطر كثير.
٤. هناك بحيرات كثيرة في أمريكا.
٥. كانت زوجة ماهر تسهر حتى تملأ خزّان الماء.
٦. خزّان ماء واحد لا يكفي للشرب والطبخ والغسيل لمدّة أسبوع.
٧. خلال زيارتها للأردن وفلسطين، تعرّفت أمل على ناس (people) لم تكن تعرفهم من قبل.
٨. الجيش الإسرائيلي لا يسمح للفلسطينيّين ببناء البيوت.
٩. الأوضاع الاقتصاديّة في الأردن أحسن من الأوضاع الاقتصاديّة في فلسطين.
١٠. الناس في فلسطين والأردن يساعدون بعضهم بعضاً (one another) كثيراً.
١١. كانت أمل تحبّ أن يجلس معها الناس عندما تقرأ كتابها.

تمرين رقم ١

Identify the three-letter roots and stems of the following words and then look them up in an Arabic dictionary (monolingual or bilingual).

الكلمة	الجذر	الصيغة المجرّدة	المعنى
كمّيّات			quantity
يصل			
والوجوه		وجه	
والاحتلال			
بناء			
بدِفء			
يقف			
الآخرين			
تهمّني		هَمّ	
وحِمايتها			

تمرين رقم ٢: اكتب فقرة من حوالي ١٠٠ كلمة في واحد من الموضوعين التاليين:

١. قارن بين وضع الماء في الأردن وفلسطين ووضعه في مدينتك.
٢. علّق على الجملة التالية: ولكن عندما تجلس وتتحدّث مع الناس تشعر بدِفء لا تشعُر به في أمريكا. ولا يشعر الإنسان بالوحدة أبداً، الصغير والكبير. وعندما يحتاج شخص للمساعدة، يقف أهل الحيّ كلّهم لمساعدته.

قراءات إضافيّة

الماء في العالم العربي

ينزل أكثر المطر في العالم العربي في فصل الشتاء فقط، وفي بعض المناطق قد لا ينزل المطر أبداً في بعض السنوات. ويبين الجدول التالي معدّل كمّية ماء المطر الذي ينزل في السنة في بعض المدن العربية وفي مدينة نيويورك الأمريكيّة على سبيل المقارنة:

المدينة	مليمتر (ملم)	المدينة	مليمتر (ملم)
الدار البيضاء	٣٨٤	عَمّان	٢٨٠
الجزائر	٧٦٢	بغداد	١٥١
طرابلس - ليبيا	٣٨٤	الكويت	١١١
القاهرة	٢٢	الرياض	٢٨
أسوان	١	مسقط	٩٩
الخرطوم	١٥٧	الإسكندرية	١٧٥
بيروت	٥١٧	صنعاء	٥٠٠
دمشق	٢١٨	مدينة نيويورك	١٢٠٠

يبلغ عدد سكّان البلاد العربيّة الآن حوالي ٦٪ من سكّان العالم ولكن كمّيّة الماء المتوفّرة هي أقلّ من ٢٪ من كمّيّة الماء الصالح للشرب في العالم، ويبلغ معدّل كمّيّة الماء المتوفّرة للشخص في البلاد العربيّة ١٢٠٠ متراً مكعّباً في السنة، بينما المتوسّط العالمي هو ٧٠٠٠ متراً مكعّبا.
وتختلف حِدّة المشكلة من بلد عربي الى آخر، فعلى سبيل المثال تُعاني السعودية والأردن وليبيا أكثر من مصر والعراق وسوريا. وتُعتبر الدول العربيّة التالية من أفقر الدول في العالم بالموارد المائيّة، وهي الجزائر والبحرين والأردن والكويت وعُمان وليبيا وفلسطين وقطر والسعوديّة وتونس والإمارات العربيّة المتّحدة واليمن.
ومن ناحية استهلاك الماء في البلاد العربيّة فتعتبر دول الخليج الغنيّة أكثر الدول استهلاكاً للماء في العالم. وفي تلك الدول هناك فرق كبير بين كمّيّة الماء المتوفّرة للاستعمال والمتجدّدة بشكل طبيعي والكمّيّة المستهلكة. وهذه نسبة الماء المستهلك للماء المتوفّر في ثلاث من دول الخليج:

البحرين	٪٢٢٠
السعوديّة	٪٩٤٣
الكويت	٪٢٤٦٥

ومن الأمور التي تزيد في حِدة مشكلة الماء في العالم العربي: الزيادة السريعة في عدد السكان، تطوّر الزراعة والصناعة، والخلافات السياسية بين دول المنطقة. يبيّن الجدول التالي زيادة عدد السكان في مصر على سبيل المثال من سنة ١٩٥٠ الى سنة ٢٠١٠:

السنة	عدد السكّان (إلى أقرب ألف)
١٩٥٠	٢٠،٣٣٠
١٩٧٠	٣٥،٢٧٧
٢٠٠٠	٦٢،٦٩٤
٢٠١٠	٧٢،٧٢٦

ومن المتوقّع أن يصل عدد سكّان مصر في سنة ٢٠٥٠ إلى أكثر من ١١٧ مليون نسمة.
أمّا بالنسبة للخلافات السياسيّة، فمنذ الخمسينات من القرن العشرين كانت هناك خلافات تطوّرت أحياناً إلى معارك مسلّحة بين إسرائيل من ناحية وسوريا والأردن ولبنان من ناحية أخرى. وكادت أن تقوم حرب بين العراق وسوريا في سنة ١٩٧٥ بسبب بناء سدّين على نهر الفرات في سوريا وتركيّا. ويقول البعض إن أهمّية الماء ستزيد في المستقبل. وقد قال الدكتور بطرس بطرس غالي الأمين العام السابق للأمم المتّحدة في سنة ١٩٨٥: "إنّ الحرب القادمة في الشرق الأوسط سيكون سببها الماء وليس السياسة." فالآن تخاف سوريا والعراق أن تقلّ كمّية الماء التي تصل لهما من دجلة والفرات بسبب بناء سدود كبيرة لحجز الماء في تركيّا. كذلك تخاف مصر والسودان أن تبني اثيوبيا وأوغندا سدوداً لحجز ماء النيل. وفي الضفة الغربية تُعتبر مشكلة الماء من أهمّ المشاكل في العلاقات بين إسرائيل وفلسطين.

أسئلة عامّة

١. ما هي المشكلة التي تتحدّث عنها المقالة؟
٢. هناك نوعان من العوامل التي لها علاقة مباشرة بمشكلة الماء في العالم العربي: عوامل طبيعيّة وأخرى من صنع الإنسان. ناقش هذه العوامل.
٣. ما هو في رأيك أفضل حلّ لمشكلة الماء في العالم العربي؟

فلسطين

كانت فلسطين جزءاً من الامبراطورية العثمانية حتى الحرب العالميّة الأولى التي استمرّت من سنة ١٩١٤ إلى سنة ١٩١٨. دخلت الدولة العثمانيّة تلك الحرب ضد بريطانيا. وقبل انتهاء الحرب، وبالتحديد في ٢ تشرين أوّل (نوفمبر ١٩١٧) أصدرت بريطانيا وعد بلفور للمساعدة في تأسيس وطن قومي لليهود في فلسطين.
قبل ذلك وفي سنة ١٨٨٢ ظهرت الحركة الصهيونية بقيادة "ثيودور هرتسل" نتيجة ظلم اليهود في روسيا وشرق اوروبا، وكان هدف الحركة تأسيس وطن قومي لليهود في فلسطين. وبدأ اليهود يهاجرون في تلك السنة. وفي سنة ١٩١٨، أي بعد وعد بلفور وانتهاء الحرب العالميّة الأولى كان عدد سكان فلسطين ٦٤٤ الف عربي (٩٢٪) و ٥٦ الف يهودي (٨٪).

سكن الكثير من المهاجرين اليهود في مُدُن فلسطين كالقدس وحيفا ويافا، ولكن بعضهم سكن في مُستَعمرات يهوديّة. وكان عدد تلك المستعمرات في ١٩١٨ حوالي ٤٠ مستعمرة تقوم على ٢٪ من مساحة فلسطين.
احتلّ الجيش البريطاني فلسطين بعد هزيمة الدولة العثمانيّة في الحرب، وفتحت بريطانيا فلسطين لهجرة اليهود. ولكن سكّان فلسطين العرب، الذين كانوا أكثريّة السكّان، لم يقبلوا أن تصبح فلسطين وطناً قومياً لليهود، فقاوموا الهجرة وطالبوا بدولة عربية مستقلّة. وقويت مقاومة العرب عندما زاد عدد المهاجرين اليهود من اوروبا في الثلاثينات بعد تولّي النازيّين الحكم في ألمانيا. فمثلاً في سنة ١٩٣٥ وصل عدد المهاجرين اليهود من المانيا وحدها ٦٦ الف مهاجر. وبسبب المقاومة العربية حاولت بريطانيا تحديد عدد المهاجرين اليهود الى فلسطين وتحديد بيع الأرض لليهود ولكن لم تنجح في ذلك.
في سنة ١٩٤٧ أصدرت الأمم المتحدة قراراً بتقسيم فلسطين الى دولة عربية ودولة يهودية، ولم يقبل العرب القرار لأنه أعطى اليهود ٥٦٪ من فلسطين بينما كانوا أقليّة فيها. وعندما لم يتّفق العرب واليهود على حلّ للمشكلة قرّرت بريطانيا الانسحاب وتحويل المشكلة للأمم المتحدة، وانسحب الجيش البريطاني من فلسطين في ١٤ مايو (ايار) ١٩٤٨، وأعلن اليهود تأسيس دولة اسرائيل في ١٥ مايو.
بعد تأسيس دولة إسرائيل قامت حرب بين الفلسطينيين واليهود ودخلت جيوش عربية من الأردن ومصر والعراق وسوريا ولبنان لمساعدة الفلسطينيين، ولكن الجيوش العربية خسرت الحرب واحتلّت اسرائيل أجزاء أخرى من فلسطين. وفي نهاية تلك الحرب كانت اسرائيل تحتلّ ٧٧٪ من فلسطين بدلاً من ال ٥٦٪ التي تقرّرت للدولة اليهودية في قرار تقسيم الأمم المتحدة.
ماذا حدث للفلسطينيين ولل ٢٣٪ التي بقيت من فلسطين؟ حوالي ٦٠٠ الف فلسطيني هربوا خوفاً من الحرب أو طردهم الجيش الإسرائيلي وصاروا لاجئين في الأردن ولبنان وسوريا ومصر، وبقي حوالي ١٦٠ الف داخل فلسطيني الدولة اليهودية.
صدرت قرارات من الأمم المتحدة تُطالب اسرائيل بالسماح للفلسطينيين بالرجوع الى بيوتهم ولكن اسرائيل رفضت ذلك وفتحت أبوابها لهجرة اليهود من كل بلاد العالم.
بالنسبة لل٢٣٪ التي بقيت من فلسطين فهي ما يُعرف الآن بالضفة الغربية وقطاع غزة. الضفة الغربية صارت جزءاً من الأردن ودخل قطاع غزة تحت إدارة مصر.
وفي حرب ١٩٦٧ احتلّت إسرائيل باقي أرض فلسطين وهي الضفّة الغربيّة وقطاع غزّة. ثمّ انسحبت من قطاع غزّة في سنة ٢٠٠٦ بسبب المقاومة الفلسطينيّة للاحتلال الإسرائيلي، ولكنّها لا زالت تحتلّ الضفّة الغربيّة. وإسرائيل تعمل منذ احتلال الضفّة الغربيّة على تحويلها بشكل تدريجي إلى جزء من إسرائيل ببناء المستعمرات اليهوديّة على الأراضي الفلسطينيّة، ولكن بدون ضمّ السكّان الفلسطينيّين إلى إسرائيل واعتبارهم مواطنين فيها.

أسئلة عامّة

١. ما هو دور بريطانيا في تأسيس دولة إسرائيل؟
٢. في رأيك، لماذا نجح اليهود في تأسيس دولة إسرائيل وفشل الفلسطينيّون في تأسيس دولة فلسطين؟
٣. في رأيك، ما هو أفضل حلّ للنزاع (conflict) الإسرائيلي الفلسطيني؟

العالم العربي الحديث: الأديان والأعراق والأموال

مُقدّمة

أكثر سكّان العالم العربي عرب مسلمون يتكلّمون اللغة العربية، ولكن هناك عرب غير مسلمين ومسلمون غير عرب.
سكّان شبه الجزيرة العربية هُم أكثر العرب تجانُساً من الناحية الدينيّة والعرقيّة، فكلهم تقريباً عرب مسلمون. ويُحافظ أهل تلك البلاد على ذلك التجانُس ولا يُشجّعون الزواج من خارج بلادهم أو الهجرة اليها.
أهمّ الأقلّيّات العربيّة من غير المسلمين هي الأقلّيّات المسيحيّة. وفي لبنان أعلى نسبة من المسيحيين الى مجموع عدد السكان في العالم العربي، فتبلغ تلك النسبة حوالي ٤٠٪. وتبلغ نسبة المسيحيّين في مصر وسوريا حوالي ١٠٪ من السكان، وفي الأردن وفلسطين حوالي ٥٪.
أما الأقلّيّات المسلمة غير العربيّة في العالم العربي فأهمّها الأكراد الذين يسكنون في العراق وسوريا. وتبلغ نسبة الأكراد في العراق الى عدد السكان حوالي ٢٠٪ وفي سوريا بين ٥ و١٠٪. ومن الأقلّيّات الكبيرة الأمازيغ في شمال إفريقيا وخاصّة في المغرب والجزائر. وتقدّر نسبة الأمازيغ في هاتين الدولتين بحوالي ٣٠٪ و٢٠٪ على التوالي. ومن الأقلّيّات المسلمة الصغيرة غير العربيّة التركمان في العراق، والشيشان والشركس في الأردن وسوريا.
هناك أربع دول عربيّة يُعتبر أكثر سكّانها أفارقة وليس عرباً، وهي الصومال وموريتانيا وجيبوتي وجزر القمر.

لُبنان كمِثال للتنوّع العرقي والديني والطائفي

يعتبر الساحل اللبناني من المناطق التي نشأت فيها أقدم الحضارات البشريّة. وقد ازدهرت التجارة في هذه المناطق في زمن الفينيقيّين في الألف الثالث قبل الميلاد وخصوصاً في موانِئ صور وصيدا وجبيل.
تأسّست دولة لبنان الحديثة في سنة ١٩٢٠ في زمن الحكم الفرنسي، واصبحت دولة مستقلّة في سنة ١٩٤٣.
ورغم تشابه لبنان مع الدول العربيّة المجاورة من حيث اللغة والدين والتاريخ والعادات فإنّ طبيعته الجبليّة جعلت منه مَلجأ للكثير من الأقلّيّات العرقيّة والدينيّة التي كانت تعاني من تمييز الحكومات التي سيطرت على المناطق القريبة منه. لذلك يمثّل سكّان لبنان خليطاً من أعراق وأديان مختلفة.
من الناحية العرقيّة هناك الفينيقيّون واليونان والأرمن والعرب والأكراد والأتراك. ومن الناحية الدينيّة، هناك ما لا يقلّ عن ١٨ طائفة مختلفة أكثرها طوائف مسيحيّة وإسلاميّة.
ومسألة الدين ونِسبة الطوائف المختلفة مسألة حسّاسة جدّاً في لبنان. لذلك لم يتمّ إحصاء رسمي للطوائف الدينيّة منذ سنة ١٩٣٢. ولكن من المعروف أنّ المسلمين هم أكبر الطوائف. وتنقسم الطوائف الإسلاميّة إلى ثلاث: الشيعة والسنّة والدروز. والشيعة هم أكبر الطوائف الإسلاميّة، والدروز هم أصغر تلك الطوائف. وبالنسبة للطوائف المسيحيّة فالمارونيون (الموارنة) هم أكبرها، وبعدهم الروم الأرثودكس. وهناك أقلّيّة صغيرة جِدّاً من اليهود.

هناك علاقة قويّة بين الحُكم والطائفة في لبنان، فيجب أن يكون رئيس الدولة مسيحيّاً مارونيّاً، ورئيس الوزراء مُسلماً سنّيّا، ورئيس مجلس النوّاب مسلماً شيعيّاً. لهذا السبب يأخذ تشكيل الحكومات وانتخاب الرئيس في لبنان وقتاً طويلًا قد يستمرّ شهوراً أو سنوات.

التنوّع الاقتصادي

من الناحية الاقتصاديّة هناك تنوّع كبير بين الدول العربيّة، فبعضها، كالإمارات العربيّة وقطر، غنيّة جدّاً، وبعضها الآخر، كاليمن والصومال، فقيرة جدّاً. مثلاً، يبلغ الدخل السنوي للفرد في قطر ١٢٤،١٠٠ دولاراً وفي اليمن ٢،٥٠٠ دولاراً، أي أنّ دخل الفرد القطري السنوي يبلغ حوالي خمسين ضعف دخل اليمني. ويبيّن الجدول التالي الدول العربيّة وعدد سكّان كلّ منها والدخل السنوي للفرد فيها.

الدولة	عدد السكّان بالمليون	الدخل السنوي للفرد بالدولار
الأردن	١٠،٥	٩،٢٠٠
الإمارات العربية المتّحدة	٩،٧	٦٨،٦٠٠
البحرين	١،٤	٤٩،٠٠٠
تونس	١١،٥	١١،٩٠٠
الجزائر	٤١،٥	١٥،٢٠٠
جزر القمر	٠،٨	١،٦٠٠
جيبوتي	٠،٩	٣،٦٠٠
السعودية	٣٣	٥٤،٥٠٠
السودان	٤٣	٤،٣٠٠
سوريا	١٩،٥	٢،٩٠٠
الصومال	١١،٣	غير معروف
العراق	٤٠،٢	١٦،٧٠٠
عُمان	٣،٥	٤٦،٠٠٠
فلسطين (الضفّة الغربيّة وقطاع غزّة)	٤،٦	٤،٣٠٠
قطر	٢،٣	١٢٤،١٠٠
الكويت	٣	٦٥،٨٠٠
لبنان	٦،١	١٩،٦٠٠
ليبيا	٦،٧	٩،٦٠٠
مصر	٩٩،٤	١٢،٧٠٠
المغرب	٣٤،٣	٨،٦٠٠
موريتانيا	٣،٨	٤،٥٠٠
اليمن	٢٨،٥	٢،٥٠٠

يُمكن للتنوّع الديني والعرقي والاقتصادي أن يكون نعمة أو نقمة في أيّ مُجتمع. فقد يكون التنوّع والاختلاف سببين هامّين للتعايش والتسامح والازدهار الثقافي والاقتصادي، وقد يكونا مصدراً للحسد والصراع والحروب والدمار. وقد عاشت المنطقة العربيّة التجربتين، التسامح والازدهار والخلاف والدمار. ومن المُحزن أنّ أمثلة الحروب والدمار هي النمط المسيطر على المنطقة منذ نهاية الحرب العالميّة الأولى إلى وقتنا الحاضر.

أسئلة عامّة

١. لخّص ما جاء في المقالة عن التنوّع العرقي والديني والاقتصادي في العالم العربي.
٢. علّق على الجملة التالية : يُمكن للتنوّع الديني والعرقي والاقتصادي أن يكون نِعمة أو نِقمة في أيّ مُجتمع، فقد يكون سبباً للتعايش والتسامُح والازدهار الثقافي والاقتصادي، وقد يكون مَصدراً للحَسَد والخلاف والحروب والدمار.
٣. اكتب عن منطقة أخرى غير العالم العربي كان التنوّع فيها نِعمة أو نِقمة.

اللغة العربيّة

اللغة العربية من عائلة اللغات الساميّة وأكثر اللغات الساميّة من حيث عدد المُتحدثين. من اللغات الساميّة الأخرى اللغة العبريّة واللغة السريانيّة واللغة الأمهريّة وغيرها.
تنقسم اللغات السامية الى فَرعين رئيسيّين: الفرع الشرقي والفرع الغربي. ويبيّن الجدول التالي أهمّ اللغات الساميّة. (في الجدول گ = g.)

<table dir="rtl">
<tr><th>الفرع الغربي</th><th colspan="5">الفرع الشرقي</th></tr>
<tr><td rowspan="3">الأكّاديّة، الآشوريّة، البابليّة</td><td colspan="2">الشماليالغربي</td><td colspan="3">الجنوبي</td></tr>
<tr><td>الآراميّة</td><td>الكنعانيّة</td><td>العربيّة</td><td>العربيّةالجنوبيّة</td><td>الإثيوبيّة</td></tr>
<tr><td>السريانيّة، المندائيّة، السامريّة، معلولة</td><td>الأوغاريتيّة، العِبريّة، لفينيقيّة</td><td>لفصحى واللهجات العربيّة</td><td>قديم:السبئيّة،المنئيّة، القطبانيّة
حديث:السُقُطرية، المهريّة،الجباليّة</td><td>جِعز،الأمهريّة،تِگرِنيا، تِگري، گوراجي، هَراري</td></tr>
</table>

تُعتبر بعض هذه اللغات لغات ميّتة الآن ولا يتحدّثها أحد، مثل الأكّاديّة والأوغاريتيّة والسبئيّة وجعز. ومن أهمّ اللغات الحيّة العربيّة والأمهريّة والتگرِنيا والعبريّة والتِگري والآراميّة. يبيّن الجدول التالي هذه اللغات وعدد مَن يتحدّثونها على وجه التقريب:

اللغة	عدد المتحدّثين بالمليون
العربيّة	٣٠٠
الأمهريّة	٢٢
التگرنيا	٧
العبريّة	٥

التِّگري	١
الآراميّة	١

ويبيّن الجدول التالي عدداً من الكلمات الأساسيّة في ثمان من أهمّ اللغات الساميّة الحيّة والميّتة.

	السريانيّة	العربيّة	الجباليّة	جعز	العبريّة	الأوغاريتيّة	الأكاديّة
1	حَد	واحد	طَد	أَحَدو	إحاد	أحد	إشتينو
2	ترين	اثنين	ثرو	كلئي	شنايم	ثَن	شينا
3	تلاثا	ثلاثة	سوثيت	شلَستو	شلوشا	ثلث	شلاشَت
4	أرْبعا	أربعة	إربعوت	أرباعتُو	أربعا	أربع	إربت
5	حَمّشا	خمسة	خوش	خَمَستو	حميشّا	خمش	خَمشَت
10	عسرا	عشرة	عسيرت	عَشَرتو	عَسَرا	عشر	إشيرت
all	كُل	كُل	كُل	كولُو	كول	كل	كَلَو
ask	شْئِل	سأَل	شخَبَّر	سأَل	شأَل	شأَل	شالو
brother	أحا	أخ	أغا	أخُو	آح	أخ	أخو
day	يَوما	يوم	يُم	مَعالت	يوم	يم	اومو
dog	كَلبا	كلب	كوب	كَلب	كِلب	كلب	كَلبو

تطوّر الكتابة في اللغات الساميّة

تُعتَبَر ''الأبجديّة الفينيقيّة'' أوّل نظام كتابي يستعمل الحروف بدل الصُور والمَقاطع. وقد تطوّرت من هذا النظام أنظمة الكتابة العبريّة والسريانيّة والعربيّة واليونانيّة واللاتينيّة وغيرها من الأنظمة التي تستعمل حروف الهِجاء.

تمثّل الأبجديّة الفينيقيّة الحروف الساكنة (consonants)، ولم يكُن فيها رُموز لتمثيل حروف العِلّة (vowels). وعندما تَبَنّى اليونان تلك الأبجديّة أضافوا لها رموزاً لحروف العِلّة. يبيّن الجدول التالي عدداً من أنظمة الكتابة المستعملة في أهمّ اللغات الساميّة بالإضافة إلى اللغة اليونانيّة:

العربية	اليونانية	السريانيّة اسطرنجيلي	الإثيوبية	العربيّة الجنوبيّة	العبريّة	الفينيقيّة	الأوغاريتيّة	
ا	A				א			1
ب	B				ב			2
ج	Γ				ג			3

د, ذ	Δ	ܕ	ደ	𐩵, 𐩹	ד	𐤃	𐎄	4
ه	E	ܗ	ሀ	𐩠	ה	𐤄	𐎅	5
و	Y	ܘ	ወ	𐩥	ו	𐤅	𐎆	6
ز	Z	ܙ	ዘ	𐩸	ז	𐤆	𐎇	7
ح, خ	H	ܚ	ሐ	𐩢	ח	𐤇	𐎈	8
ط, ظ	Θ	ܛ	ጠ	𐩼, 𐩷	ט	𐤈	𐎉	9
ي	I	ܝ	የ	𐩺	י	𐤉	𐎊	10
ك	K	ܟ	ከ	𐩫	כ ך	𐤊	𐎋	11
ل	Λ	ܠ	ለ	𐩡	ל	𐤋	𐎍	12
م	M	ܡ	መ	𐩣	מ ם	𐤌	𐎎	13

تاريخ اللغة العربيّة

لا يعرف المؤرّخون الكثير عن تاريخ اللغة العربية قبل الإسلام، ولكن من المعروف أن العرب كانوا يسكنون في شبه الجزيرة العربية وجنوب سوريا والعراق، وكانوا يستعملون لهجات عربية مُختلفة. ومن المعروف أيضاً أن اللغة العربية الفُصحى كانت لغة العرب العامّة، يستعملونها في الشعر.

انتشار العربية

عندما ظهر الإسلام في القرن السابع الميلادي اكتسبت اللغة العربية مكانة خاصة لأنها لغة القرآن الكريم، كتاب الإسلام المقدّس، وانتشرت مع انتشار الإسلام الى بلاد كثيرة مثل بلاد الشام ولعراق ومصر وشمال إفريقيا.

ومع زيادة قوّة الدولة الإسلامية زاد الاهتمام باللغة العربية، وتُرجم لها الكثير من الكتب من اليونانية والسِريانية والفارسية، وكُتبت بها كتب كثيرة. واستمرّت نهضة اللغة العربية حتى أصبحت من أهمّ لغات العالم في الفترة بين القرن التاسع والثالث عشر.
ودخلت كلمات عربية كثيرة الى اللغات الأخرى مثل: الكحول، الجبر، اللوغاريذم (logarithm) (نسبة الى عالم الرياضيات المسلم الخوارزمي)، الكيمياء، صِفر، الإكسير، حَبل (cable)، راحة اليد (racket)، أمير البحر (admiral)، الخ.

عصر الانحطاط وعصر النهضة

يُعتَبَر تدمير بغداد في سنة ١٢٥٨نهاية عصر ازدهار اللغة العربية وبداية عصر الانحطاط الذي استمرّ الى القرن التاسع عشر.
وقد بدأت نهضة اللغة العربية الحديثة في نهاية القرن الثامن عشر وبداية القرن التاسع عشر بعد حملة نابليون على مصر في سنة ١٧٩٨. ففي هذه الفترة دخلت أوّل مطبعة عربية الى العالم العربي، وسافر كثير من الطلاب المصريين الى اوروبا للدراسة، وتُرجم الكثير من الكتب الأوروبية الى اللغة العربية.

العربية في العصر الحديث

يَستعمِل اللغة العربية الآن أكثر من ٣٠٠ مليون شخص، يعيش أكثرهم في العالم العربي. وتُستعمَل اللغة العربية أيضاً في بعض مناطق إفريقيا غير العربية مثل زنجبار ويوغندا، وفي جزيرة مالطا، وفي مناطق جنوب غرب ايران وجنوب تركيا. وقد استُعملت في جزيرة صقلية حتّى القرن الثامن عشر وفي جنوب إسبانيا حتى القرن الخامس عشر. واللغة العربية الآن من اللغات الستّ الرسمية في الأمم المتّحدة. وأخيراً فإنّ للّغة العربية أهمّيّة دينية لأكثر من مليار مُسلم في جميع بلاد العالم.

الفصحى والعامّيّة

لا يختلف الوضع اللغوي في العالم العربي الآن كثيراً عن الوضع في أيّة فترة معروفة في تاريخ اللغة العربية. فالعرب يستعملون لهجات محكيّة مختلفة في حياتهم اليومية كما كان أجدادهم يستعملون لهجات قبليّة قبل الإسلام وبعده. ويستعملون الفصحى في القراءة والكتابة وللاستماع للراديو والتلفزيون والخُطَب السياسيّة والدينيّة والمحاضرات، كما كان أجدادهم يستعملون الفصحى في الشِعر والخُطب والدروس وكتابة الكُتُب.

لهجات كثيرة ولكن اللغة واحدة

والفصحى واحدة في كل البلاد العربية كما كانت مُنذُ الفترة التي جاءت قبل الإسلام، واللهجات تختلف من بلد الى بلد مثلما اختلفت لهجات القبائل العربية القديمة. ويُبيّن الجدول التالي بعض الكلمات وكيفيّة نُطْقها في عدد من اللهجات العربيّة الحديثة.

ملاحظة

چ	مثل لفظ s في الكلمة الإنجليزيّة pleasure أو g في الكلمة الفرنسيّة rouge
گ	مثل لفظ g في الكلمة الإنجليزيّة big

الفصحى	دمشق	بغداد	جدة	القاهرة	الدار البيضاء
جيّد	منيح	زين	طيّب	كويّس	مَزيان
كَيف	كِيف	شْلون	كيف	إزّاي	كِيف/كِيفَش
يسار/شمال	يسار/شمال	يِسرى	أيسَر/شُمال	شِمال	يِسار
رَجُل	رجّال	رِجّال	رِجّال	راجِل	رَجِل
قريب	أريب	گِريب	گريب	أُرَيِّب	حْدا
أنف/مُنخار	مَنخار	خَشِم	خُشُم	مَناخير	مَنخَر
مَطَرت	مَطْرِت	مُطرَت	مطَّرَت	مطَّرِت	طَح شّتا
هُناك	هُنِيك	هْناك	هِناك	هِناك	تَمّا

ورغم الاختلافات بين اللهجات العربية الحديثة فإنّ العرب الذين يتكلمون لهجات مختلفة يستطيعون التفاهم مع بعضهم البعض في أكثر الأحوال، فالمصري يتفاهم مع العراقي والسعودي مع الليبي، ويستعملون في ذلك لهجاتهم. وهناك بعض الصعوبات في التفاهم، خاصّة إذا كان المتكلّمون غير متعلّمين أو إذا كانوا من دول بعيدة عن بعضها البعض مثل العراق والمغرب.

والعربية الفصحى مهمّة جداً عند العرب لأنها لغة القرآن الكريم والحديث الشريف، ولأنّها لغة الكتب القديمة والحديثة. ويعتقد الكثير من العرب أن اللهجات العربية خطر على الوحدة العربية بسبب كثرتها واختلافها من بلد الى بلد ومن منطقة الى منطقة في نفس البلد.

أسئلة عامّة

١. ما هي أهمّ اللغات الساميّة الآن؟ ما سبب أهمّيّتها؟

٢. اكتب فقرة أو فقرتين عن تاريخ اللغات الساميّة والعلاقات بينها، كما ورد في الجدول.

٣. قارن بين الوضع اللغوي العربي الآن وقبل الإسلام.

٤. علّق على الفقرة التالية: رغم الاختلافات بين اللهجات العربية الحديثة فإنّ العرب الذين يتكلمون لهجات مختلفة يستطيعون التفاهم مع بعضهم البعض في أكثر الأحوال ... ويستعملون في ذلك لهجاتهم. وهناك بعض الصعوبات في التفاهم، خاصّة إذا كان المتكلّمون غير متعلّمين أو إذا كانوا من دول بعيدة عن بعضها البعض مثل العراق والمغرب.

قصّة قصيرة: جنّة الأطفال (نجيب محفوظ)

-بابا.

-نعم.

-أنا وصاحبتي نادية دائماً مع بعض.

-طبعاً يا حبيبتي فهي صاحبتك.
-في الفصل، في الفسحة، وساعة الأكل.
-شيء لطيف، وهي بنت جميلة ومُؤدَّبة.
-لكن في درس الدين أدخل أنا في حجرة (=غُرفة) وتدخل هي في حجرة أخرى.
لحظ الأم فرآها تبتسم رغم انشغالها بتطريز مفرش، فقال وهو يبتسم:
-هذا في درس الدين فقط.
-لم يا بابا؟
-لأنك لكِ دين وهي لها دين آخر.
-كيف يا بابا؟
-أنتِ مسلمة وهي مسيحيّة.
-لم يا بابا؟
-أنتِ صغيرة وسوف تفهمين فيما بعد.
-أنا كبيرة يا بابا.
-بل صغيرة يا حبيبتي.
-لمَ (=لِماذا) أنا مسلمة؟
عليه أن يكون واسع الصدر (واسع الصدر= صَبور) وأن يكون حذراً ولا يكفر بالتربية الحديثة عند أول تجربة. قال:
-بابا مسلم وماما مسلمة ولذلك فأنتِ مسلمة.
-ونادية؟
-باباها مسيحي وأمها مسيحية ولذلك فهي مسيحية.
-هل لأن باباها يلبس نظّارة؟
-كلّا (=لا)، لا دخل للنظارة في ذلك، ولكن لأن جدّها كان مسيحياً كذلك.
وقرّر أن يتابع سلسلة الأجداد الى ما لا نهاية حتى تضجر (=تمِلّ) وتتحّول الى موضوع آخر، ولكنها سألت:
-مَن أحسن؟
وتفكّر قليلًا ثم قال:
-المسلمة حسنة والمسيحية حسنة.
-ضروري واحدة أحسن.
-هذه حسنة وتلك حسنة.
-هل أعمل (=أُصبِح) مسيحية لنبقى معاً دائماً؟
-كلا، يا حبيبتي، هذا غير ممكن، كل واحدة تظلّ كباباها وماماها.
-ولكن لمَ (=لِماذا)؟
حقّ إن التربية الحديثة طاغية! وسألها:
-ألا (=هَل لا) تنتظرين حتى تكبري؟
-لا يا بابا.
-حسن، أنت تعرفين الموضة، واحدة تحب موضة وواحدة تفضّل موضة، وكونك مُسلمة هو آخِر موضة، لذلك يجب أن تبقي مسلمة.

-يعني نادية موضة قديمة؟
الله يقطعك أنت ونادية في يوم واحد. الظاهر أنه يخطئ رغم الحذر، وأنه يُدفع بلا رحمة الى عنق زجاجة. وقال:
-المسألة مسألة أذواق ولكن يجب أن تبقى كل واحدة كباباها وماماها...
-هل أقول لها إنها موضة قديمة وإنني موضة جديدة؟
فبادرها :
-كُلّ دين حسن، المسلمة تعبد الله والمسيحية تعبد الله.
-ولمَ تعبده هي في حجرة وأعبده أنا في حجرة؟
-هنا يُعبد بطريقة وهناك يعبد بطريقة.
-وما الفرق بينهما؟
-ستعرفينه في العام القادم أو الذي يليه. وكفاية أن تعرفي الآن أن المسلمة تعبد الله والمسيحيّة تعبد الله.
-ومن هو الله يا بابا؟
وأُخذ. وفكّر ملياً. ثم قال مُستزيداً من الهدنة:
-ماذا قالت أبلة في المدرسة؟
-تقرأ السورة وتعلّمنا الصلاة ولكني لا أعرف. فمَن هو الله يا بابا؟
فتفكّر وهو يبتسم ابتسامة غامضة، وقال:
-هو خالق الدنيا كلها.
-كلها؟
-كلها .
-معنى خالق يا بابا؟
-يعني أنه صنع كل شيء.
-كيف يا بابا؟
-بقدرة عظيمة.
-وأين يعيش؟
-في الدنيا كلها.
-وقبل الدنيا؟
-فوق .
-في السماء؟
-نعم .
-أريد أن أراه.
-غير ممكن.
-ولو في التلفزيون؟
-غير ممكن أيضاً.
-ألم يره أحد؟
-كلا .
-وكيف عرفت أنه فوق؟

- هو كذلك.

- مَن عرف أنه فوق؟

- الأنبياء .

- الأنبياء؟

- نعم. مثل سيّدنا محمّد.

- وكيف يا بابا؟

- بقدرة خاصّة به.

- عيناه قويّتان؟

- نعم .

- لم يا بابا؟

- الله خلقه كذلك.

- لمَ يا بابا؟

وأجاب وهو يروّض نفاذ صبره.

- هو حرّ يفعل ما يشاء.

- وكيف رآه؟

- عظيم جداً، قوي جداً، قادر على كل شيء.

- مثلك يا بابا؟

فأجاب وهو يداري ضِحكة:

- لا مَثيل له.

- ولمَ يعيش فوق؟

- الأرض لا تسعه ولكنه يرى كل شيء.

وسرحت قليلًا ثم قالت:

- ولكن نادية قالت لي إنه عاش على الأرض.

- لأنه يرى كل مكان فكأنّه يعيش في كل مكان.

- وقالت إن الناس قتلوه.

- ولكنه حيّ لا يموت.

- نادية قالت انّهم قتلوه.

- كلا يا حبيبتي، ظنّوا أنهم قتلوه ولكنّه حيّ لا يموت.

- وجدي حيّ أيضاً؟

- جدّك مات.

- هل قتله الناس؟

- كلا، مات وحده.

- كيف؟

- مرض ثم مات.

- وأختي ستموت لأنها مريضة؟

وقطّب قائلًا وهو يلحظ حركة احتجاج آتية من ناحية الأم:

-كلّا، ستشفى إن شاء الله.

-ولمَ مات جدي؟

-مرض وهو كبير.

-وأنت مرضت وأنت كبير فلمَ لم تمت؟

ونهرتها أمها فنقلت عينيها بينهما في حَيْرة، وقال هو:

-نموت إذا أراد الله لنا الموت.

-ولِمَ يريد الله أن نموت؟

-هو حُرّ يفعل ما يشاء.

-والموت حلو؟

-كلّا يا عزيزتي.

-ولمَ يريد الله شيئاً غير حلو؟

-هو حلو ما دام الله يُريده لنا.

-ولكنّك قلت إنه غير حلو.

-أخطأت يا حبيبتي.

-ولم زعلتْ ماما لما قلت إنّك تموت؟

-لأن الله لم يُرد ذلك بعد.

-ولم يريده يا بابا؟

-هو يأتي بنا الى هنا ثم يذهب بنا.

-لِمَ يا بابا؟

-لنعمل أشياء جَميلة هنا قبل أن نذهب.

-ولمَ لا نبقى؟

-لا تتّسع الدنيا للناس اذا بقوا.

-ونترك الأشياء الجميلة؟

-سنذهب الى أشياء أجمل منها.

-أين؟

-فوق .

-عند الله؟

-نعم .

-ونراه؟

-نعم .

-وهل هذا حلو؟

-طبعاً .

-إذن يجب أن نذهب؟

-لكننا لم نفعل أشياء جميلة بَعْد.

-وجدّي فعل؟
-نعم .
-ماذا فعل؟
-بنى بيتاً وزرع حديقة.
-وتوتو ابن خالي ماذا فعل؟
وتجهّم وجهه لحظة، واسترَق الى الأم نظرة مُشفِقة، ثم قال:
-هو أيضاً بنى بيتاً صغيراً قبل أن يذهب.
-لكن لولو جارنا يضربني ولا يفعل شيئاً جميلًا.
-ولد شقي.
-ولكنه لن يموت.
-الّا اذا أراد الله.
-رغم أنه لا يفعل أشياء جميلة؟
-الكلّ يموت، فمَن يفعل أشياء جميلة يذهب الى الله ومَن يفعل أشياء قَبيحة يذهب الى النار.
وتنهّدت ثم صمتت، فشعر بمدى ما حلّ به من إرهاق. ولم يدرِ كم أصاب ولا كم أخطأ. وحرّك تيّارُ الأسئلة علامات استفهام راسبة في أعماقه. ولكن الصغيرة ما لبثت أن هَتفت:
-أريد أن أبقى دائماً مع نادية.
فنظر اليها مُستطلعاً فقالت:
-حتى في درس الدين.
وضحك ضحكة عالية، وضحكت أمّها أيضاً. وقال وهو يتثاءب:
-لم أتَصوّر أنّه من المُمكن مُناقشة هذه الأسئلة على ذاك المُستوى.
فقالت المرأة:
-ستكبر البنت يوماً فتستطيع أن تُدلي لها بما عندك من حقائق.
والتفت نحوها بِحِدّة ليرى مدى ما ينطوي عليه قولها من صدق أو سُخرية، فوجد أنّها قد انهمكت مرة أخرى في التطريز.

سؤال

اكتب فقرة أو فقرتين (حوالي ٢٠٠ كلمة) تجيب فيهما على واحد من الأسئلة التالية:

١. ما رأيك في موقف الأب من مسألة الدين؟ هل هو مُتعصّب، مُنغلق، متفتّح، مُتسامح، الخ؟
٢. ما رأيك في معرفة البنت بالأمور الدينية؟ هل هي ساذجة، ذكية، ذات معرفة واسعة، الخ؟
٣. لم تكن الأم مستمعة فقط، بل تدخّلت في الحوار عدة مرات. ما هو رأيك في دورها في القصّة بشكل عام؟
٤. ما رأيك في ردود الأب على أسئلة البنت؟ هل ترى تناقضاً فيها؟ لماذا أجاب بالطريقة التي أجاب بها؟ لو كنت مكانه، هل كنت تجيب بطريقة مختلفة؟

باب القرد والغيلم[1]

(From *Kalila wa Dimna for Students of Arabic* by Munther Younes, Second Edition, Routledge 2020)

قال دبشليم الملك لبيدبا الفيلسوف: "قد سمعتُ هذا المثل، فاضرب لي مثل الرجل الذي يطلب الحاجة فإذا ظَفِر بها أضاعها."

قال الفيلسوف: إنّ طَلَب الحاجة أهون من الاحتِفاظ بها، ومَن حَصل على الحاجة ولم يستطع الاحتفاظ بها أصابه ما أصاب الغيلَم.

قال الملك: وكيف كان ذلك؟

قال بيدبا: يُحكى أنّ قرداً اسمه "ماهر" كان ملك القرود، وبعد أن كبر وهرم هجم عليه قرد شابّ من مملكته، وأخذ مكانه، فهرب حتّى جاء إلى ساحل البحر فوجد شجرة تين وتسلّقها وعملها بيتاً له. وبينما كان يأكل التين في يوم من الأيام سقطت تينة من يده ووقعت في الماء فأعجبه صوتها، فاستمرّ يأكل ويرمي بعض التين في الماء. وكان في الماء غيلم، وكلما وقعت تينة أكلها. ولمّا كثر التين الذي رماه القرد ظنّ الغيلم أنّ القرد يفعل ذلك من أجله، فأحبّ مصادقته، وكلّمه فأحبّ القرد كلامه وصارا صديقين، وبدآ يقضِيان وقتاً طويلًا معاً على ساحل البحر.

ولما طال غِياب الغيلم عن زوجته قلقت وخافت أنّه مات، وأخبرت جارتها بذلك فقالت الجارة: "إنّ زوجك عند الساحل، وقد صاحب قرداً وهو يقضي وقته معه، ولن يرجع اليك الا إذا مات القرد." قالت الزوجة: "وماذا أعمل؟" قالت الجارة: "عندما يرجع زوجك تظاهَري أنّك مريضة، وإذا سألك فقولي إنّ الأطبّاء قالوا 'لا يَشفيني الاّ قَلب قرد'."

وعندما رجع الغيلم إلى بيته وجد زوجته حزينة، فسألها عن سبب حزنها، فأجابته الجارة: "إن زوجتك مريضة وقد وصف لها الأطبّاء قلب قرد، وليس لها دواء غيره."

قال الغيلم: "هذا أمر صَعب، من أين أجيء بقلب قرد ونحن في الماء؟ ولكن سأحتال على صديقي."

ثُمَّ ذهب ال ساحل البحر فقال له القرد: "لماذا تأخّرت يا أخي؟ ماذا حدث؟" قال الغيلم: "إن حيائي منك أخّرني، فلا أعرف كيف أردّ جميلك، وأريد أن تزورني في بيتي، فأنا ساكن في جزيرة فيها فاكهة طيّبة، اركب على ظهري وأنا أسبح بك." فأحب القرد ذلك ونزل عن الشجرة وركب على الغيلم.

سبح الغيلم بالقرد حتّى تغلغل في الماء، ثُمَّ تذكّر أنه ينوي غدر صديقه فأنزل رأسه. فقال له القرد: "لماذا انت قلِق؟" قال الغيلم: "إنني قلِق لأنّ زوجتي مريضة ولن أتمكّن من إكرامك كما أريد." قال القرد: "أرجوك أن لا تفكّر بذلك أبداً، فصداقتنا أهمّ من الطعام والشراب." قال الغيلم: "نعم." ثُمَّ استمر في السباحة مُدّة وتوقّف مَرّة ثانية، فعرف القرد أنّه ينوي له الشرّ، فقال في نفسه: "لا بدّ من سبب لغيابه عني وتوقّفه في البحر الآن." ثُمَّ قال للغيلم: "ما الذي يقلقك الآن؟" قال الغيلم: "يقلقني أنك ستصل إلى بيتي ولن تجده كما أحب لأن زوجتي مريضة." قال القرد: "لا تقلق، فإن القلق لا يُفيد، ولكن ابحث عن علاج لزوجتك حتّى تشفى من مرضها." قال الغيلم: "صدقت، ولكن قال الأطباء لا يَشفي زوجتي الا قلب قرد."

قال القرد في نفسه: "لقد وقعتُ في ورطة كبيرة، وأنا الآن بحاجة إلى عَقلي حتّى أخرج من ورطتي." ثُمَّ قال للغيلم: "لماذا لم تقُل لي وأنا في الشجرة، فإن من عادتنا نحن القرود أنّه إذا ذهب واحد منّا لزيارة صديقه ترك قلبه في بيته حتّى إذا نظر إلى زوجة صديقه لم يكن قلبه معه." قال الغيلم: "وأين قلبك الآن؟" قال القرد: "تركته في الشجرة. ارجع معي إلى هناك وسأعطيه لك." ففرح الغيلم وقال: "لقد أعطاني صديقي ما أريد دون أن أغدُر به." ثُمَّ رجع بالقرد إلى الشجرة، وعندما وصل الساحل قفز القرد عن ظهره وتسلّق الشجرة ولم ينزل. وبعد أن انتظر الغيلم قليلاً ناداه قائلًا: "لماذا تأخرت يا صديقي؟ احمل قلبك وانزل من الشجرة." قال القرد: "ايّها الغَبيّ، هل تعتقد أنّني مثل الحمار الذي قال ابن آوى إنّ ليس له قلب وأذنان؟" قال الغيلم: "وكيف كان ذلك؟"

قال القرد:

ابن آوى والأسد والحمار

زعموا أنّه كان أسد يعيش في غابة وكان معه ابن آوى يأكل من فُضُلات طعامه. ثُمَّ مرض الأسد وضعف كثيراً وحاول الصيد ولم يقدر. فقال له ابن آوى: "لماذا انت حزين يا ملك الحيوانات؟" قال الأسد: "إنّني مريض وليس هناك دواء لي الا قلب حمار وأذناه." قال ابن آوى: "ما أسهل هذا! فأنا أعرف حماراً بمكان كذا، وسأجيء لك به."

ذهب ابن آوى إلى الحمار وسلّم عليه وقال: "لماذا أنت ضعيف هكذا؟" قال الحمار: "إن صاحبي لا يُطعمني شيئاً." فقال ابن آوى: "وكيف تَرضى بالبقاء عنده؟" قال الحمار: "ليس هناك فائدة من الهرب، وكلما ذهبت إلى مكان آخر جُعت وتعبت مثلما أنا جائع الآن." قال ابن آوى: "أنا أدلّك على مكان بعيد لا يذهب له إنسان، فيه عُشب كثير وحمير كثيرة ليس هناك أجمل وأسمن منها." قال الحمار: "ولماذا ننتظر؟ لنذهب الآن."

أخذ ابن آوى الحمار إلى الغابة التي يعيش فيها الأسد، وتركه بجانبها وذهب إلى الأسد وأخبره عن مكان الحمار، فذهب الأسد إلى الحمار وهجم عليه، فلم يستطع أن يقتله بسبب ضعفه، وهرب الحمار من شِدّة الخوف. وعندما رأى ابن آوى أنّ الأسد لم يقدر على قتل الحمار، قال: "يا ملك الحيوانات، أنت ضعيف إلى هذا الحدّ؟" فقال الأسد: "إذا جئتَ به مرة ثانية فلن يهرب منّي أبداً."

ثُمَّ ذهب ابن آوى إلى الحمار، وقال له: "لماذا هربت؟ إنّ الحمير هجمت عليك لقوّة شهوتها، ولو بقيت في مكانك لهدأت وأجابتك لما تُريد." فلما سمع الحمار ذلك قويت شهوته ونهق وأسرع إلى الأسد. وسبقه ابن آوى وأخبر الأسد بمكانه وقال: "استعدّ له حتّى لا يهرب منك هذه المرّة، وإذا هرب فلن يرجع أبداً." فتحمّس الأسد وأسرع إلى مكان الحمار وهجم عليه وقتله بسرعة. ثُمَّ قال لابن آوى: "قال الأطبّاء يجب أن أغتسل قبل أن آكل قلب الحمار وأذنيه. احتفظ بها حتّى أرجع." ولما ذهب الأسد ليغتسل أكل ابن آوى قلب الحمار وأذنيه حتّى يتشاءم الأسد ولا يأكل منه شيئاً.

عندما رجع الأسد سأل ابن آوى عن قلب الحمار وأذنيه فقال ابن آوى: "لو كان له قلب وأذنان لَما رجع لك بعد أن نجا من الموت في المرّة الأولى."

وقد ضربتُ لك هذا المثل لتعلم أنّي لست مثل الحمار، وقد خَدعتُك حتّى أنجو من غدرك.

أسئلة عامّة

١. كيف بدأَتْ صداقة القِرْد والغيلَم؟
٢. في رأيك، ماذا سيحدث للقرد؟
٣. ما هو السبب الحقيقي في دعوة الغيلم للقِرد لزيارته؟ ما هو السبب الذي قاله للقرد؟
٤. كيف نجا القِرْد من غَدْر الغَيلَم؟
٥. لماذا ضرب القرد للغيلم مثل الحمار الذي ليس له قلب وأذنان؟
٦. كيف خدع ابن آوى الحمار حتى جاء للأسد مرّة ثانية؟

Note

1 male turtle غَيلَم

قاموس كلمات الكتاب

Arabic–English Glossary

Note the following about the glossary:

1 Words are arranged alphabetically by root, except in cases where they are arranged alphabetically by word. This includes words which do not derive from three-letter roots, such as prepositions and conjunctions, and other particles, and words like شيطان.
2 The Roman numerals II-X are used to refer to the forms of Arabic derived verbs with the verb in its past and present tenses following in parenthesis. Form I verbs are not marked this way.
3 The following abbreviations are used:

   a ج = جمع "plural"
   b f. = feminine
   c The word أنظر "look" points to the root under which the word should be looked up

أب		father
أ-ب-د	أبداً	at all
ابن	انظر "بن"	
أ-ث-ر		
	أَثَر (ج. آثار)	trace, effect, remnant; influence
	تأثير	influence
أ-ج.ل	مِن أجل	for the sake of, for the purpose of
أ-خ-ر	آخِر	last
	آخَر (ج. آخَرين)	other
	أخرى	other, another (f.)
	مُتَأخّر	late
أ-د-ب	أَدَبي	literary
أ-ذ-ن	أذان	Muslim call to prayer
	إِذْن	permission
	مُؤَذّن	*mu'azzin*, caller to Muslim prayer
	مِئذنة	minaret
أ-ر-خ	تاريخ	history

أ-ر-ض	أرْض	land
أ-س-س	أساسي	basic
	V (تأسّس-يتأسّس)	to be founded
	تأسيس	founding
أ-س-ف	آسِف	sorry
أ-س-ي	مَأساة (ج. مَآسي)	tragedy
أ-ص-ل	أصلي	original
أ-ك-د	أكيد، بالتأكيد	certainly
	مُتأكّد	certain, sure
ألا؟		Doesn't he? Don't they? (أ+لا) = هَل لا؟
أ-ل-ف	مُؤلَّف	authored work
أليسَ		Is he not? Are they not? (أ+ليسَ) = هَل ليسَ؟
أ-م-ر	إمارة (ج. إمارات)	emirate
	أمر (ج. أُمور)	matter, affair
أ-م-ل	أمِل-يأمُل	to hope
أ-م-م	الأمم المُتّحِدة	the United Nations
	إمام	*imam*, leader of a Muslim prayer
	أمام	in front of
	أمّة	nation
	تأميم	nationalization
أ-ن-س	ناس	people
أ-و-ل	أوّلاً	at first, firstly
أ-و-ن	الآن	now
أ-ي-د	مُؤيِّد (ج. مُؤيّدين)	supporter
آذار		March
آسيا		
أخ (ج. إخوان)		brother
أُخت (ج. أخَوات)		sister
إذا		if
أستاذ		teacher
إفريقيا		Africa
إلى		to
أمّا ... فَ		as for . . .
الأمازيغ		the Amazigh, Berbers
إنّ		that
إنّي، إنّني		that I

that		أنَّ
pipe	أُنبوب (ج. أنابيب)	
females	إناث	انث
people	أهل	أ-هـ-ل
European		أوروبّي
any minute	أيّة لَحظة	أيّ
May		أيّار
also = كَمان		أيضاً
September		أيلول
to look for = فتّش-يُفتّش (على)	بَحَث-يبحَث (عن)	ب-ح-ث
the Mediterranean Sea	البَحر الأبيض المتوسّط	ب-ح-ر
lake	بُحيرة (ج. بُحَيرات)	
elementary	ابتدائي	ب-د-أ
beginning	بداية	
early = مُبكِّر	بَدري	ب-د-ر
post office	بَريد	ب-ر-د
abroad في الخارج =	بَرّة	ب-ر-ر
simple	بَسيط	ب-س-ط
hero	بَطَل	ب-ط-ل
at a distance (of)	على بُعد	ب-ع-د
some	بعض	ب-ع-ض
one another	بعضهم البعض	
remaining, staying	بَقاء	ب-ق-ي
to remain ظلّ =	بَقِي-يَبقى	
remainder	مُتَبقّي	
early	مُبَكِّر	ب-ك-ر
Greater Syria	بلاد الشام	ب-ل-د
it amounts to	بَلَغ-يبلُغ	ب-ل-غ
son	إبن (ج. أبناء)	ب-ن
gun	بندقيّة (ج. بَنادِق)	ب-ن-د-ق
building	بِناء	ب-ن-ي
to be built	بُني-يُبنى	
environment	بيئة	ب-و-أ
gate	بَوّابة	ب-و-ب
(car) horn	بوق (ج. أبواق)	ب-و-ق
eggs	بَيض	ب-ي-ض

ب-ي-ع	بائع (ج. بائِعين)		seller
ب-ي-ن	بين		between
	بينما		whereas
بُرتُقال			oranges
بَرنامَج			program
بُستان (ج. بَساتين)			orchard
بَعدَ ذلك			after that
بَل		= لكِن but	
بَندورة			tomatoes
بَنطَلون			pants, trousers
ت-ج-ر	تِجارة		commerce
ت-ح-ت	تَحت		under
ت-ح-ف	مَتحَف (ج. مَتاحِف)		museum
ت-ر-ج-م	تُرجِم		was translated
ت-ر-ك	الأتراك		the Turks
ت-ر-ك	تَرَك-يَترُك		to leave (something)
ت-ع-ب	تَعَب		tiredness, fatigue
	تَعبان		tired
ت-ل-ل	تَلّ (ج. تِلال)		hill
تِشرين الثاني			November
تِلْكَ			that (f.)
تَوأم			twin
التي			which, that, f.
ث-ق-ف	ثَقافة		culture
ث-م-ن	ثَمَن		price
ث-ن-ي	أثناء	= خِلال during	
	باستثناء		with the exception of
	ثانَوي		secondary (school)
ث-و-ر	ثائر (ج. ثُوّار)		revolutionary
	ثَورة		revolution
ثُمّ			and then
ج-ب-ل	جَبَلي		mountainous
ج-ب-ن	جِبن		cheese
ج-ب-ه	جبهة التحرير الوطني		The National Liberation Front
ج-ث-م	جُثمان		body
ج-ح-م	جَحيم		Hell

grandfather	جَدّ	ج-د-د
grandmother	جَدَّة	
very	جِدّاً	
new	جَديد	
wall	جِدار	ج-د-ر
surgical	جِراحي	ج-ر-ح
newspaper	جَريدة	ج-ر-د
bell	جَرس (ج. أجراس)	ج-ر-س
bulldozer	جَرّافة (ج. جَرّافات)	ج-ر-ف
to take place	جَرى-يجري	ج-ر-ي
part	جُزء (ج. أجزاء)	ج-ز-أ
dry	جافّ	ج-ف-ف
skin, hide, leather	جِلد (ج. جُلود)	ج-ل-د
to sit	جَلَس-يَجلِس	ج-ل-س
council	مَجلِس	
magazine	مَجَلّة	ج-ل-ل
social	اجتِماعي	ج-م-ع
to meet, gather	VIII (اجتَمَع-يَجتَمِع)	
The Arab League	الجامعة العربية	
Friday	الجُمعة	
mosque = مَسجِد	جامِع	
group	جَماعة	
society, organization	جَمعيّة	
The National Assembly	الجَمعيّة الوطَنيّة	
all	جَميع	
society	مُجتَمَع	
group	مَجموعة (ج. مَجموعات)	
beautiful	جَميل	ج-م-ل
republic	جُمهوريّة	ج-م-ه-ر
side	جانِب (ج. جَوانِب)	ج-ن-ب
south	جَنوب	
soldier	جُندي (ج. جنود)	ج-ن-د
funeral	جَنازة	ج-ن-ز
sexual	جِنسي	ج-ن-س
citizenship	جِنسيّة	
ready	جاهِز	ج-ه-ز

to get ready	II (جهّز - يُجهِز (نفسه)	
abortion	إجهاض	ج-ﻫ-ض
answering	إجابة	ج-و-ب
answer, response	جَواب	
good كويّس =	جيّد	ج-و-د
well	جَيِّداً	
neighbor	جار	ج-و-ر
prize, award	جائِزة	ج-و-ز
passport	جَواز سَفر	
to be hungry	جاع-يَجوع	ج-و-ع
atmosphere	جَوّ	ج-و-و
to come	جاء-يجيء	ج-ي-أ
coming, next	جاي	
army	جَيش	ج-ي-ش
pound, guinea		جِنيه
to love	IV (أحبّ-يُحِبّ)	ح-ب-ب
grains	حُبوب	
the Abyssinians, the Ethiopians	الأحباش	ح-ب-ش
Hijab, veil, head scarf	حِجاب	ح-ج-ب
pilgrimage	حَجّ	ح-ج-ج
checkpoint	حاجِز (ج. حواجِز)	ح-ج-ز
to speak	V (تَحدّث-يَتَحدّث)	ح-د-ث
modern; conversation	حديث	
limiting	تحديد	ح-د-د
border	حَدّ (ج. حُدود)	
to border	حَدَّ-يَحُدّ	
the First World War	الحرب العالميّة الأولى	ح-ر-ب
hot	حارّ	ح-ر-ر
free	حُرّ (ج. أحرار)	
to edit	II (حَرّر-يُحَرِّر)	
freedom	حُرّيّة	
letter	حرف (ج. حروف)	ح-ر-ف
movement	حَرَكة	ح-ر-ك
the Communist Party	الحزب الشُيوعي	ح-ز-ب
(political) party	حِزب	
safety belt	حِزام الأمان	ح-ز-م

to be sad	حزِن -يحزَن	ح-ز-ن
sad	حَزين	
according to	حَسَب (ما)	ح-س-ب
to improve	V (تَحسَّن-يَتَحَسَّن)	ح-س-ن
improving	تَحسين	
to obtain, get	حَصَل-يحصُل	ح-ص-ل
preparation	تَحضير	ح-ض-ر
to attend	حَضَر -يَحضُر	
station	مَحَطّة	ح-ط-ط
grandchildren	حفيد (ج. أحفاد)	ح-ف-د
hole, pit	حُفرة (ج. حُفَر)	ح-ف-ر
to memorize	حفِظ-يَحفَظ	ح-ف-ظ
to preserve, protect	III (حافَظ-يُحافظ)	
governorate, district	مُحافظة	
party, celebration	حَفلة (ج. حَفلات)	ح-ف-ل
law, right	حَقّ (ج. حُقوق)	ح-ق-ق
truth	حقيقة	
real	حَقيقي	
ruler	حاكِم (ج. حُكّام)	ح-ك-م
to rule	حَكَم-يَحكُم	
government	حُكومة	
milk	حَليب	ح-ل-ب
alliance	تَحالُف	ح-ل-ف
to occupy	VIII (احتلّ-يحتَلّ)	ح-ل-ل
the occupation	الاحتلال	
local	مَحَلّي	
to carry	حمَل-يحمِل	ح-م-ل
bath	حَمّام (ج. حَمّامات)	ح-م-م
protection	حِماية	ح-م-ي
lawyer	مُحامي	
in need of	بحاجة	ح-و-ج
neighborhood (ج. أحياء) = حَيّ	حارة (ج. حارات)	ح-و-ر
to surround	IV (أحاط-يُحيط)	ح-و-ط
to be transformed	V (تحوّل – يتحوّل)	ح-و-ل
condition	حالة	
to try	III (حاوَل-يُحاوِل)	

	حَوالي	about, approximately تقريباً =
ح-ي-ث	حَيْثُ	where, when
	مِن حيث	with regard to, from the point of view of
ح-ي-ن	أحياناً	sometimes
ح-ي-و	حياة	life
ح-ي-ي	حَيّ (ج. أحياء)	quarter, neighborhood
حَتّى		even; until; in order to
خ-ب-ر	IV (أخبَر-يُخبِر)	to inform
خ-ب-ز	خُبز وحشيش وقمر	bread, hashish and a moon
خ-د-م	X (استَخدَم-يَستخدم)	to use استعمل-يستعمل =
	خِدمة (ج. خَدَمات)	service
خ-ر-ج	خرَج-يَخرُج	to go out
	V (تَخرّج-يتخرَّج)	to graduate
	إخراج	expelling, driving out
	الخارج	abroad
	خروج	leaving
خ-ز-ن	خَزّان	storage tank
خ-ص-ب	خَصْب	fertile
خ-ص-ص	خاصّ	private
	خصوصاً	especially
خ-ض-ر	خُضار	vegetables
خ-ط-ر	خطير	dangerous
خ-ط-ط	الخَطّ الأخضر	the Green Line
	II (خطّط-يخطّط)	to plan
خ-ل-ج	الخليج العربي/الفارسي	the Arabian/Persian Gulf
خ-ل-ف	الخلفاء الراشدون	the Rightly-Guided caliphs
خ-ل-ف	VIII (اختَلَف-يختلِف)	to differ, vary
خ-ل-ل	مِن خِلال	through
خ-ل-ي	II (خَلّى-يخلّي)	to let
خ-و-ف	خائف	afraid
	خاف-يَخاف	to be afraid
	خِفت	I was afraid, I feared
	خَوف	fear
خ-ي-ر	VIII (اختار-يختار)	to choose
خ-ي-م	مُخَيَّم	camp
د-ب-ب	دَبّابة (ج. دبّابات)	(military) tank

the per capita income	الدخل السنوي للفرد	د-خ-ل
interference	تَدَخّل	
inside	داخِل	
internal	داخِلي	
income	دَخْل	
to enter	دخل-يدخُل	
smoking	تدخين	د-خ-ن
temperature (lit. degree of heat)	درجة الحرارة	د-ر-ج
to study	درَس-يَدرُس	د-ر-س
school	مَدرَسة (ج. مَدارِس)	
constitution	دُستور	د-س-ت-ر
to call (for)	دَعا-يَدعو (إلى)	د-ع-و
warm	دافئ	د-ف-أ
warmth	دِفء	
to pay	دفع-يدفع	د-ف-ع
to be buried	دُفِن-يُدفَن	د-ف-ن
shop	دُكّان (ج. دَكاكين)	د-ك-ك
to destroy	II (دَمّر-يُدَمّر)	د-م-ر
destroyed	مُدَمّر	
to surprise, astonish	IV (أدهش-يُدهِش)	د-ه-ش
to manage (run things)	IV (أدار-يُدير)	د-و-ر
administrative	إداري	
administration	إدارة	
recycling	تَدوير	
publishing house	دار نَشر	
the Umayyad state	الدولة الأمويّة	د-و-ل
the ‘Abbasid state	الدولة العبّاسيّة	
the Ottoman state	الدولة العُثمانيّة	
country, state	دَولة (ج. دُوَل)	
to last	دام - يدوم	د-و-م
without	بدون	د-و-ن
poetry collection	ديوان	
religion	دين	د-ي-ن
religious	ديني	
diplomat	دِبلوماسي	دبلوماسي
to slaughter	ذبح - يذبح	ذ-ب-ح

to remember	ذَكَر-يذكُر	ذ-ك-ر
to remind	II (ذكّر–يُذكّر)	
to remember	V (تَذكّر-يَتَذكَّر)	
males	ذُكور	
diary, memoirs	مُذكّرات	
guilt	ذَنب	ذ-ن-ب
to feel guilty	شَعَر-يَشعُر بالذنب	
to go = راح-يروح	ذَهَب-يَذهَب	ذ-ه-ب
broadcasting station	إذاعة	ذ-ي-ع
that, m.		ذلك
who, m.s.		الذي
who, pl.		الذين
president	رَئيس (ج. رُؤساء)	ر-أ-س
prime minister	رئيس وُزَراء	
opinion	رَأي	ر-أ-ي
to see = شاف-يشوف	رأى-يَرى	
housewife, homemaker	ربّة بيت	ر-ب-ب
to connect, tie	ربَط-يربِط	ر-ب-ط
to be connected (with)	VIII (ارتَبَط-يَرتَبِط) (ب)	
jam	مُرَبّى	ر-ب-ي
to go back	رَجَع-يرجِع	ر-ج-ع
man	رجُل (ج. رِجال)	ر-ج-ل
to hope (for)	رَجا-يَرجو	ر-ج-و
trip	رِحلة	ر-ح-ل
to answer	رَدّ-يَرُدّ	ر-د-د
letter, message	رِسالة (ج. رسائِل)	ر-س-ل
despite	رغم	ر-غ-م
in spite of	على الرغم من	
to refuse	رفَض-يَرفُض	ر-ف-ض
to rise	VIII (ارتفع – يرتفع)	ر-ف-ع
hill, rise in the ground	مُرتفَع	ر-ف-ع
to watch, observe	III (راقب – يراقِب)	ر-ق-ب
number	رقم	ر-ق-م
passenger	راكِب (ج. رُكّاب)	ر-ك-ب
to ride	رَكِب-يَركَب	
to focus	II (رَكّز-يُرَكّز)	ر-ك-ز

	مَركز	center
ر-م-ي	رَمى-يَرمي	to throw away
ر-ن-ن	رَنّ-يَرِنّ	to ring
ر-و-ح، ر-ي-ح	VI (تَراوح – يَتَراوح)	to range
	VIII (ارتاح-يَرتاح)	to rest
	X (استراح- يستَريح)	to rest ارتاح-يرتاح =
	اِرتِياح	rest
	روح	spirit
	رائحة (ج. روائح)	smell
ر-ي-د	IV (أراد-يُريد)	to want
ز-ح-م	مُزدَحِم	crowded
ز-ر-ع	زِراعي	agricultural
ز-ع-ت-ر	زَعتَر	*za'tar* (a thyme-based mix usually eaten at breakfast)
ز-ع-ج	IV (أزعج-يُزعِج)	to disturb, bother
ز-ع-م	زَعيم	leader قائِد =
ز-م-ن	زمن	time
ز-ه-ر	ازدِهار	prosperity
	VIII (ازدهر-يَزدَهِر)	to flourish
ز-و-ج	V (تزوّج-يَتَزوّج)	to marry
ز-و-ر	زار-يزور	to visit
ز-و-ل	لا زال، لا يزال	(is/are) still
ز-و-ي	زاوِية	mosque built over the tomb of a Muslim saint
ز-ي-ت	زيت	oil
	زَيتون	olives
ز-ي-د	زاد-يَزيد	to increase
	زاد-يَزيد على	to exceed
	زِيادة	increase
س-أ-ل	سُؤال (ج. أسئِلة)	question
	سأل-يَسأل	to ask
	مَسؤول	(person) in charge
س-ب-ب	بِسبَب	because of
	سَبَب (ج. أسباب)	reason
	II (سَبّب-يُسَبِّب)	to cause
س-ب-ع	أُسبوع	week
س-ب-ق	سابِق	former, previous

س-ج-د	مَسجد	mosque جامع =	
س-ج-ل	II (سَجَّل-يُسجِّل)		to record
	سِجِلّ (ج. سجلاّت)		record
س-ج-ن	سُجِن-يُسجَن		to be jailed
	VII (انسحَب-ينسَحِب)		to withdraw
س-ح-ل	ساحِل		coast
س-د-د	السدّ العالي		the High Dam
س-د-س	السادس عَشر		the sixteenth
س-ر-ح	مَسْرح		theater
س-ر-ع	بسُرعة		quickly
س-ط-ح	سَطح		roof
س-ع-د	III (ساعَد-يُساعد)		to help
	سَعادة		happiness
س-ف-ر	III (سافَر-يُسافِر)		to travel
	سَفارة		embassy
س-ك-ت	سَكَت-يسكُت		to be quiet
	سُكوت		silence
س-ك-ن	ساكِن		(person) living
س-ل-ح	سلاح		weapon
س-ل-س-ل	مسلسل (ج. مُسَلسَلات)		series
س-ل-ط-ن	سَلطنة		sultanate
س-ل-ق	مسلوق		boiled
س-ل-م	سَلَّم-يُسلِّم		to greet
س-م	اِسم (ج. أسماء)		name
	بالاسم		by name
	II (سَمّى-يُسمّي)		to call, name
س-م-ح	سَماح		permitting
	سَمَح-يَسمح		to allow
س-م-ع	سَمِع-يَسمع		to hear
	VIII (استَمَع-يَستمع)(ل، إلى)		to listen (to)
س-ن-ن	سِنّ	age عُمر =	
	مُسِنّ (ج. مُسنّين)		elderly
س-ه-ر	سَهِر-يَسهَر		to stay up at night
س-و-ح	سائح (ج. سوّاح)		tourist

policy	سِياسة (ج. سياسات)	س-و-س
political	سِياسي	
driver	سائق (ج. سائقين)	س-و-ق
market	سوق (ج. أسواق)	
service car	سيّارة سرفيس	س-ي-ر
traffic	سَير	
to rule, dominate	سيطر-يُسيطِر (على)	س-ي-ط-ر
Syriac		سِرياني
youth	شَباب	ش-ب-ب
the Arabian Peninsula	شِبه الجزيرة العربيّة	ش-ب-ه
tree	شَجَرة (ج. أشجار)	ش-ج-ر
personal	شَخصي	ش-خ-ص
policeman	شُرطي (ج. شُرطة)	ش-ر-ط
street	شارِع (ج. شَوارِع)	ش-ر-ع
east	شَرق	ش-ر-ق
to take part in, participate	III (شارك-يُشارِك)	ش-ر-ك
insurance company	شركة تأمين	
the Circassians		الشَركَس
to buy	VIII (إشتَرى-يَشتَري)	ش-ر-ي
groceries, things bought	مُشتَريات	
popular	شَعبي	ش-ع-ب
popularity	شَعبيّة	
to feel	شَعَر-يَشعُر	ش-ع-ر
feeling	شُعور (ج. مَشاعِر)	
to work	VIII (اشتغل-يشتغِل)	ش-غ-ل
work (ج. أعمال) عمَل =	شُغل (ج. أشغال)	ش-غ-ل
hospital	مُستَشفى	ش-ف-ي
in general	بِشَكل عامّ	ش-ك-ل
with certainty	بشَكل مُؤكّد	
to form	II (شكّل-يُشَكِّل)	
problem	مُشكِلة (ج. مَشاكل)	
to complain	شَكى-يَشكو	ش-ك-و
to include	شمِل-يَشمَل	ش-م-ل
north	شمال	
martyr	شَهيد	ش-ه-د
month	شهر (ج. شُهور)	ش-ه-ر

	مَشهور	famous
ش-ه-ي	مُشهّي	delicious, appetizing
الشيشان		the Chechens
ش-ي-ع	II (شَيّع-يُشيّع)	to be taken to one’s resting place
ص-ب-ب	صَبّ – يصُبّ	to pour
ص-ب-ح	IV (أصبح-يُصبِح)	to become
ص-ح-ح	صِحّة	health
	صحيح	true, correct
ص-ح-ف	صَحيفة (ج. صُحُف)	newspaper
ص-ح-ن	صَحن (ج. صُحون)	dishes
ص-ح-و	صَحا-يَصحو	= استيقظ-يستيقظ to wake up
ص-د-ر	IV (أصدر-يُصدِر)	to issue
	مُصادرة	confiscation, seizing
ص-د-ق	صَديق (ج. أصدِقاء)	= صاحب (ج. أصحاب) friend
ص-ر-ح	تصريح	permit
ص-ر-خ	صرخ – يصرَخ	to scream, yell, shout
ص-ع-ب	أصعَب	more difficult
	صَعب	difficult
ص-ف-ح	V (تصّفح – يتصفّح)	to browse, page through
ص-ف-ر	صِفر	zero
ص-ف-ف	صَفّ	class
ص-ل-و	الصلاة خيرٌ من النوم	prayer is better than sleep
	صَلاة	prayer
ص-ل-و	II (صلّى-يصلّى)	to pray
ص-م-ت	صامِت	silent
ص-ن-ع	تَصنيع	industrialization
	صِناعات تقليديّة	traditional crafts
ص-و-ت	صوت (ج. أصوات)	sound, voice, noise
ص-ي-ر	صار-يصير	= أصبح-يُصبِح to become
الصين		China
ض-ب-ط	ضابِط (ج. ضُبّاط)	officer
ض-ح-ك	ضَحِك-يَضحَك	to laugh
ض-ح-ي	ضَحِيّة (ج. ضَحايا)	victim
ض-خ-م	ضَخم	huge
ض-د-د	ضِدّ	against

to harm		IV (أضَرّ-يُضِرّ)	ض-ر-ر
harmful		مُضِرّ	
weak		ضعيف	ض-ع-ف
bank (of a river)		ضِفّة	ض-ف-ف
to join		VII (انضمّ-ينضَمّ)	ض-م-م
in addition to		بالإضافة الى	ض-ي-ف
guest		ضيف (ج. ضُيوف)	
	to bother أزعج-يُزعِج =	III (ضايَق – يُضايِق)	ض-ي-ق
narrow		ضَيّق	
medicine		طِبّ	ط-ب-ب
nature		طبيعة	ط-ب-ع
	singer مُغنّي =	مُطرِب	ط-ر-ب
tarboosh, fez			طَربوش
extremist		مُتَطرِّف (ج. مُتطرِّفون)	ط-ر-ف
way		طَريق (ج. طُرُق)	ط-ر-ق
method		طَريقة (ج. طُرُق)	
restaurant		مَطعم	ط-ع-م
weather		طَقس	ط-ق-س
to request, ask		طلب-يطلُب	ط-ل-ب
to demand		III (طالَب-يُطالِب)	
to go out		طلَع-يَطلَع	ط-ل-ع
shooting		إطلاق النار	ط-ل-ق
to divorce		II (طلّق-يُطلّق)	
development		تَطوّر	ط-و-ر
to be able to		X (استَطاع-يَستَطيع)	ط-و-ع
long		طويل	ط-و-ل
tastier, tastiest		أطيَب	ط-ي-ب
to appear		ظهر-يَظهَر	ظ-ه-ر
to be considered		VIII (اعتُبِر-يُعتَبَر)	ع-ب-ر
through, throughout		عَبر	
to express		II (عَبَّر-يُعبّر)	ع-ب-ر
the Abbasids (a Muslim dynasty)		العبّاسيّون	ع-ب-س
to please		IV (أعجَب-يُعجِب)	ع-ج-ب
to be ready		X (اِستَعَدّ-يَستعدّ)	ع-د-د
polygamy		تَعدُّد الزوجات	
a number of		عِدّة	

population	عَدَد سُكّان	
moderate	معتدل	ع-د-ل
enemy	عَدُوّ (ج. أعداء)	ع-د-و
to propose	عَرَض-يَعرِض	ع-ر-ض
to be exposed to, suffer	V (تَعَرّض-يَتَعرَّض)	
to know	عرف-يَعرِف	ع-ر-ف
to be known	عُرِف-يُعرَف	
to introduce	II (عَرّف-يُعرِّف)	
known, well-known	مَعروف	
my dear	عزيزي	ع-ز-ز
musician, musical instrument player	عازِف	ع-ز-ف
military	عَسكري	ع-س-ك-ر
the golden age	العصر الذهبي	ع-ص-ر
juice	عَصير	
Birds without Wings	عَصافير بِلا أجنِحة	ع-ص-ف-ر
capital	عاصمة	ع-ص-م
member	عُضو	ع-ض-و
vacation	عُطلة	ع-ط-ل
to believe	VIII (اِعتَقَد-يَعتَقِد)	ع-ق-د
arrest	اعتِقال	ع-ق-ل
cigarette packet	عُلبة سجاير	ع-ل-ب
hanging	مُعلّق	ع-ل-ق
the world	العالم	ع-ل-م
educated, literate	مُتعلِّم	
landmark	مَعلَم (ج. مَعالم)	
colonialism	استِعمار	ع-م-ر
age	عُمر	
deep	عَميق	ع-م-ق
use	استِعمال	ع-م-ل
to use	X (استعمَل-يَستعمل)	
work, achievement	عَمَل (ج. أعمال)	
to work	عمِل-يعمَل	
currency	عُملة	
operation	عَمَليّة	
public	عامّ	ع-م-م

	عَمّ (ج. أعمام)		uncle
ع-ن-و-ن	عُنوان		title
ع-ن-ي	VIII (اعتنى–يعتني)		to take care of
ع-ه-د	مَعهد		institute
ع-و-د	V (تَعوّد-يَتَعوَّد) (على)		to be accustomed (to)
	عادي		normal
	عَودة	= رُجوع return	
	في العادة		usually
ع-و-م	عام	= سَنَة year	
ع-ي-ب	عَيب		shameful
ع-ي-د	عيد الشكر		Thanksgiving
ع-ي-ش	عاش-يَعيش		to live
ع-ي-ل	العائلة		the family
	العائلة المالكة		the royal family
ع-ي-ن	عَين (ج. عينين)		eye
عَلى			on
	عَلَيّ		on me (I had to)
عِند			at
	عِندَما	= لَمّا when	
غ-د-ر	III (غادَر-يُغادِر)		to leave, depart
	مُغادَرة		leaving, departure
غ-د-ي	V (تَغَدّى-يتغَدّى)		to have lunch
	غَداء		lunch
غ-ر-ب	X (استغرب–يستغرب)		to be astonished
غ-ر-ب	غَرب		west
غ-ر-ف	غُرفة		room
غ-ز-و	غَزْو		invasion
غ-س-ل	غَسيل		washing
غ-ض-ب	غضِب – يغضَب		to be angry
غ-ل-ب	غَلَب-يَغلِب		to overcome
غ-ل-ق	IV (أغلَق-يُغلِق)		to close
غ-ن-ي	غِناء		singing
	II (غَنّى-يُغَنّي)		to sing
	مُغَنّي		singer
غ-ي-ر	غار-يَغار		to be jealous
	II (غَيَّر-يغيِّر)		to change (something)

	V (تغيّر-يَتَغيّر)		to change (oneself)
	غير		un-, not, other than
	غير صالح		unsuitable, unsuited
ف-ت-ح	انفِتاح		openness
	فتَح-يفتَح		to open, conquer
ف-ت-ر	فَترة		period
ف-ت-ي	فَتوى		*fatwa* (a religious ruling)
ف-ج-أ	VI (تفاجأ–يتفاجأ)		to be surprised
ف-ج-ر	تَفجير		explosion
	فَجر		dawn
ف-خ-ر	فَخّار		clay
ف-ر-ج	V (تَفرّج-يَتَفرّج)		to view, look at
ف-ر-ح	فَرِح-يَفرَح		to be happy
ف-ر-د	فَرد (ج. أفراد)		individual, person
ف-ر-ض	فَرْض		imposing
	فرَض-يفرِض		to impose
ف-ر-غ	V (تَفَرّغ-يتَفرّ)		to devote one's time
ف-ر-ق	فَرق (ج. فُروق)		difference
ف-ش-ل	فَشَل		failure
ف-ص-ل	فَصل (ج. فُصول)		season
	فصَل-يَفصِل		to separate
ف-ض-ل	أفضَل	better أحسَن =	
ف-ط-ر	فُطور		breakfast
ف-ع-ل	فَعَل-يَفعَل		to do
ف-ق-د	فقد- يفقِد		to lose
ف-ق-ر	أفقر		poorer, poorest
	فقير		poor
ف-ك-ر	فِكرة		idea
ف-ك-ه	فواكِه		fruit
ف-ل-ح	فَلّاح (ج. فَلاّحين)		peasant
ف-ل-م	فِلم (ج. أفلام)		film, movie
ف-ن-ن	فَنّي		artistic
ف-ه-م	فَهِم-يَفهَم		to understand
ف-و-ض	فَوضى		chaos
	مُفاوَضات		negotiations
ف-ي-د	مُفيد		useful, beneficial

the Euphrates (River)		الفُرات
only		فقط
the Phoenicians		الفينيقيّون
grave, tomb	قَبر (ج. قُبور)	ق-ب-ر
to receive, meet	X (استقبل-يَستقبِل)	ق-ب-ل
before noon	قبل الظُهر	
before (see grammar note below)	قَبل أن	
in exchange for	مُقابل	
killing	قَتْل	ق-ت-ل
with past tense verb: indicates the completion of an action; with present tense verb: means may, might		قَد
sacred, holy	مُقدّس	ق-د-س
next, coming	قادِم	ق-د-م
to introduce	II (قدّم-يُقَدِّم)	
ancient	قَديم	
the Noble Qur'an	القرآن الكريم	ق-ر-أ
reader	قارئ (ج. قُرّاء)	
to read	قَرأ-يَقرأ	
about, approximately	تقريباً	ق-ر-ب
close (to)	قُرب	
relative	قَريب (ج. أقارِب)	
to suggest	VIII (اقترَح-يَقتَرِح)	ق-ر-ح
to settle	X (استقرّ-يَستَقِرّ)	ق-ر-ر
din, clatter, noise	قَرقَعة	ق-ر-ق-ع
century	قَرْن (ج. قُرون)	ق-ر-ن
(in) comparison	مُقارَنة	
dividing	تقسيم	ق-س-م
part	قِسم (ج. أقسام)	
economic	اِقتِصادي	ق-ص-د
poem	قَصيدة	
palace	قَصر	ق-ص-ر
short	قَصير	
to spend (time)	قَضى-يَقضي	ق-ض-ي
train	قِطار	ق-ط-ر
the Gaza Strip	قِطاع غزّة	ق-ط-ع

to cross	قطع-يقطع	
piece, part	قِطعة (ج. قِطع)	
seat	مَقعَد	ق-ع-د
military coup	انقلاب	ق-ل-ب
maqlouba, name of a dish (with meat and rice)	مَقلوبة	
independence	استقلال	ق-ل-ل
to become independent	X (استقلّ-يَستَقِلّ)	
minority	أقلّيّة (ج. أقلّيّات)	
reducing	تَقليل	
little, few	قَليل	
fried	مقلي	ق-ل-ي
to convince	IV (أقنع-يُقنع)	ق-ن-ع
law	قانون	ق-ن-ن
the Suez Canal	قَناة السُويس	ق-ن-و
coffee house	مَقهى (ج. مَقاهي)	ق-ه-و
qat (a plant that contains the stimulant *cathinone*, which is said to cause excitement, loss of appetite, and euphoria	قات	ق-و-ت
leader, commander	قائد (ج. قادة)	ق-و-د
to lead	قاد-يقود	
leadership	قِيادة	
to be said	قيل-يُقال	ق-و-ل
forced residence, house arrest	إقامة جبريّة	ق-و-م
to rise, take place, happen	قام-يقوم	
to undertake, stage	قام-يقوم بـ	
resistance	مُقاومة	
force	قُوّة (ج. قُوّات)	ق-و-ي
strong	قَوِيّ	
bigger, biggest	أكبر	ك-ب-ر
big	كبير	
writing	كِتابة	ك-ت-ب
office	مَكتَب (ج. مَكاتب)	
library, bookshop	مَكتَبة (ج. مَكتَبات)	
written	مَكتوب	
that way, as such	كذلِك	

ك-ر-د	الأكراد	the Kurds
ك-ر-و	كُرة القدم	football, soccer
ك-ف-ر	كافِر (ج. كُفّار)	unbeliever, infidel
ك-ف-ي	كَفى-يَكفي	to be sufficient
ك-ل-ف	تَكلِفة (ج. تكاليف)	cost
ك-ل-ل	كُلّ منها	each of them
	كُلّيّة	college
ك-ل-م	كَلام	words, talk
	II (كَلَّم-يُكَلِّم)	to speak (to)
	V (تَكَلَّم-يَتَكلَّم)	they speak
ك-م-ل	كامل	full, complete
ك-م-م	كَمّيّة (ج. كمّيّات)	quantity
ك-ن-س	كَنيسة (ج. كنائِس)	church
ك-و-ك-ب	كوكب	planet, star
ك-و-ن	سَيكون	will be
	كان-يَكون	to be
	لَم يَكُن	was not = ما كان
	مكوّن (ج. مُكوّنات)	constituent, component
ك-ي-س	كيس (ج. أكياس)	bag
ك-ي-ف	كيف حال	how a person is (lit. how the condition is)
	كَيفِيّة	manner
	كيفيّة استعمال الماء	how (the manner in which) water is used
	مُكيَّف	air conditioned
كأنّ		as if
لأنّ		because
ل-ب-س	لَبِس-يَلبِس	to get dressed
	مَلابِس	clothes
ل-ج-أ	لاجئ	refugee
ل-ج-ن	لَجنة	committee
ل-ح-ظ	لاحَظ-يُلاحِظ	to notice
ل-ح-ق	لاحِق	next, following
ل-ح-ن	II (لحّن-يُلَحِّن)	to set to music
لِذلك		for that reason
ل-ط-ف	لطيف	nice
ل-ع-ب	لَعِب (ج. يَلعب)	to play
	لَعِب-يَلعَب دوراً	to play a role

language	لُغة (ج. لُغات)	ل-غ-و
sign	لافتة (ج. لافتات)	ل-ف-ت
nickname	لَقَب (ج. ألقاب)	ل-ق-ب
to receive	V (تلقّى-يَتَلَقّى)	
to meet	VIII (التقى-يَلتَقي)	ل-ق-ي
meeting place	مُلتقى	
dialect	لَهجة (ج. لَهجات)	ل-ه-ج
color	لون (ج. ألوان)	ل-و-ن
but		لكن
but she		لكنّها
(did, was) not		لَم
it is not		ليست
to enjoy	VIII (استمتع – يَستمتِع)	م-ت-ع
interesting, enjoyable	مُمتِع	
like, as	مثل	م-ث-ل
like, as	مِثلَما	
to extend	VIII (امتدّ-يمتَدّ)	م-د-د
material	مادّة (ج. مَوادّ)	
period of time	مُدّة	
civil, civilian	مَدني	م-د-ن
city	مدينة (مُدُن)	
for life	مَدى الحياة	م-د-ي
woman	امرأة، مَرأة (ج. نساء)	م-ر-أ
to pass	مَرّ-يَمُرّ	م-ر-ر
to continue	X (استَمرّ-يَستَمِرّ)	
time, instance	مَرّة	
passing	مُرور	
continuous	مُستَمِرّ	
to become sick	مَرِض-يمرَض	م-ر-ض
mixture	مَزيج	م-ز-ج
area	مَساحة	م-س-ح
to pass	مضى-يمضي	م-ض-ي
rain	مَطَر (ج. أمطار)	م-ط-ر
to be able to	V (تمكّن-يَتَمكّن)	م-ك-ن
possible	مُمكن	
filled	مملوء	م-ل-أ

م-ل-ك	مِلك (ج. أملاك)	possession, property
	مَلَك-يَملِك	to own
	مِلكيّة	ownership
	مَملَكة	kingdom
م-ن-ح	مِنحة	scholarship
م-ن-خ	مَناخ	climate
م-ن-ع	مَنَع-يَمنَع	to prevent
	III (مانع – يُمانع)	to mind, object to
	ممنوع	prohibited, not permitted
	مَنْع	preventing
م-و-ه	ماء	water
ما		what, the thing that
ماذا	لِماذا	why
مِليون		million
مَن	بِمَن فيهم	including
مِن	ممّا	of what, from what, than what = مِن ما
مُنْذُ		since
ن-ب-و	نَبِيّ	prophet
ن-ت-ج	نَتيجة	result
ن-ث-ر	نَثري	prose
ن-ح-ر	انتِحار	suicide
ن-ح-و	ناحية (ج. نواحي)	side
ن-خ-ب	انتِخاب	electing, election
	مُنتَخَب	elected
ن-د-ر	نادراً ما	rarely
ن-د-ي	نادي (ج. نَوادي)	club
ن-ز-ل	نَزَل-ينزِل	it falls
ن-س-ب	بالنسبة لي	for me, in relation to me
	مُناسَبة (ج. مُناسَبات)	occasion
	نِسبة	ratio
ن-س-م	نَسَمَة	people (generally used in connection with عدد سكّان)
ن-س-و	نِساء	women
ن-س-ي	نسي–ينسى	to forget
ن-ش-ر	VIII (انتشر-يَنتَشِر)	to spread

activity	نَشاط	ن-ش-ط
= وسط middle	مُنتصَف	ن-ص-ف
= نُصّ half	نِصف	
area	مِنطقة (ج. مَناطِق)	ن-ط-ق
to look	نَظَر-يَنظُر	ن-ظ-ر
to wait	VIII (انتظر- ينتظر)	
in the eyes of	في نظر	
clean	نَظيف	ن-ظ-ف
organization	مُنظَّمة (ج. مُنّظمات)	ن-ظ-م
the Palestine Liberation Organization	مُنَظّمة التحرير الفلسطينيّة	
system	نِظام	
sleepiness	نُعاس	ن-ع-س
-self, same	نَفس (أنفُس)	ن-ف-س
themselves; the same ones	أنفُسهم	
uprising	اِنتِفاضة	ن-ف-ض
to be exiled	نُفِي-يُنفى	ن-ف-ي
to criticize	VIII (انتقد—ينتقد)	ن-ق-د
criticism	نَقد	
to discuss	III (ناقش-يُناقِش)	ن-ق-ش
point	نقطة (ج. نقاط)	ن-ق-ط
moving, relocating	انتِقال	ن-ق-ل
to move, relocate	V (تَنقّل-يتَنقَّل)، VIII (انتقل-ينتَقِل)	
river	نَهر	ن-ه-ر
to end	VII (انتهى-يَنتَهي)	ن-ه-ي
heart attack	نوبة قلبيّة	ن-و-ب
type, kind	نَوع (ج. أنواع)	ن-و-ع
to sleep	نام-يَنام	ن-و-م
sleep	نَوم	
	أنظر "انس"	ناس
the Nabateans	الأنباط	نبط
half	نِصف	ن-ص-ف
mint		نَعنَع
end	نِهاية	ن-ه-ي
April		نيسان
to emigrate, migrate	III (هاجَر-يُهاجِر)	ه-ج-ر

emigration, migration		هِجرة	
to attack		هجَم-يهجِم	ه-ج-م
calm, quiet		هادئ	ه-د-أ
goal, aim		هَدَف (ج. أهداف)	ه-د-ف
to aim (for), have as a goal		هَدَف-يهدِف	ه-د-ف
to flee		هَرَب-يهرُب	ه-ر-ب
fleeing		هُروب	
defeat		هزيمة	ه-ز-م
the Golan Heights		هَضَبة الجولان	ه-ض-ب
the Fertile Crescent		الهلال الخصيب	ه-ل-ل
interest		اهتِمام	ه-م-م
important		مُهِمّ، هامّ	
to take an interest in		همّ- يهمُّ	
Indian		هِندي (ج. هُنود)	ه-ن-د
identity		هَويّة	ه-و
here it is, here they are			ها هِيَ
this (f.)			هذه
	now هَلّأ = الآن=		هَسّة
this way			هكَذا
yes/no question particle			هل
consumption		استِهلاك	هـ-ل-ك
there is, there are			هُناك
	here هُنا =		هون
positive		إيجابي	و-ج-ب
meal		وَجبة (ج. وَجبات)	
	must لازم =	يجب أن	
found, present		مَوْجود	و-ج-د
to find		وَجَد-يَجِد	
to face		V (تَوَجَّه-يتَوَجَّه)	و-ج-ه
	direction ناحية =	جِهة (ج. جِهات)	
face		وجه (ج. وجوه)	
union		اِتِّحاد	و-ح-د
to unite		VIII (اتّحد-يَتَّحِد)	
11th		حادي عشر	
united		مُتّحدة	

loneliness	وَحدة	
by myself	وحدي	
only	وَحيد	
the Nile Valley	وادي النيل	و-د-ي
resource	مَورِد (ج. مَوارِد)	و-ر-د
downtown	وَسَط البلد	و-س-ط
to accommodate, be big enough	VIII (اِتَّسَع-يَتَّسِع)	و-س-ع
media	وَسائل إعلام	و-س-ل
communicating	اتّصال	و-ص-ل
to reach	وَصَل-يَصِل	
to contact	VIII (اتّصل-يتّصل)	
arrival	وُصول	
clearly	بوضوح	و-ض-ح
topic, subject	موضوع	و-ض-ع
situation	وَضع	
to put	وضع-يضع	
situation	وَضع (ج. أوضاع)	
homeland	وَطَن	و-ط-ن
employee	مُوَظّف (ج. مُوَظَّفين)	و-ظ-ف
job	وَظيفة (ج. وَظائف)	
to promise	وَعَد-يَعِد	و-ع-د
agreement, accord	اتّفاقيّة	و-ف-ق
corresponding to	مُوافِق	
to agree	III (وافَق-يُوافِق)	
to die, pass away = مات-يموت	V (تُوُفّي-يُتَوفّى)	و-ف-ي
time	وقت	و-ق-ت
to fall, be located	وقع-يَقَع	و-ق-ع
to expect	V (توقّع – يتوقّع)	
signing	تَوقيع	
location	مَوقِع	
to stand	وَقَف-يَقِف	و-ق-ف
to stop	V (توقّف-يَتَوَقَّف)	
position, attitude	مَوقِف	
A.D.	الميلادي (م.)	و-ل-د

	مَوْلِد	birthplace
	والِد	= أب father
	وِلادة	birth
	وُلد-يولَد	to be born
و-ل-ي	الولايات المُتّحدة	the United States
و-ه-ب	مَوهِبة (ج. مَواهب)	talent
الونداليّون		the Vandals
ي-د	يَد (ج. يَدَين)	hand
ي-ق-ظ	X (استيقظ-يَستيقِظ)	to wake up
	IV (أيقَظ-يوقِظ)	to wake (someone) up
يهودي (ج. يَهود)		Jew
اليونان		the Greeks